LES NOUVELLES DYNAMIQUES SPATIALES

A LA REDECOUVERTE DES TERRITOIRES

Collection "Logiques Economiques"
Dirigée par Gérard Duthil

BARET Serge, *Monnaie, finance et dépendance aux Antilles françaises.*
DUMEZ Hervé et JEUNEMAITRE Alain, *Diriger l'économie : l'Etat des prix en France (1936-1986).*
DU TERTRE Christian, *Technologie, flexibilité, emploi : une approche sectorielle du post-taylorisme.*
DUTHIL Gérard, *Les entreprises face à l'encadrement du crédit.*
DUTHIL Gérard, *Les politiques salariales en France, 1960-1992.*
GROU Pierre, *Les multinationales socialistes.*
GUILHON Bernard, *Les dimensions actuelles du phénomène technologique.*
JANY-CATRICE Florence, *Les services aux entreprises dans la problématique du développement.*
LE BOLLOC'H-PUGES Chantal, *La politique industrielle française dans l'électronique.*
MARCO Luc, *La montée des faillites en France.*
MIGNOT-LEFEBVRE Yvonne, LEFEBVRE Michel, *La société combinatoire. Réseaux et pouvoir dans une économie en mutation.*
PINARDON François, *La rentabilité, une affaire de points de vue.*
VATIN François, *L'industrie du lait. Essai d'histoire économique.*
ZARIFIAN Philippe, PALLOIS Christian, *La société post-économique : esquisse d'une société alternative .*

Didactique des Logiques économiques

HECKLY Ch., *Eléments d'Economie pratique.*
DUTHIL G., VANHAECKE D., *Les statistiques descriptives appliquées à l'économie de l'entreprise.*

Véronique THIREAU

LES NOUVELLES DYNAMIQUES SPATIALES

A LA REDECOUVERTE DES TERRITOIRES

Avant-propos de J. ROUZIER

Editions L'Harmattan
5-7 rue de l'Ecole-Polytechnique
75005 Paris

ISBN : 2-7384-2166-0

Je remercie A. Berger, M. Noël et J. Rouzier de l'aide efficace et critique qu'ils ont apportée à la préparation de ce travail.

AVANT-PROPOS

Véronique Thireau nous fournit, avec cet ouvrage, une réflexion décisive sur la nouvelle dynamique des régions françaises, c'est-à-dire sur l'inversion que manifestent, de manière patente, bien des dynamiques régionales au cours des années quatre-vingt.

Après sa démonstration, l'affaire est entendue : cette décennie est déterminée pour ancrer une croissance démographique et économique dans des régions qui jusque-là étaient considérées comme répulsives ou attardées. Sa démonstration statistique est difficilement contestable. La croissance de l'emploi, celle de la productivité désignent, après plusieurs recensements généraux de la population, des terres de prédilection inattendues de la plupart des analystes des décennies antérieures. Un regard sur l'étranger comme la descente dans la profondeur des départements et du monde rural français densifient ce phénomène et lui fournissent une portée prépondérante pour la période actuelle et probablement pour quelques lustres à venir.

A partir de cette analyse des comparaisons interrégionales - menée avec rigueur autant qu'elle est exposée avec simplicité et clarté - V. Thireau extrait les quatre régions PACA, Languedoc-Roussillon, Midi-Pyrénées et Aquitaine qui constituent le terrain le plus avancé de l'inversion et donc le champ d'observation le plus fécond et le plus évident. Ne nous y trompons pas : la suite de son exposé ne se résume pas à une analyse portant sur le Sud et uniquement sur cela, mais sur les nouvelles dynamiques spatiales en oeuvre un peu partout de manière plus ou moins apparente ou larvée.

Elle nous montre la dimension historique d'un mouvement qui émerge aujourd'hui mais qui trouve sa source dès les années soixante. S'échappant des grands indicateurs macro-économiques régionaux forgés par l'INSEE, V. Thireau explore le phénomène et l'incorpore à son analyse d'informations multiples et diverses : le niveau de la formation, le tissu des PME, les migrations, les composantes du chômage sont, parmi d'autres, autant de sources d'interrogations et de réflexions congruentes pour souligner la complexité, les contradictions de cette dynamique et son enracinement au plus profond de la réalité des régions.

V. Thireau nous convie alors à la question clé : celle de l'avenir, très souvent évacuée, la dynamique n'étant tenue que pour une des conséquences d'un rattrapage relevant de l'intervention étatique, ou à la division spatiale du travail favorisée par la conjonction du soleil du Midi et de la crise qui traverse le monde.

On comprendra vite que cette thèse limitative n'est pas la sienne : V. Thireau estime la mutation plus originale. Alors le rattrapage ou le renversement des trajectoires régionales ne sont plus seuls au programme et l'auteur avance l'hypothèse de la naissance d'une nouvelle vague de dispersion régionale qui passe par le rattrapage du standard national, mais peut aller beaucoup plus loin. Il s'agit donc véritablement d'une dynamique territoriale nouvelle. Elle n'efface pas, bien sûr, les forces qui ont structuré le territoire jusqu'aux années soixante-dix, mais elle vient les infléchir, dans une dimension où les analyses en termes de technopoles, en termes de réseau urbain trouvent leur limites puisque V. Thireau nous a démontré qu'en matière de contenu économique et de champ spatial, sa dynamique était largement plus vaste. L'évolution de l'artisanat et la croissance démographique statistiquement établie en France à partir des communes de 100 habitants ne sauraient, d'une manière générale, se satisfaire de renouvellements actuels du concept urbain, sauf à lui faire prendre en charge la quasi-totalité du territoire national, ce qui paraît exagéré.

Alors, autre question cruciale pour l'auteur : comment intégrer l'essentiel de cette mutation dans un cadre cohérent ? Sa vision du territoire va lui fournir le concept de base de sa construction théorique. N'ayant pu se satisfaire de l'approche statistique, c'est dans l'axe des analyses systémiques que V. Thireau va avancer, répondant par avance à la proposition de Walter Isard (1), dans un schéma qui *recouvre aussi bien les entités locales, la région comme un système relié d'entités locales, la nation comme un système relié de régions.*

C'est là, dans la mouvance de son laboratoire d'accueil, le CRPEE, l'apport essentiel de V. Thireau à la théorie économique : sortir le territoire de sa situation de sujet pour le hisser au rôle d'acteur authentique. De même, l'homme n'est pas pour elle cet *homme occulté*, morcelé, réduit à sa fonction de producteur ou de consommateur, mais l'homme en plein soleil qui, s'il ne détient pas

---

(1) W. Isard, "Les axes futurs de la science régionale" in *Espace et dynamiques territoriales* sous la direction de P.H. Derycke, Economica, 1992.

seul les clés de l'évolution, peut y participer d'une manière active et décisive.

Cette double émancipation des individus et des territoires est primordiale. Certes, elle est abordée ici ou là dans la production scientifique mais elle est rarement traitée en tant que telle. Le plus souvent reléguée au plan résiduel, elle est portée ici au plus haut niveau. Elle rend ainsi intelligibles une série d'options, une masse d'observations qui sans cette approche demeurent trop éloignées des représentations n'intégrant pas l*es mécanismes de la connaissance humaine et la subjectivité des pratiques spatiales*. Dès lors, l'homme et sa complexité, le territoire, la réalité qu'il offre et les images qu'il engendre, doivent nécessairement entrer dans le champ de l'analyse. Certes, on pourra objecter que ce n'est pas de la norme actuelle de la régulation des dynamiques territoriales dont traite l'approche de V. Thireau. Elle se situe plutôt du côté de la marge, du changement, dans le champ, selon les termes de F. Perroux, des équilibrations. Mais sa démonstration sur la durée et l'ampleur du phénomène fournissent à ces équilibrations une épaisseur singulière où espace, homme et économie nouent un nouveau dialogue sur lequel V. Thireau attire notre attention dans une forme d'écriture allègre et rafraîchissante qui n'enlève rien à la rigueur de sa réflexion mais apporte beaucoup à l'intérêt de son lecteur.

J. ROUZIER
Directeur de recherche CNRS
Directeur du CRPEE

Nous devrions être conscients du vaste domaine de la connaissance moins sûre, incomplète et imprécise.

Gunnar MYRDAL, "Institutional Economics", *Journal of Economic Issues*, vol. 12, 1978, p. 775.

Que vaudrait l'acharnement du savoir s'il ne devait assurer que l'acquisition des connaissances, et non pas, d'une certaine façon et autant que faire se peut, l'égarement de celui qui connaît ? Il y a des moments dans la vie où la question de savoir si on peut penser autrement qu'on ne pense et percevoir autrement qu'on ne voit est indispensable pour continuer à regarder et à réfléchir.

Michel FOUCAULT, *L'histoire de la sexualité. L'usage des plaisirs*, tome III, Gallimard, 1984.

INTRODUCTION

Sur une planète incertaine, où la croissance apparaît confisquée depuis deux décennies, où les secousses politiques se multiplient sur fond de grisaille idéologique, les bouleversements considérables qui remettent aujourd'hui en cause les grands équilibres ou, à tout le moins, les empêchent d'apparaître de façon aussi évidente que par le passé, sont autant de sollicitations auxquelles la science économique ne peut rester indifférente.

Deux ans après l'ouverture spectaculaire et surtout sans drame du mur de Berlin, les lendemains ne chantent certes pas et l'incertitude, l'inquiétude et les angoisses ont pris le pas sur des assurances qui ne peuvent désormais que voler en éclats. Après plus d'un siècle d'habitudes, d'accoutumance, durant lequel il semblait aisé de donner un ordre, un sens et une hiérarchie à nos choix individuels et collectifs, une réalité foisonnante, hétéroclite, capricieuse, paraissant désordonnée, impose désormais ses changements. Le temps et l'espace peuvent aider à mieux comprendre ce monde en mouvement et s'imposent, en tout cas, de manière prégnante à tous et partout, avec une imprévisibilité plus brutale que jamais. Aujourd'hui ne reproduit pas systématiquement hier et ce constat ouvre des perspectives nouvelles de réflexion sur des objets situés aux confins de diverses disciplines.

Perçue comme un bouleversement de nature exclusivement économique, la crise, datée de 1974, est aussi spatiale, politique, idéologique et plus largement sociale. Pour J. Attali, la crise est un moment privilégié pour opérer un renversement des pouvoirs établis *car c'est le moment où un groupe, dominant dans le mode d'organisation antérieur de la société et contesté dans ses privilèges, tente de bloquer l'évolution* (1). Le monde, la nation, la région, la ville, l'entreprise sont autant de points d'ancrage de comportements nouveaux, apparus, pour certains, avant même le premier choc pétrolier, et porteurs d'un avenir qui nous paraît erratique, fuyant, même s'il intègre des tendances lourdes héritées du passé.

---

(1) J. Attali, *La nouvelle économie française*, Flammarion, collection La Rose au Poing, Paris, 1978.

De nouvelles localisations et de nouvelles structures émergent face aux territoires en crise (2). Celles ci s'affirment dans un contexte national autant qu'international. Elles se traduisent, par exemple, par la fin de la prédominance massive de l'ensemble euro-américain sur l'économie mondiale, alors même que les distances se raccourcissent, que le monde se rétrécit et que l'Occident paraît triompher, au Sud, d'une dictature et, à l'Est, d'un empire de 70 ans. Tandis que l'exceptionnelle période de prospérité qu'a connue l'Occident capitaliste, de la fin des années 40 au milieu des années 70, semble arriver à terme, des sociétés, des pays, jusqu'ici considérés comme attardés ou sous-développés, désormais redevenus ou devenus indépendants ou pris en charge par de nouvelles élites, s'affirment peu à peu, mettant en péril l'hégémonie occidentale. *Le Japon a ouvert la voie, la Corée du Sud et les autres dragons s'y sont engouffrés. D'autres pays s'y sont engagés. L'Inde suit, à son rythme, son chemin. La Chine s'ébranle. Sociétés nombreuses, qui ont largement résisté aux présences, pressions et influences de l'Occident chrétien, et dont beaucoup se révèlent plus qu'à l'aise dans le cours nouveau du capitalisme post industriel* (3).

Les dynamismes asiatiques se manifestent avec vigueur et les occidentaux se heurtent à l'extrême difficulté d'entrer sur des marchés théoriquement ouverts mais protégés de fait par des filets aussi subtils que résistants, tissés par la cohésion des sociétés locales et par les rapports entretenus entre ces états et leur économie. Les stéréotypes qui sont les nôtres quant au rôle de l'Etat dans l'économie et, plus particulièrement le libéralisme, apparaissent ici dérisoires, le dynamisme de ces espaces étant fondé sur un partenariat entre bureaucratie centrale et entrepreneurs, partenariat auquel nous ne sommes guère accoutumés.

Les attaches entre l'Etat et le monde des affaires sont si étroites qu'il n'est pas possible de déterminer où l'un finit et où l'autre commence, tandis que peu de Japonais avaient le temps ou voyaient la nécessité de tracer une ligne de démarcation... L'Etat est une partie du tout... une des nombreuses expressions de la vie communautaire, pas plus coupé de toutes les autres composantes de

---

(2) P. Giudicelli, "Introduction" de *Crise et espace*, sous la direction de P. Aydalot, Economica, 1984, p.1 à 5.
(3) M. Beaud, "Otez vos oeillères", *Economie et humanisme*, n° 306, mars-avril 1989, p. 59.

la société que le village, l'école, l'usine... (4). Selon P. Judet et M. Garin, il n'y a en effet pas d'hostilité entre l'Etat et les entreprises mais il n'y a pas non plus de doctrine élaborée sur la distinction entre entreprises privées et entreprises publiques. *La liberté de marché n'est, dans ce cas, pas considérée comme un objectif désirable en soi, mais seulement comme un instrument parmi d'autres pour obtenir des effets prédéterminés, totalement subordonnés à l'objectif ultime que constitue l'expansion industrielle* (5).

Le rôle joué par cet Etat, qualifié par C. Sautter de *pro du développement* (6), et qui produit, prospecte, programme, protège, est source d'interrogations pour nos sociétés. Il montre, en tout cas, que l'économie, loin d'être un domaine parfaitement autonome, comporte aussi des dimensions culturelles, sociales, politiques, et que ces "nouveaux espaces dynamiques" ne se comprennent qu'en recourant à une interprétation temporelle et spatiale.

L'espace français connaît aussi, à son échelle, de profonds bouleversements, et dynamisme, stagnation, voire déclin, ne font plus nécessairement référence aux mêmes zones que dans un passé proche, antérieur à 1974. Pour autant, la crise, caractérisée le plus souvent par ses conséquences globales, chômage, recul de l'industrie, déficits extérieurs, hausse des prix du pétrole, n'a pas nécessairement déclenché les mutations spatiales que nous observons aujourd'hui. N'a-t-elle pas plutôt contribué à mettre en évidence, voire à accélérer des transformations déjà en oeuvre ? Pour P. Aydalot, cette crise de l'espace qui est aussi crise de la pensée spatiale *n'a sans doute pas commencé en 1974. Dès la fin des années 60, on relevait des retournements spatiaux majeurs : les comportements des populations basculent et, avec eux, les mouvements migratoires et les façons d'habiter. On retourne "au pays", on quitte la ville pour une maison individuelle en grande périphérie, on se dirige vers les pays du soleil sans se préoccuper des perspectives d'emploi. Les attitudes face au travail, aux loisirs,*

---

(4) G. Gregory, "Le modèle japonais. Perspectives d'avenir", *Futuribles* XII du 1er février 1971, cité par P. Judet et M. Garin, in "Etat et marché en Asie du Sud-Est et orientale" in *Economie et Humanisme*, n° 300, mars-avril 1988, p. 6.
(5) P. Judet et M. Garin, op. cit., p. 6-7.
(6) C. Sautter, "Un Etat "pro" du développement", in *Economie et Humanisme*, n° 300, mars-avril 1988, p. 11 à 18.

aux contraintes de la vie quotidienne se transforment, parfois de façon voilée, parfois sous forme de réactions violentes (7).

Paradoxalement, ce sont les régions du Midi, initialement les moins industrialisées qui profitent de ce qui apparaît comme un véritable renversement des trajectoires régionales. Elles font ainsi preuve d'un remarquable dynamisme tant sur un plan démographique que strictement économique. *Un taux de croissance relativement élevé s'accompagne pour ces régions de performances correctes en matière d'emploi et souvent remarquables en termes de productivité (qui peut être considérée comme un indicateur privilégié du changement structurel)* (8). A contrario, les régions du quart Nord-Est sont sévèrement atteintes par une désindustrialisation forte, surtout en termes d'emploi, peu ou pas compensée par la croissance tertiaire et malgré quelques efforts notables de décentralisation de services publics. Leur comportement économique apparaît médiocre et ceci, quels que soient les indicateurs retenus.

Ces transformations nationales, auxquelles nous allons consacrer notre réflexion, s'inscrivent dans un contexte particulier où, partant de l'Etat, arc-bouté entre la décentralisation, la mondialisation des économies et l'intégration européenne, des fractures multiples parcourent aujourd'hui la société française. Entrée plus tardivement que ses voisines européennes dans un processus de décentralisation, la France connaît depuis le 2 mars 1982 une mobilisation croissante pour l'aménagement du territoire, provoquant parfois des risques importants d'incohérence entre les multiples initiatives émanant des différents niveaux territoriaux devenus compétents en la matière. Pour certains, dont S. Wachter, le désordre induit est porteur d'éventualités de dérive et *peut conduire à dénaturer le véritable but qui était assigné à la décentralisation politique et administrative : organiser des procédures de délibération collective et de choix publics aux niveaux régional et local permettant aux citoyens et à leurs représentants d'exercer leurs droits et de remplir leurs obligations* (9). Valorisant la fonction instrumentale de l'institution collective incarnée par une ville, une région, un département, les pouvoirs locaux sont entrés en compétition en matière de développement économique et n'hésitent pas à recourir à des

---

(7) *Crise et Espace*, sous la direction de P. Aydalot, Economica, 1984.
(8) J.P. de Gaudemar, "10 ans de mutations régionales", in *RERU*, 10e anniversaire, numéro spécial, 1992.
(9) S. Wachter, "L'action publique locale et la répartition des compétences", in *Prospective et territoires*, DATAR, décembre 1991.

surenchères. *Il en résulte un suréquipement, en particulier dans le domaine des investissements publics de prestige et des structures d'accueil d'entreprises. Les impôts locaux flambent. La crise des villes (les quartiers à la dérive, les exclusions) s'aggrave un peu partout. Les atteintes à l'environnement se multiplient. Le citoyen, ballotté entre des appartenances locales multiples, soumis à d'incessantes consultations électorales, traumatisé par l'évolution de la fiscalité locale, se désintéresse de la vie de la cité, s'exprime dans des associations fortement contestataires (notamment écologiques) ou des mouvements extrémistes* (10). Au niveau central, l'Etat apparaît affaibli face à des élus urbains ou régionaux devenus des interlocuteurs puissants et respectés et qui n'hésitent pas à se tourner directement vers les instances communautaires, laissant à l'Etat la seule gestion des conflits et des crises. Ce dernier se trouve donc dans l'obligation de faire face au nouveau rôle qui lui est dévolu et l'oblige à abandonner sa position d'aménageur en chef pour celle, moins confortable, de partenaire et d'arbitre vis-à-vis des divers échelons territoriaux.

En outre, *on peut craindre que la réforme de la décentralisation en France soit compromise par l'importance qu'elle donne au département* (11). P. Alliès souligne en effet qu'il y aurait intérêt à raisonner au niveau des régions ou encore des villes-centres car, selon lui, toutes rendent possible la mobilisation d'accords sociaux, parce qu'elles comportent des dimensions qui ne sont pas que des compromis entre institutions territoriales et entreprises, permettant en cela des alliances, des coopérations, des rapports de force susceptibles de constituer un pouvoir territorial et donc de faire émerger la région comme un niveau territorial visible. Ce scénario éliminant l'échelon départemental apparaît toutefois peu probable, en tout cas à court terme, car *mettant en cause le modèle français et une institution aussi vénérable que le département ; il serait à coup sûr pourfendu et combattu au nom de la France profonde, de l'unité et de l'identité nationales, au moment où justement l'Europe apparaît comme un facteur dissolvant* (12).

---

(10) P. Téqueneau, "Les territoires après la décentralisation : le dessous des cartes", *Hérodote*, n° 62, 3e trimestre 1991, p. 59.
(11) P. Alliès, *Les collectivités locales et l'Etat, acteurs du développement*, table ronde in "France : les dynamiques du territoire", actes du colloque organisé par la DATAR et le GIP RECLUS, les 14-15 janvier 1986 à Montpellier (sous la direction de) R. Brunet et J. Sallois, p. 209 et 214.
(12) *Les territoires après la décentralisation : le dessous des cartes*, op. cit., p. 63.

Cette bataille institutionnelle qui devrait, malgré de fortes réticences et à plus ou moins long terme, renforcer la région, mieux située dans la compétition internationale, participe aux bouleversements déjà évoqués, quand elle ne les accentue pas davantage. Dotées d'une dimension politique évidente, les tranformations nationales en oeuvre portent aussi en elles, comme au niveau international, une dimension spatiale. D'ailleurs, *la renaissance rurale* (13) et les nouveaux rapports entretenus entre les villes et les campagnes, mouvements concomitants du retournement régional, soulignent le rôle joué par l'espace, dont la fonction apparaît de plus en plus déterminante quoique difficile à décrypter. Ces métamorphoses, trop souvent assimilées à des conséquences de la crise économique, à des effets de la désindustrialisation, donc à de seuls motifs d'ordre économique, abritent aussi des réalités sociales, politiques et culturelles qu'il convient de ne pas occulter. Les populations, en tout cas celles qui se déplacent, manifestent des aspirations qui n'ont que peu de rapports avec les références traditionnelles en termes de taux de salaires, de chômage, d'opportunités d'emplois, de coûts, d'avantages monétaires. L'irrationnel, le qualitatif, le "subjectif" au sens des rationalités anciennes, s'inscrivent désormais au côté d'indicateurs statistiques stricts liés aux spécificités du marché du travail ou aux caractéristiques économiques des espaces choisis par les migrants.

Dès lors, on peut se demander si ces facteurs perturbants, que d'aucuns voient se résorber dès la crise achevée, ne constituent pas l'expression de l'émergence d'une société dont le nouvel ordre spatial, économique et social n'est pas encore accepté et partagé, et dont les valeurs ne seraient plus congruentes à celles portées par les théories en vigueur. Encore perçue comme un désordre, la nouvelle donne économique et territoriale qui se met en place au niveau des régions pourrait bien nous livrer les clés du ou des modes de développement à venir. En tout cas, cette hypothèse mérite qu'on s'y attarde, ne serait-ce que pour la rejeter en connaissance de cause.

Postuler que les économies régionales, voire nationales, ne sont encore qu'en devenir suppose d'imaginer une gamme beaucoup plus vaste de comportements, de logiques d'occupation de l'espace, que celles que nous autorisent les seuls raisonnements de la théorie économique. Toutes ces crises que nous subissons, qu'elles soient

---

(13) Voir B. Kayser, *La renaissance rurale, sociologie des campagnes du monde occidental*, Série Sociologie, Armand Colin, Paris, 1990, 316 pages.

politiques, économiques, spatiales ou plus largement sociales, qu'elles prennent place dans un contexte national ou international, ne révèlent-elles pas finalement une complexité jusqu'alors singulièrement refoulée ?

L'économiste, aujourd'hui, rencontre la complexité du monde et de l'homme, après une longue période historique où il a eu tendance à les oublier. A la vision d'une économie repliée sur les marchandises, les prix, la monnaie, le capital, gérante de la rareté et inconsciente à l'égard de la nature dont elle ignore les lois, tend à se substituer celle d'une économie ouverte aux multiples influences d'un univers multidimensionnel auquel elle appartient, et qui, loin d'obéir sans solution de continuité à une même loi mécanique à tous les niveaux, se révèle complexe, multiple, mue par des processus "processeurs" et "processés" d'une grande diversité (14). Nombre d'économistes, dont H. Bartoli, admettent en effet aujourd'hui qu'ils doivent désormais composer avec des logiques venues d'ailleurs et donc se "frotter" aux travaux d'autres scientifiques en vue d'élargir leur champ de vision. *A la lumière des recherches contemporaines, il devient sans doute de plus en plus difficile de poursuivre un programme de recherche qui postulerait l'existence d'une rationalité dont les principes et les modalités seraient valables en tout temps et en tout lieu*, écrit R. Boyer (15) qui, quelques lignes plus loin, précise que *même dans les sociétés contemporaines, il serait abusif de considérer que les seules actions légitimes sont celles qui correspondent à la maximisation du profit, de la richesse ou du statut social. En permanence naissent des conflits entre le salarié et le citoyen, le contribuable et le bénéficiaire de l'Etat du bien-être, entre le rôle de producteur et l'appartenance à une famille, une région.* Il n'est évidemment pas question de nier toute rationalité mais bien d'envisager une pluralité des logiques de comportement supposant, par là même, une variété des modèles d'interprétation.

Pendant longtemps le désordre et, partant, l'incertitude, le complexe, ont été considérés comme indignes de faire l'objet d'une véritable science. *Qualifier quelque chose de complexe servait à*

---

(14) H. Bartoli, *L'économie multidimensionnelle*, Economica, Paris, 1991, p. 508.
(15) "Economie et histoire, vers de nouvelles alliances ?", R. Boyer, revue *Annales : Economies, sociétés, civilisations*, 44e année, n° 6, nov-déc 1989.

désigner une difficulté de compréhension ou de réalisation (16). De nos jours, la situation est toute différente et des expressions comme "chaos", "désordre", "milieu aléatoire" ont envahi la sphère scientifique à travers livres, revues, thèmes de colloques et jusqu'aux intitulés même de certains laboratoires. Si l'unanimité n'est pas forcément acquise en la matière (17), les récents développements de la recherche scientifique ont apporté des éléments originaux de réflexion et les progrès sont importants même si toutes les questions sont loin d'être résolues. L'exploration scientifique révèle en tout cas que l'univers n'est pas un ordre harmonieux et stable, qu'il est animé de tensions sans cesse renouvelées, de déséquilibres successifs et qu'il cesse donc d'obéir à une inexorable mécanique, répétition implacable de ce qui fut et de ce qui sera. L'imprévisibilité n'est plus l'exception et se rencontre dans bon nombre de domaines, qu'il s'agisse des mouvements du système solaire, des changements climatiques, des rythmes cardiaques, de la biologie. L'économie répond elle aussi aux sollicitations du monde scientifique, duquel elle ne peut s'abstraire, et intègre peu à peu dans ses raisonnements une complexité qui *apparaît comme le fait de combinaisons de nombres plus ou moins grands d'objets en relations spatiales et temporelles les uns aux autres* (18). On pourrait à ce propos se demander dans quelle mesure n'est pas en passe de devenir caduque cette remarque que faisait R.M. Solow en 1986 : *Mon impression est que les meilleurs et les plus brillants de la profession procèdent comme si l'économie était la physique de la société, qu'il existait un modèle unique, valable universellement qui doit simplement être appliqué...* Critiquant un mode d'investigation qu'il perçoit comme réducteur, il précise en outre : *Je m'élève contre la croyance folle selon laquelle en vue d'étudier le monde réel il n'existe qu'un seul système d'axiomes pertinents et que nous le connaissons déjà* (19). Grâce aux outils développés dans d'autres sciences, il devient possible d'appréhender les rapports qui unissent l'homme et le monde dans une optique réintégrant l'individu dans sa globalité, sa

(16) H. Atlan, "L'intuition du complexe et ses théorisations", in *Les théories de la complexité, autour de l'oeuvre de H. Atlan*, sous la direction de F. Fogelman-Soulié, Seuil, Paris, janvier 1991, p. 9.

(17) Voir par exemple "Vive Descartes ! Halte à la complication du complexe", M. Godet, *Futuribles*, novembre 1991, p. 35 à 41.

(18) H. Atlan, op. cit., p. 34.

(19) *Economics : is something Missing ?*, in *Economic History and the Modern Economist*, W.N. Parker Editor, B. Blackwell, Worcester, 1986, p. 23, 26, 27.

complexité, l'économie étant alors considérée comme l'un de ses champs d'action. *Homo religiosus, homo oeconomicus, homo publicus, toute cette kyrielle d'hommes en us dont on pourrait à plaisir allonger la liste, le péril serait grave de la prendre pour autre chose que ce qu'ils sont en vérité : des fantômes commodes à condition de ne pas devenir encombrants. Le seul être de chair est l'homme, sans plus, qui réunit à la fois tout cela* (20).

On l'aura compris, notre problématique s'inscrit donc dans la mouvance théorique contemporaine et la question régionale n'est que l'un des passages dans le labyrinthe qui, pour étroit et sinueux qu'il soit, conduit à la compréhension des phénomènes économiques et sociaux, et par delà, des rapports que l'homme entretient avec le monde. Au moins cela, écrit M. Serres, *quand on paie aussi cher en veille, étude et solitude* (21).

La région est un système spatial ouvert, dialectiquement déséquilibré - le principe d'unité l'emporte sur les forces de diversité - de taille inférieure à la nation, formé d'espaces contigus (22). De cette formulation d'A. Dauphiné émergent deux idées antagonistes, l'unité et la diversité, qui fondent toute la pertinence d'une analyse du changement à un niveau régional. Cohérente bien que variée, la région, malgré l'ambiguïté que le terme même suppose, apparaît comme un espace doté d'une réalité indéniable, assortie d'une certaine part d'autonomie. En cela, elle constitue un champ d'investigation approprié pour percevoir tous les bouleversements précédemment évoqués. Pour autant, il ne s'agit évidemment pas de rejeter systématiquement les analyses menées à des échelons spatiaux différents tels que la nation, la ville, le bassin d'emploi... mais plutôt de choisir un niveau d'observation conforme à notre problématique.

Percevoir les ferments de la mutation aux marges plutôt qu'aux moyennes n'est à l'évidence pas réalisable à un niveau hexagonal. L'exemple du chômage suffit à démontrer la diversité des comportements en la matière et, par conséquent, la nécessité de recourir à une segmentation. Comment peut-on en effet assimiler un

---

(20) M. Bloch, *Apologie pour l'histoire*, Armand Colin, Paris, réédition 1969.
(21) M. Serres, *Hermès V, le passage du Nord-Ouest*, Les Editions de Minuit, Paris, 1980.
(22) A. Dauphiné, *Espace, région et système*, Economica, Paris, 1979, p. 21.

chômage élevé lié à la désindustrialisation qui frappe les régions du Nord et un chômage méridional, tout aussi élevé, voire davantage, mais relevant de conséquences historiques et résultant, pour une bonne part, de courants migratoires massifs orientés en direction de régions, au demeurant peu industrialisées ?

A l'opposé, le "local", bien qu'homogène, pèche lui par une trop grande spécialisation. L. Sfez précise que *si le "local" existe, c'est dans le lien qu'il entretient avec d'autres espaces et singulièrement avec un espace plus vaste dans lequel il se différencie* (23). Toutefois cette différence, aussi riche d'enseignements soit-elle, n'est que le révélateur d'un processus particulier de mobilisation de ressources matérielles et humaines à partir de micro-initiatives difficilement généralisables. Reflètant, selon B. Pecqueur (24), la combinaison favorable de projets individuels qui se rencontrent partiellement sur des intérêts communs, le local n'est pas forcément l'émanation d'un projet collectif. De fait, les analyses menées à ce niveau spatial font la part trop belle à un individu, un élu ou un chef d'entreprise, une activité liée à son environnement immédiat et dont elle ne peut s'abstraire (présence de matières premières, traditions productives...). D'une extrême spécificité, elles peuvent rendre compte d'une volonté, d'une opportunité, mais pas nécessairement d'un mouvement de fond voué à s'étendre et mobilisant des acteurs divers.

Enfin, rechercher à l'échelle de la ville les germes d'un changement, qui affecte au moins autant les hommes et l'espace que l'économie, conduit à occulter le rôle joué par l'espace rural et le fait que le vide acquiert désormais de nouveaux mérites. Ainsi, et même si une grande part du développement se fait à partir des grandes villes par l'ampleur du nombre de créations d'emplois, des niveaux de salaire et de la formation, du développement du tertiaire, des qualifications et de l'encadrement intellectuel (25), il importe de se situer à un niveau d'observation intégrant la dialectique spatiale entretenue entre urbain et rural, et, de ce fait, porteur de complémentarités qui participent largement aux mutations en oeuvre.

---

(23) *L'objet local*, (sous la direction de L. Sfez), Collection 10/18, Paris, 1977, p. 18.
(24) B. Pecqueur, "Le développement local", *Alternatives économiques*, Syros, 1989.
(25) R. Brunet, *Comment change l'espace français*, in "France, les dynamiques du territoire", DATAR-RECLUS, 1986, p. 29.

Objet politique autant qu'administratif, lisible grâce aux informations disponibles, terrain de mécontentement pour revendications ou révoltes accusant le centralisme parisien unificateur de l'économie et de la culture française, révélatrice de réalités historiques, écologiques, économiques et sociales, la région, quoique récente et bien que peu homogène, constitue un niveau optimal pour percevoir l'émergence de nouvelles dynamiques spatiales et identifier les fondements de celles-ci. Plus que la nation, trop vaste, ou que la ville, trop étroite, la région trouve son opérationnalité dans une dimension qui fait d'elle un espace à l'échelle humaine. La région, dans toute son épaisseur et sa complexité, permet la prise en compte de solidarités, donc de causalités identifiables. Au demeurant, les lois de décentralisation de 1982 ont contribué à renforcer son autonomie et lui ont offert la possibilité de *préserver les équilibres internes et favoriser les relations avec l'extérieur, c'est-à-dire avec les régions voisines françaises ou étrangères* (26). Cette relative maîtrise, quoique partielle, dont les régions disposent quant à leur devenir, exacerbe la compétition interrégionale, les initiatives, la mobilisation des individus et explique, pour partie, la multiplicité des trajectoires régionales.

C'est donc à ce niveau pertinent, coutumier autant que fonctionnel, que nous allons rechercher les espaces ou les groupes d'espaces dont le dynamisme apparaît le plus affirmé, comparé à d'autres et en regard de leur situation passée. Cela étant, nous nous efforcerons de rendre compte des interactions multiples qui, non seulement revitalisent ces régions sur un plan démographique, mais les ouvrent aussi à des activités nouvelles, porteuses d'une croissance relativement soutenue. Pour cela, une investigation en direction des relations nouées entre les différents partenaires de la vie économique en région, susceptibles d'influer sur sa prospérité présente et à venir, s'avérera nécessaire.

Le cadre d'analyse étant fixé, c'est bien d'économie régionale dont il sera question dans cette mise en évidence et en perspective des nouveaux dynamismes spatiaux et dans la perception et l'explication que nous donnerons du changement en oeuvre, de sa portée et de sa dimension. A partir de là, nous envisagerons, dans

(26) R. Couderc, "La politique régionale d'aménagement : le multipole technologique régional", in "100 ans de géographie en Languedoc", *Bulletin de la Société Languedocienne de Géographie*, juillet-décembre 1990, fascicule 3-4, p. 453.

une troisième partie, ce dynamisme surgi en marge des évolutions admises, non plus sous un angle empirique, mais à un niveau théorique. Notre démarche consistera donc à proposer une reformulation des processus conduisant au développement régional, intégrant la complexité des relations nouées entre l'espace, l'économie, la politique et la société, en accord avec les évolutions conceptuelles récentes, ainsi qu'en dialogue avec l'incertitude et permettant d'approcher l'essence du changement.

PARTIE I

LE RENVERSEMENT DES TRAJECTOIRES REGIONALES

Si, au lendemain de la publication des premiers résultats du recensement de 1982, l'évocation de bouleversements spatiaux affectant notre territoire et donc notre société avait de quoi surprendre, il n'en va plus de même aujourd'hui.

Dire à présent que l'espace économique français ne ressemble plus, en cette fin de siècle, à ce qu'il fut naguère, apparaît être un truisme. Qu'il s'agisse des économistes, des démographes, des sociologues ou des géographes, tous s'accordent pour admettre que de profondes transformations sont à l'oeuvre et ne vont pas manquer de modifier notre paysage socio-économique.

Nul ne conteste plus, par exemple, que les régions françaises, et, au-delà, européennes, puissent connaître des évolutions contrastées. Cette adhésion, apparemment unanime, à la reconnaissance de nouvelles dynamiques localisées ne remet pourtant pas en cause le questionnement qui est le nôtre. Des différences, pour ne pas dire des oppositions, subsistent en effet entre les conclusions de multiples observateurs, révélant des désaccords entre, d'une part, la perception que chacun peut avoir du changement et, d'autre part, l'explication qu'il convient d'en donner.

Pour certains, il est question de *la France inverse* (1) ou, plus encore, de *La revanche du Sud* (2). Pour d'autres, la répartition nouvelle des hommes et des activités n'est que la conséquence directe des difficultés spectaculaires qui affectent les régions industrielles.

Ces interprétations divergentes des réalités régionales soulignent la nécessité de mesurer la portée véritable de ce renversement ou, plus prudemment, de cette nouvelle donne spatiale. L'avènement d'autres espaces dynamiques est-il, pour l'essentiel, induit par la crise, ce qui pourrait signifier qu'une conjoncture plus favorable verrait un retour aux anciennes et habituelles disparités régionales, ou bien, révèle-t-il un (ou des) processus de développement encore méconnu(s) et susceptible(s) de durée et éventuellement d'irréversibilité ?

---

(1) R. Uhrich, *La France inverse ? Les régions en mutation*, Economica, Paris, 1987.

(2) A. Berger, J. Catanzano, J.D. Fornairon, J. Rouzier, *La revanche du Sud*, éd. L'Harmattan, 1988.

Il va sans dire que s'il s'agissait pour nous d'un simple phénomène conjoncturel, nous n'aurions pas jugé pertinent d'engager, à ce sujet, une recherche en profondeur. Mais l'ampleur et l'originalité des transformations, des mouvements en cours, font que ces manifestations, jugées parfois épisodiques, acquièrent dans leur permanence un caractère fondamental.

Une analyse comparative systématique permettra de distinguer les spécificités des éléments communs à certaines régions, certains groupes de régions, et par là même, de dégager l'essence du changement que nous étudions.

Révélées par les mouvements des hommes, les évolutions spatiales qui viennent de se produire et semblent se poursuivre seront, en toute logique, appréhendées d'abord dans leur dimension démographique. La répartition spatiale des hommes fera donc l'objet d'un premier constat. Puis, nous nous interrogerons, dans un second temps, sur le contenu économique du processus "d'inversion" dévoilé, par le biais d'une approche macro-économique menée à l'échelon des régions.

CHAPITRE I

L'IDENTIFICATION DE NOUVEAUX DYNAMISMES DEMOGRAPHIQUES

Connaître les évolutions démographiques et comprendre les facteurs qui les influencent sont autant de démarches essentielles à l'intelligence du développement régional et à la pratique de l'aménagement du territoire.

Indicateur privilégié, parce que synthétique, simple et indiscutable, la démographie ouvre le débat sur les mécanismes qui gouvernent la mobilité spatiale des individus, ou, plus largement, des groupes.

Même si cette mesure en termes de population est limitée, son rôle dans notre interrogation suppose un certain nombre d'hypothèses implicites portant notamment sur les liens qu'entretiennent les mouvements de population avec le dynamisme économique des espaces concernés. Nombreux sont les exemples où l'on peut associer tel ou tel événement économique survenu dans un espace, avec la trajectoire des populations de ce même espace. Toutefois, et bien que la liaison entre croissance économique et mouvements de population soit communément admise (3), certaines migrations peuvent ne pas trouver de support explicatif de type économique, aussi automatique que par le passé (4). En outre, il est possible d'envisager l'existence de flux de population susceptibles de dynamiser les économies des espaces bénéficiaires. Ainsi, si les mouvements démographiques fournissent des indications de disparités, ils peuvent aussi signaler *l'émergence de mouvements de fond dans la société, qu'il faut accompagner, parfois prévenir, en tout cas, prendre en compte* (5).

L'analyse démographique offre, en outre, de nombreux avantages qu'il convient d'énoncer : l'information portant sur les collectivités humaines est une des plus fiables, car obtenue de manière exhaustive grâce aux recensements pratiqués régulièrement en France. Elle est, de plus, rapidement disponible et permet une exploitation en continu,

---

(3) Voir les modèles explicatifs dans "Les migrations" par P. Aydalot, *TEM Espace*, Gauthiers Villars, n° 3, 1972.

(4) J. Catanzano, "Retour vers l'arrière-pays, les migrations en Languedoc-Roussillon", *Cahiers de l'Economie Méridionale*, n° 9, 1987.

(5) J. Bouchet, "Mouvements démographiques et évolution du territoire, éléments de problématique", *RERU*, n° 5, 1983, p. 669.

sur une des rares séries longues qui bénéficient d'une cohérence certaine. Reflet du passé, miroir du présent, elle préfigure l'avenir.

Notre objectif est ici de délimiter le champ de l'interrogation sur la mutation socio-économique en oeuvre afin d'en démonter les mécanismes. Pour ce faire, nous nous proposons d'identifier, à l'intérieur de l'espace métropolitain français, un espace continu de plus grande croissance démographique, porteur de transformations plus intenses et donc plus facilement analysables.

L'examen de l'évolution des populations totales de chacune des régions françaises devra nous permettre de dégager, sur une période longue, la tendance ancienne et l'inscription spatiale et temporelle du changement pressenti.

Notre champ d'observation ainsi circonscrit dans le temps, il sera alors question pour nous de saisir la tendance nouvelle dans son amplitude puis dans son contenu, ce dernier étant à même de nous révéler certains des ressorts sociaux et économiques de la mutation.

Enfin, nous envisagerons les répercussions que les nouvelles trajectoires de population ne manqueront pas d'avoir sur la composante naturelle des espaces concernés.

I - D'UN MODE DE LOCALISATION DES HOMMES A L'AUTRE

Qu'on ne s'y trompe pas, si des changements apparaissent parfois brutalement, et la surprise manifestée après 1982 aussi bien dans les écrits scientifiques que dans la grande presse en témoigne, ils sont le fruit de transformations lentes et prennent le plus souvent racine bien avant d'être clairement perçus, mesurés et appréciés.

Nous déterminerons ici, pour des raisons pratiques, une date approximative où la mutation devient indiscutable, mais cela ne veut pas dire, et nous en sommes conscients, qu'elle n'était pas en gestation avant. Pour apprécier le moment où irréfutablement nous entrons dans un autre mode de localisation des hommes, notre méthodologie sera la suivante : la démarche adoptée consiste à repérer, pour les décennies 1950, 1960, 1970 et 1980, les régions dont la variation de population est soit inférieure, soit supérieure à l'évolution moyenne nationale. Puis, nous mettrons en évidence, aux mêmes dates, celles dont les progrès sont inférieurs ou supérieurs d'un écart type à la moyenne des régions. Surgiront alors les espaces aux caractéristiques les plus affirmées tant en termes de pertes que de gains.

La France contemporaine, doucement élaborée par l'histoire, connaît depuis quelques années, un très faible taux de croissance de sa population qui contraste avec ceux qui ont été observés il y a à présent plus de trois décennies (6). La chute de la natalité et la réduction très sensible de l'immigration extérieure se traduisent par un ralentissement du croît de la population nationale.

Ce contexte général orienté quantitativement vers un ralentissement de la croissance est également marqué d'une réorganisation géographique du peuplement. En trente ans, divers facteurs ont en effet contribué à modifier l'occupation humaine de l'espace et les tendances récentes de l'évolution de la population française expriment une réduction des disparités interrégionales. Mais, plus que d'un rééquilibrage démographique, il est question ici d'un redéploiement des hommes et d'une nouvelle orientation de leur mobilité.

La première période, basée en 1950, reflète simultanément le pouvoir attractif dont sont dotées les grandes métropoles et le caractère répulsif de l'espace rural. Pour preuve, les régions largement bénéficiaires sont l'Ile-de-France, Rhône-Alpes et Provence-Alpes-Côte d'Azur, abritant respectivement Paris, Lyon et Marseille, tandis que les régions du Massif Central (l'Auvergne et le Limousin) subissent une déperdition marquée de population.

Le double phénomène "concentration urbaine-exode rural" joue alors pleinement et *Paris continue à souffrir d'une inflation urbaine aiguë qui entretient la cassure interne de la France* (7).

On peut toutefois remarquer qu'en référence à la seule moyenne nationale, quatre autres régions se distinguent de l'ensemble métropolitain précité par leur progression en matière de population. Il ne s'agit pas pour autant de foyers traditionnels de concentration démographique mais de régions telles que le Languedoc-Roussillon, la Corse, la Haute-Normandie et l'Alsace.

---

(6) G. Francart, "Le rééquilibrage démographique de la France", *Economie et Statistique*, n° 153, INSEE, mars 1983, p. 35.
(7) J.F. Gravier, *Economie et organisation régionale*, Edition Masson, Paris, 1971, p. 80.

Carte 1
Evolution de la démographie régionale française

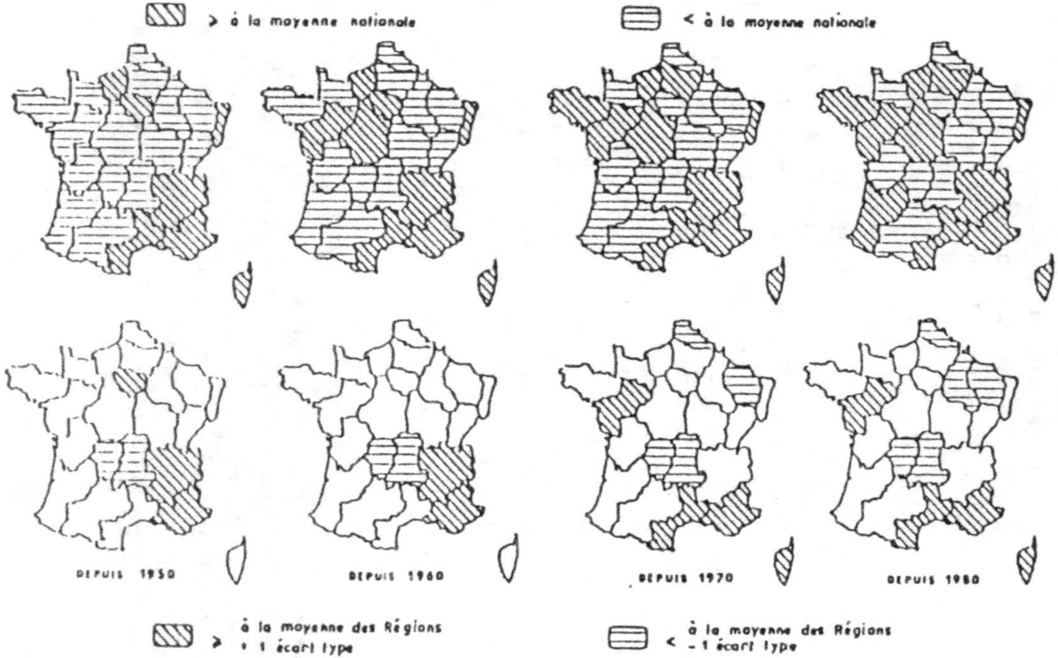

Sources : EUROSTAT

L'avantage acquis par ces espaces se confirme, après 1960, et trois zones de croissance peuvent alors être décrites. Elles concernent un triangle sud-est regroupant Rhône-Alpes, le Languedoc-Roussillon, Provence-Alpes-Côte d'Azur et la Corse, un ensemble central où l'Ile-de-France et la Haute-Normandie s'adjoignent le Centre et les Pays de la Loire, tandis que l'Alsace, bien qu'isolée, s'affirme en tant qu'espace de croissance.

La période postérieure à 1960 est remarquable à un second titre, en ce sens que l'Ile-de-France s'efface alors des régions très progressives où ne se maintiennent que Provence-Alpes-Côte d'Azur et Rhône-Alpes. Cette dernière, second noyau de notre géographie économique ne bénéficie d'ailleurs que d'un sursis, puisqu'à partir des années 1970, Provence-Alpes-Côte d'Azur s'avère être la seule région rescapée de la période longue. A elle se joignent le Languedoc-Roussillon et les Pays de la Loire, grossissant ainsi le groupe des régions à progrès nets.

Si la période d'après 1970 ne s'inscrit plus directement dans la tendance ancienne, les changements ne se manifestent pas qu'au travers des espaces en essor démographique. En sens inverse, l'examen des zones en déclin est également riche d'enseignements. Le déficit des régions du Massif Central va s'accroissant, accentuant le risque de désertification qui menace des régions souffrant déjà d'une faible densité de population. Parallèlement, une seconde zone frein apparaît, englobant des régions de vieille industrialisation que sont la Lorraine et le Nord-Pas-de-Calais, et auxquelles viendra s'ajouter, dès 1980, la Champagne-Ardenne.

La France d'après 1980 peut être conçue comme un ensemble composé de quatre parties :

- l'une, dont le noyau est l'Ile-de-France, comprend trois régions immédiatement voisines (Haute-Normandie, Picardie, Centre) et deux régions contiguës à ce cercle (Pays de la Loire et Bretagne) ;
- l'Alsace détachée et probablement plus en prise sur le pays voisin ;
- les deux régions méditerranéennes dont la dynamique se confirme avec le temps et auxquelles se joint la Corse dès 1970 ;
- le reste du pays, qui s'inscrit au-dessous de la moyenne nationale, parfois au voisinage de la stagnation.

Cette vision perspective de l'évolution de la population totale des régions montre à quel point les années 1970 constituent un tournant quant à la modification de la dynamique de la répartition spatiale de la population en France. C'est en effet à partir de cette date charnière que s'affirment divers mouvements qui semblent rompre avec la logique de structuration spatiale antérieure.

Il est alors question, d'une part, de l'effacement relatif des deux puissances métropolitaines et industrielles de Paris et de Lyon tandis que Provence-Alpes-Côte d'Azur joue en solo un rôle important qui influe sur les régions attenantes (Languedoc-Roussillon, Corse) et, d'autre part et symétriquement, d'une accentuation du recul du Massif Central, relayé par le Nord-Pas-de-Calais et la Lorraine pourtant industrielles.

L'importance accrue des mouvements migratoires interrégionaux, du moins jusqu'en 1975 (8), a sans nul doute contribué, beaucoup plus que les facteurs naturels et dans un contexte d'apports migratoires extérieurs quasi nuls, à modifier la géographie de la distribution humaine en France. C'est donc sur les phénomènes de mobilité interrégionale que nous allons plus particulièrement porter notre attention et ceci, à partir du recensement de 1968, compte tenu de ce que nous avons observé jusqu'alors.

Pour autant, nous ne sous-estimons pas l'importance des mouvements de population à l'intérieur des régions, les évolutions démographiques les plus récentes rendant compte de nouvelles relations entre villes et campagnes. Nous ne manquerons certes pas de nous pencher plus loin sur ce phénomène qui participe, à l'évidence, à la réorientation des flux migratoires.

II - LA REORIENTATION DES FLUX MIGRATOIRES INTERREGIONAUX

Décrire l'évolution du paysage humain qui compose les régions françaises consiste communément à rendre compte de deux mouvements distincts : il s'agit en effet d'apprécier, d'une part, le mouvement migratoire qui concerne les déplacements de population d'un point à un autre du territoire métropolitain et, d'autre part, le mouvement naturel qui prend en considération les naissances et les décès survenus dans un temps donné, au coeur d'un espace préalablement choisi.

---

(8) Voir "L'évolution des mobilités interrégionales", tableau 1, p. 36, par G. Francart, p. 35, *Economie et statistique*, op. cit.

Toutefois, les dynamiques régionales s'expliquent aujourd'hui davantage par les soldes des flux migratoires que par le croît naturel. Les coefficients de corrélation entre les variations démographiques des régions et leur croît naturel ou leur solde migratoire, dans les années 80, l'attestent. Ils font état d'une corrélation nulle entre variation démographique et solde naturel, contre une valeur de 0,77, pour ce qui concerne les soldes migratoires (9). Il faut bien voir en effet que si le mouvement naturel a permis, jusqu'à une période récente, de révéler de profondes disparités entre les régions de l'Ouest, du Nord et du Nord-Est, exception faite de l'Alsace, et les régions moins fécondes de la moitié sud, de même qu'entre les espaces connaissant des degrés d'urbanisation différents, il n'en demeure pas moins, aujourd'hui, que cette opposition traditionnellement admise tend à se réduire sous l'effet d'une homogénéisation des comportements en la matière. Désormais essentiellement marqués par les structures par âge et par sexe des populations, plus que par des données d'essence géographique intégrant des spécificités religieuses, politiques et historiques (10), les taux de natalité et de mortalité gagnent en uniformité sur l'ensemble du territoire national, perdant, dans le même temps, leur pouvoir discriminant. D'ailleurs, ce phénomène n'est pas propre à la France et concerne la quasi-totalité des pays occidentaux qui connaissent, pour la plupart, un vieillissement de leur population scandé par une diminution conjointe du nombre des naissances ainsi que des décès (11).

La compréhension des dynamiques régionales observées passe donc d'abord par une perception approfondie des mouvements migratoires, d'autant que ces derniers répondent plus rapidement aux stimulations économiques et sociales.

Le terme de "migration à l'intérieur du pays" recouvre trois réalités distinctes. Il est en effet possible d'appréhender divers mouvements qui peuvent concerner :

- les migrations entre la date de naissance et le moment du recensement ;

---

(9) Voir A. Berger, J. Rouzier, *Homme, espace, économie*, op. cit.

(10) Voir à ce propos "L'espace économique français", par H. Jayet, INSEE, 1988, p. 30 à 37.

(11) Données sociales 1990, INSEE, p. 18 à 25.

- les migrations dites alternantes, rendant compte des mouvements entre domicile et lieu de travail ;

- enfin, et c'est précisément celles qui nous intéressent du fait des préoccupations qui sont les nôtres, les changements de domicile entre le précédent recensement et l'actuel recensement.

Ces derniers sont connus au moyen de deux questions : le lieu de résidence actuel et le lieu de résidence au précédent recensement. Il faut bien voir toutefois qu'il ne s'agit que du résultat d'un mouvement et que, pour aller d'un point à un autre, le migrant peut avoir suivi une trajectoire très complexe. D'autre part, les déplacements entre ces deux dates ne prennent en compte que les "survivants". Ne sont retenus en effet que les individus nés à la date du précédent recensement et vivants à la date de l'actuel recensement. On ne sait rien de l'individu né et décédé au cours de la période intercensitaire ou bien de celui qui est venu et reparti dans le même temps.

Enfin, un solde, s'il peut résulter d'un mouvement très faible, peut, avec une même valeur, provenir d'un mouvement très important mais dont les composantes s'annulent.

Afin d'éviter ces écueils méthodologiques, nous ne nous bornerons pas à analyser les seuls soldes migratoires, portant également notre attention, dès que cela est possible, sur les entrées et sorties de migrants entre les régions.

L'évidence d'un glissement démographique vers le Sud

Après 1982, la vision traditionnelle des mouvements des ménages est tenue en échec. Le *modèle de flux migratoires où l'exode rural vient renforcer de manière systématique les zones où la concentration de la population est une réalité acquise* (12) ne résiste pas à l'épreuve des résultats fournis par le dénombrement de population de 1982.

Les données quantitatives issues du recensement de 1990 viennent à leur tour confirmer cette inversion de tendance, corroborant ainsi l'hypothèse selon laquelle les comportements des ménages tendent à se moduler et à se diversifier, pour ne plus réagir exclusivement à

(12) X. Greffe, *Territoires en France, les enjeux économiques de la décentralisation*, Economica, 1984, p. 83.

des sollicitations orthodoxes organisées autour de la recherche d'emploi ou de revenus plus conséquents.

Jusqu'à cette date, il était de bon ton d'évoquer une France partagée par une ligne mythique partant du Havre pour rejoindre Marseille. De toute évidence cette frontière se justifie encore partiellement, car découpant notre territoire en deux blocs opposés, dont l'un bénéficie de soldes migratoires positifs, tandis que l'autre voit les départs l'emporter sur les entrées. Toutefois il convient de nuancer cette dichotomie désormais simpliste.

Il apparaît en effet que trois groupes distincts se dessinent pour structurer une France transfigurée dont la morphologie n'a plus de commune mesure avec celle décrite par Jean-François Gravier dans son célèbre *Paris et le désert français* (13).

La France de 1990 se présente comme suit (14) :

- Un premier bloc regroupe les régions du Nord et de l'Est soumises à des pertes démographiques qui vont s'accentuant depuis 1968. Le Nord-Pas-de-Calais, la Lorraine, la Champagne-Ardenne et la Franche-Comté sont les plus touchées, tandis que la Basse-Normandie, la Picardie, l'Ile-de-France assistent, elles aussi, à un effritement de leur solde migratoire. Enfin, les Pays de la Loire, l'Alsace, la Bourgogne et la Haute-Normandie connaissent une stagnation où entrées et sorties se compensent mutuellement.

L'Auvergne, pourtant située en deçà de la fameuse limite, peut être rattachée à ce premier groupe. Inversement, la région Centre n'a que peu de points communs avec les régions précédemment citées, c'est pourquoi nous l'incluons dans un second groupe.

- Un deuxième assemblage s'esquisse en effet et intéresse plus particulièrement des régions telles que le Centre que nous venons

(13) J.F. Gravier, *Paris et le désert français*, Editions le Portulan, 1947, 414 pages.

(14) Il est à ce jour impossible de disposer des résultats des migrations interrégionales pour le recensement de 1990. Les données que nous exploitons ici concernent en fait les soldes migratoires par région intégrant les soldes avec l'extérieur du territoire. On peut d'ores et déjà estimer qu'il y aurait eu, entre 1982 et 1990, 450 000 entrées nettes d'étrangers en France. En outre, nous ne savons pas comment cette population s'est répartie sur le territoire national. Nous supposons donc, pour les besoins de notre exposé, qu'il y a équi-répartition de ceux-ci sur l'ensemble des régions.

Carte 2
Soldes migratoires relatifs interrégionaux de population totale (en %)

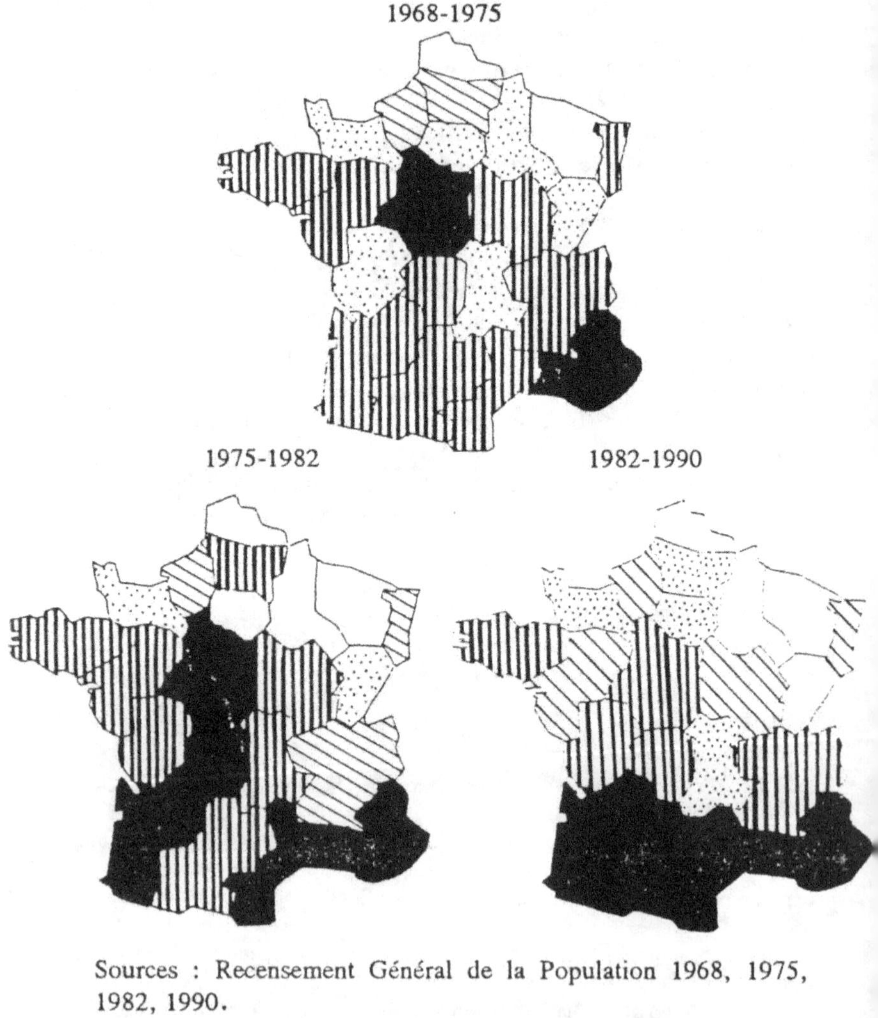

Sources : Recensement Général de la Population 1968, 1975, 1982, 1990.

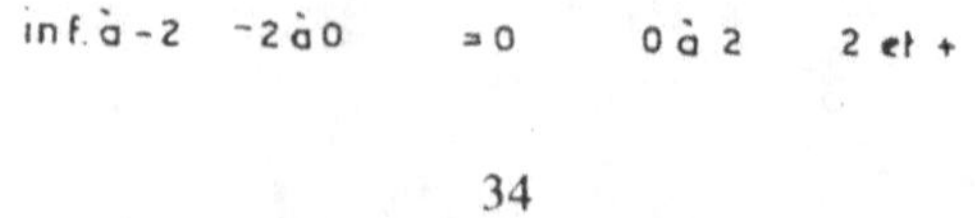

Tableau 1
Soldes migratoires relatifs annuels et classement des régions pour les trois dernières périodes intercensitaires

	1968-1975		1975-1982		1982-1990	
	Solde annuel	Rang	Solde annuel	Rang	Solde annuel	Rang
Languedoc-Roussillon	0,23	3	0,94	1	1,07	1
PACA	0,86	1	0,76	2	0,69	2
Aquitaine	0,14	7	0,47	4	0,58	3
Midi-Pyrénées	0,09	10	0,32	7	0,53	4
Centre	0,43	2	0,42	5	0,30	5
Rhône-Alpes	0,22	5	0,13	10	0,27	6
Bretagne	0,13	8	0,29	8	0,17	7
Limousin	0,03	12	0,38	6	0,16	8
Poitou-Charentes	- 0,11	15	0,11	11	0,09	9
Pays de la Loire	0,07	11	0,16	9	0,04	10
Alsace	0,21	6	- 0,01	15	- 0,02	11
Picardie	0,01	13	0,06	13	- 0,03	12
Bourgogne	0,10	9	0,11	12	- 0,03	13
Haute-Normandie	0	14	- 0,05	16	- 0,03	14
Auvergne	- 0,16	16	0,05	14	- 0,07	15
Ile-de-France	- 0,25	17	- 0,63	22	- 0,07	16
Basse-Normandie	- 0,27	18	- 0,11	17	- 0,09	17
Franche-Comté	- 0,32	19	- 0,21	18	- 0,33	18
Champagne-Ardenne	- 0,34	20	- 0,35	19	- 0,48	19
Nord-Pas-de-Calais	- 0,48	21	- 0,46	20	- 0,55	20
Lorraine	- 0,51	22	- 0,53	21	- 0,59	21
Corse	0,22	4	0,76	3	-	-

Sources : *INSEE Première*, n° 82, juin 1990.

d'évoquer, la Bretagne, le Poitou-Charentes, le Limousin et Rhône-Alpes. Notons au passage que le Centre et le Limousin, plus attractives entre 1975 et 1982, rejoignent, en 1990, ce groupe aux progrès démographiques modérés. Le classement des régions selon leur solde relatif migratoire annuel pour les trois dernières périodes intercensitaires confirme d'ailleurs cet état de fait. Le Limousin régresse entre 1982 et 1990 par rapport à 1975-1982, perdant deux places, alors que le Centre, s'il conserve sa position, n'enregistre pas moins une diminution de son solde annuel.

- Un troisième ensemble peut enfin être identifié, réunissant les régions qui s'inscrivent en tête des régions françaises par le volume de leur solde migratoire entre 1982 et 1990.

Les quatre régions méridionales que sont l'Aquitaine, le Languedoc-Roussillon, Provence-Alpes-Côte d'Azur et Midi-Pyrénées se coalisent pour constituer un front doté d'un formidable pouvoir attractif. Ce sous-ensemble méridional, particulièrement dynamique, s'est structuré par vagues successives au fil du temps, mettant tout d'abord en scène Provence-Alpes-Côte d'Azur, bientôt rejointe par le Languedoc-Roussillon. D'abord situés sur les rivages de la Méditerranée, la géographie de ces espaces dotés d'une vitalité surprenante va s'étendre en direction de l'ouest pour intéresser, dès 1975, l'Aquitaine à laquelle s'associe en 1990 le Midi-Pyrénées.

Si les autres espaces progressifs, bien que dans de moindres proportions, connaissent un classement en dent de scie (nous avons cité le cas du Limousin et du Centre), l'attirance méridionale ne se dément pas à mesure que se succèdent les différents recensements.

Le Languedoc-Roussillon et la Provence-Alpes-Côte d'Azur étaient déjà fort bien placés au début de notre période d'analyse (1968), l'Aquitaine et le Midi-Pyrénées améliorent confortablement leur position pour s'octroyer respectivement en fin de parcours les troisième et quatrième rangs, consolidant, dans le même temps, leur solde annuel relatif.

Les solidarités qui se dégagent de cet ensemble attractif s'avèrent troublantes. Réunies ici car bénéficiant d'un retournement des courants migratoires, ces régions font également état de caractéristiques communes bien qu'anciennes : celles-ci concernent tout à la fois leur position géographique marquée d'une contiguïté entre elles et d'un éloignement de la capitale, et leur paysage socio-économique qui s'appuie notamment sur un tourisme développé, une industrie généralement tenue pour faible, un chômage élevé, le tout

prenant place dans un décor où la vigne jouit d'une position prépondérante et où la clémence climatique n'est pas à démontrer.
Nous n'avons pas encore abordé le cas de la Corse bien que celle-ci semble participer à la dynamique qui secoue les régions méridionales. Il est toutefois bien difficile de l'intégrer à l'ensemble, a priori cohérent, des régions fortement attractives, pour divers motifs. Sur un plan statistique, les données la concernant sont le plus souvent inexactes, lorsqu'elles ne sont pas inexistantes, ce qui est le cas jusqu'en 1982, date à laquelle elle n'est plus rattachée à Provence-Alpes-Côte d'Azur. D'un point de vue subjectif enfin, son caractère insulaire et la grande autonomie de sa population sont autant de particularités qui pèsent fortement sur sa structuration socio-économique. Nous ne manquerons pas de rendre compte de sa situation chaque fois que les informations dont nous disposons nous y autorisent.

Forts de ces constats et sachant que les soldes peuvent rendre compte de réalités diverses, il devient nécessaire de nous intéresser aux flux de population qui participent, par leur intensité, au brassage humain entre les régions. Nous porterons un regard particulièrement attentif sur le Sud privilégié par une attractivité plus marquée.

L'attractivité méridionale en dépit d'une sédentarisation démographique générale

Le solde migratoire ne rend véritablement compte que de ce qu'il convient d'appeler une migration nette (15). Ce type de mesure occulte l'amplitude des mouvements de va-et-vient qui permettent d'aboutir à cette situation à un moment donné.

La compréhension de la mobilité spatiale et, par voie de conséquence, de l'implantation des individus dans une région passe donc par une décomposition du solde en deux éléments distincts que sont le taux d'immigration interrégional et le taux d'émigration interrégional. Cette approche devrait nous permettre de dévoiler ce que les soldes occultent comme information sur les flux de population et plus particulièrement sur leur intensité.

Avant d'aborder la partie purement analytique, il convient d'énoncer, pour une meilleure compréhension, les principales

(15) Pour cette définition, voir D. Courgeau, *Méthodes de mesure de la mobilité spatiale*, Editions de l'INED, 1988, p. 203.

définitions des termes ainsi que la méthode graphique que nous allons être amenés à utiliser au cours du développement qui va suivre.

Le taux d'immigration intérieur est la proportion de personnes habitant, à la date de l'actuel recensement, une région donnée et qui habitaient, lors du précédent recensement, une autre région française.

Inversement, le taux d'émigration correspond au nombre de personnes déclarant avoir quitté, depuis le précédent recensement, une région donnée rapporté à la population de cette région à la date de l'actuel recensement.

Le solde migratoire relatif est la différence entre les deux taux précédents, c'est donc aussi, aux erreurs de mesure et à la mortalité près, le solde migratoire entre le précédent et l'actuel recensements rapporté à la population de l'actuel recensement.

Au niveau des graphiques présentés, chaque région est représentée par un point dont l'abscisse est le taux d'émigration interrégional au cours de la période considérée, et l'ordonnée, le taux d'immigration interrégional.

La diagonale ou droite d'équilibre caractérise les régions dont le solde relatif est nul, c'est-à-dire celles où les entrées compensent exactement les sorties. Toutes les régions situées en dessus de la diagonale disposent d'un solde relatif positif, donc d'un excédent d'entrées par rapport aux sorties. Inversement, les régions situées en dessous de la diagonale ont un solde relatif inférieur à zéro, et subissent donc un déficit de migrants du fait de sorties non compensées par les entrées (16).

Les données relatives à ce type de mouvement n'étant pas encore disponibles pour la période allant de 1982 à 1990, ne seront concernées ici que les deux périodes intercensitaires antérieures à 1982.

Les influences conjointes des sorties et des entrées de migrants interrégionaux vont conduire certaines régions à se distinguer des autres espaces français, les unes par leur remarquable progression, les autres par leurs résultats défavorables.

D'une période à l'autre se dessine un mouvement d'ensemble où la quasi-totalité des régions accueille moins d'immigrants mais simultanément voit ses pertes se réduire. Ceci traduit le fait que,

---

(16) Pour cette méthode, se rapporter à J. Boudoul et J.P. Faur, "Depuis 1975, les migrations interrégionales sont moins nombreuses", in *Economie et Statistique*, n° 180, septembre 1985, p. 13.

Graphique 1
Emigration et immigration intérieures au niveau de la région, de la population totale, entre 1968 et 1975

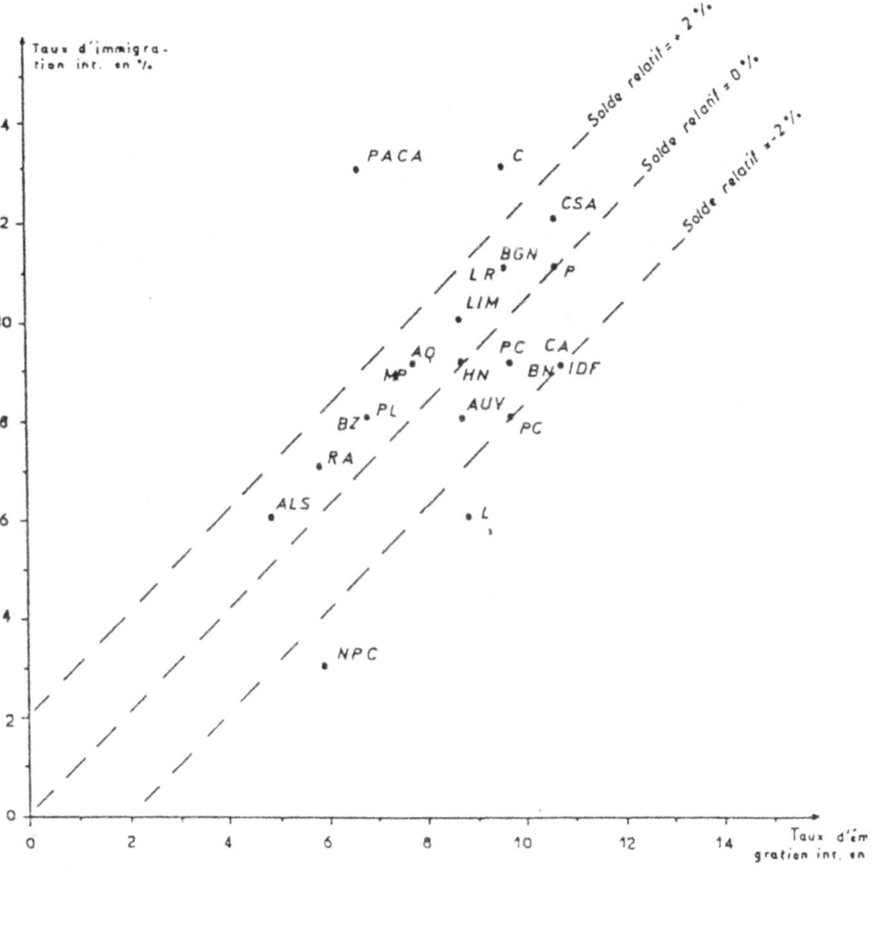

Sources : Recensement Général de la Population 1968, 1975.

Graphique 2
Emigration et immigration intérieures au niveau de la région, de la population totale, entre 1975 et 1982

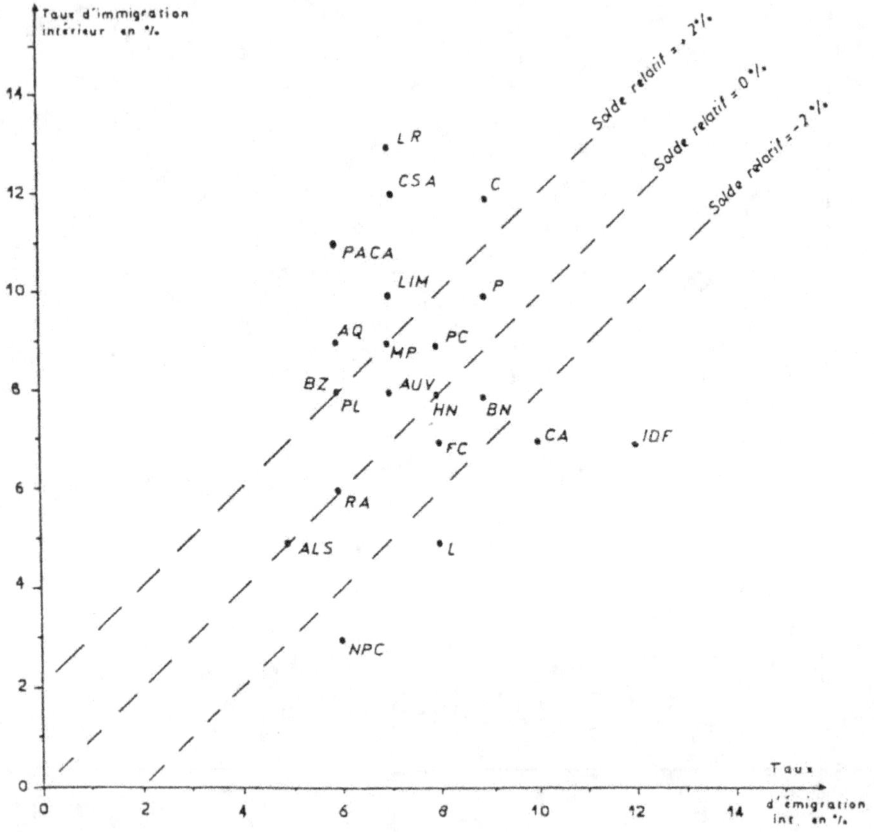

Sources : Recensement Général de la Population 1975, 1982.

de 1975 à 1982, l'intensité des échanges migratoires entre régions n'a pas augmenté par rapport à la période intercensitaire précédente. Les indicateurs restent stables ou baissent parfois même fortement, alors qu'ils avaient progressé depuis 1954.

Certaines régions échappent malgré tout à cette logique. Dans certains cas, les départs augmentent tandis que les entrées diminuent, il s'agit de l'Ile-de-France et, dans de moindres proportions, de l'Alsace. Ailleurs, les arrivées s'intensifient alors que les départs régressent. Cette trajectoire est celle du Limousin, de l'Auvergne, de la Bretagne, de Midi-Pyrénées, de Languedoc-Roussillon et de l'Aquitaine.

D'un point de vue quantitatif, il est toutefois difficile d'évoquer une quelconque analogie entre les espaces qui forment ces groupes. Prenons l'exemple de l'Auvergne et du Languedoc-Roussillon. Si ces deux régions ont, sur la seconde période, des taux d'émigration assez voisins, leurs taux d'immigration sont en revanche fort éloignés.

L'Auvergne dispose certes d'un solde positif mais le Languedoc-Roussillon est dans le même temps fortement excédentaire. Ce dernier est d'ailleurs l'une des régions dont la situation a le plus évolué d'un recensement à l'autre, tout comme l'Ile-de-France. Toutefois le Languedoc-Roussillon est devenu largement bénéficiaire, alors que l'Ile-de-France a accentué ses tendances exportatrices de population.

Outre le Languedoc-Roussillon qui se détache fortement du peloton, nous retrouvons en bonne place les régions déjà repérées auparavant pour leur attractivité et notamment les autres régions méridionales. Celles-ci, auxquelles se joignent la Corse, le Limousin et la Bretagne, s'écartent, en seconde période, d'une situation moyenne, grâce à l'amplitude des flux de population qui les rejoignent.

A l'opposé, le profil des régions du Nord et de l'Est, déjà déficitaires en première période, se détériore encore après 1975. Ces régions peu attractives sont des zones caractérisées par une mobilité très faible. L'inversion des courants migratoires déjà évoquée, apparaît, une fois encore, avec clarté.

Notre démarche a consisté à mesurer l'attractivité des régions en rendant compte des flux de population attirée, celle-ci peut aussi être estimée à partir du champ géographique sur lequel elle s'exerce. Le nombre de régions "attirées" fournit une autre indication sur l'attractivité exercée par une région dans l'espace.

Une captation au détriment de l'ensemble du pays

Une façon simple d'apprécier le rayonnement d'une région dans l'espace métropolitain consiste à faire un bilan, pour cette région, du nombre de celles qu'elle attire. Seront considérées comme "attirées" les régions sur lesquelles la zone concernée pratique, dans un temps donné, une ponction de migrants. Prenons pour plus de clarté un exemple : le Languedoc-Roussillon attire entre 1975 et 1982 pas moins de 20 régions. Cela signifie qu'il a, au cours de cette période intercensitaire, un solde migratoire positif avec 20 régions (17). Dans le tableau proposé, les régions sont classées selon le nombre total de régions attirées sur les deux dernières périodes intercensitaires. Pour des raisons invoquées précédemment, nous ne disposons pas encore de ces données pour le recensement de 1990.

Dans la perspective que nous avons définie, les régions méridionales se singularisent une fois encore. Déjà marquées par l'intensité des échanges dont elles bénéficient, elles se distinguent ici par le champ géographique sur lequel elles exercent leur influence. Celles-ci entretiennent en effet des relations orientées à leur avantage avec la quasi-totalité des autres régions françaises.

Si, dans la première période, Provence-Alpes-Côte d'Azur l'emportait sur 20 régions, devenue un peu moins attractive dès 1975, elle est devancée par le Languedoc-Roussillon. A l'instar de cette dernière, Aquitaine et plus encore Midi-Pyrénées améliorent très sensiblement leur position et gagnent alors l'une et l'autre sur 17 régions.

Cela signifie que ces nouveaux espaces dynamiques sont aujourd'hui en mesure de pratiquer des prélèvements de population sur un nombre croissant d'autres régions, même si celles-ci sont fort éloignées d'eux géographiquement. Ceci les différencie d'ailleurs d'autres assemblages de régions considérées comme progressives sur le plan démographique. Nous savons déjà qu'un tel groupe unissant la Bretagne, le Centre, le Limousin, le Poitou-Charentes et Rhône-Alpes était doté de capacités attractives moins intenses que celles des régions méridionales. Nous savons maintenant qu'il n'exerce une certaine pression que sur un nombre plus restreint de régions. Exception faite du Limousin et du Poitou-Charentes, ces régions

---

(17) Voir à ce propos "Les migrations interrégionales depuis 30 ans" par B. Aubry dans *Economie et statistique*, n° 212, juillet-août 1988, p. 13.

Tableau 2

Classement des régions selon le nombre de celles qu'elles attirent pour les deux dernières périodes intercensitaires

	1968-1975		1975-1982	
	Nbr de régions attirées	Classement	Nbr de régions attirées	Classement
Languedoc-Roussillon	18	3	20	1
PACA	20	1	19	2
Aquitaine	15	5	17	3
Midi-Pyrénées	13	8	17	4
Limousin	10	10	15	5
Rhône-Alpes	19	2	14	6
Bretagne	15	6	14	7
Centre	15	4	12	8
Poitou-Charentes	9	12	12	9
Pays de la Loire	13	9	11	10
Auvergne	8	14	11	11
Alsace	14	7	9	12
Haute-Normandie	8	13	9	13
Basse-Normandie	3	19	7	14
Bourgogne	9	11	6	15
Franche-Comté	6	15	5	16
Picardie	3	18	3	17
Champagne-Ardenne	2	20	3	18
Ile-de-France	5	16	3	19
Lorraine	4	17	1	20
Nord-Pas-de-Calais	0	21	0	21

Sources : B. Aubry, "Les migrations interrégionales depuis 30 ans", *Economie et Statistique*, n° 212, juillet-août 1988.

perdent d'ailleurs, d'une période intercensitaire à l'autre, une part de leur influence spatiale, en voyant se réduire le nombre de régions avec lesquelles elles sont créditrices.
Plus préoccupante est néanmoins la situation de régions pourtant autrefois importatrices de main-d'oeuvre. Qu'il s'agisse du Nord-Pas-de-Calais, de la Lorraine, de la Champagne-Ardenne et de la Franche-Comté, dont on connaît les difficultés, mais aussi de l'Ile-de-France, ces régions n'ont des bilans migratoires positifs qu'avec peu d'autres, voire aucune pour ce qui concerne le Nord-Pas-de-Calais.

A travers cette prospection qui rend compte d'évolutions démographiques régionales pour le moins contrastées, où un Sud triomphant côtoie un Nord-Est en pleine déroute, où bon nombre d'autres régions se maintiennent ou même progressent, se dessinent de nouvelles interrogations appelant un approfondissement de l'analyse en cours.

On peut se demander en effet si les ensembles précédemment définis sont susceptibles de demeurer tant soit peu cohérents si l'on se risque à explorer des données plus fines. La croissance pour le moins sélective que nous avons pu mettre en évidence procède-t-elle d'une véritable réalité régionale ?

III - UNE REPRISE DEMOGRAPHIQUE GENERALISEE DE LA VILLE A LA REGION

Les objectifs que nous poursuivons ont pour finalité, rappelons-le, d'identifier les espaces où les transformations sont les plus spectaculaires, rendant ainsi la perception du changement plus commode à analyser. Même si la région reste notre cadre d'analyse privilégié, il nous paraît toutefois important de vérifier si l'on peut effectivement évoquer une quelconque continuité à l'intérieur même des régions, et notamment de celles dont le dynamisme apparaît le plus affirmé.

Les derniers résultats issus du recensement de 1990 laissent d'ailleurs à penser que les particularismes qui fondent l'attractivité de certains espaces sont plus globalement régionaux qu'infrarégionaux.

Prenons le cas particulier des unités urbaines, une récente publication de l'INED portant sur *villes et régions au rendez-vous de l'Europe* (18), nous apprend que la *nouveauté la plus marquante mise en évidence par le recensement de 1990 est la reprise de croissance des plus grandes agglomérations* (18). Au-delà de ce redémarrage imprévu sur lequel nous ne manquerons pas de revenir, c'est plus encore la façon dont il s'organise qui nous interpelle ici.

Les auteurs, J.P. Faur et D. Pumain, observent en effet que la reprise de croissance ne touche pas de la même façon toutes les grandes villes. Dotée d'un caractère sélectif évident, elle *est d'autant plus ressentie que beaucoup plus que par le passé c'est l'ensemble des villes d'une région qui tendent à croître ou à décliner simultanément* (19). La localisation géographique, mais aussi l'activité dominante de ces agglomérations apparaissent comme autant de facteurs positifs ou négatifs conditionnant leur développement.

Il n'est donc pas étonnant que cette croissance aujourd'hui régionalement homogène profite aux villes méridionales (Fréjus, Cannes, Menton, Monaco, Montpellier, Toulouse....) et desserve bon nombre d'ex-villes minières, sidérurgiques ou industrielles du Nord et du l'Est. Notons au passage que les villes de la grande périphérie parisienne connaissent elles aussi des taux de croissance élevés (Melun, Meaux, Chartres, Orléans...).

Il faut bien voir toutefois que la croissance de la population des grandes villes résulte pour l'essentiel d'un accroissement naturel élevé, les soldes migratoires restant négatifs pour toutes les catégories de plus de 20 000 habitants même si, aujourd'hui, les pertes par migrations sont freinées. Nous ne manquerons pas de revenir ultérieurement sur ces aspects particuliers de l'occupation humaine du territoire, et notamment sur le nouveau partage de l'espace entre zones rurales et zones urbaines qui participe à l'évidence aux transformations qui nous préoccupent.

Si la croissance urbaine de la période 1982-1990 a été régionalement beaucoup plus homogène que celle des périodes précédentes, un mouvement analogue semble s'esquisser pour ce qui concerne les départements.

La croissance démographique départementale acquiert, elle aussi, au fil des ans un caractère sélectif ou, plus exactement, le mode de sélection évolue sensiblement d'une période à l'autre et de façon

---

(18) J.P. Faur et D. Pumain, "Villes et régions au rendez-vous de l'Europe" in *Population et Société*, n° 257, mai 1991, INED.

d'autant plus affirmée que l'on s'intéresse aux seules effets des migrations.

Avant 1975, la structuration démographique des départements ne semble pas obéir à une logique régionalisée et, à quelques exceptions près (Provence-Alpes-Côte d'Azur, Ile-de-France, Rhône-Alpes, Alsace...), il est coutumier de voir dans une même région des départements dynamiques en côtoyer d'autres en déclin. Cette répartition est alors directement liée au phénomène métropolitain et reflète le poids et les effets du binôme concentration urbaine/exode rural que nous avons déjà eu l'occasion d'évoquer et qui n'affecte pas de manière identique tous les départements.

Après cette même date, un partage d'une tout autre nature apparaît, rassemblant, selon une cohérence basée sur la proximité géographique, d'un côté les départements qui progressent et de l'autre, ceux dont la croissance démographique stagne, quand elle ne diminue pas.

Il ne faut toutefois pas négliger le rôle joué par l'Ile-de-France sur ses départements limitrophes, perturbant ainsi l'unité intrarégionale de la Picardie, de la Haute-Normandie, du Centre et plus faiblement aujourd'hui de la Bourgogne. Il apparaît en effet qu'une zone regroupant des départements particulièrement actifs forme une ceinture épousant les contours de la région Ile-de-France. Même si les capacités attractives de celle-ci sont moins remarquables que dans les années 1960, il est clair que son influence demeure.

Exception faite de cette parenthèse parisienne, la quasi-totalité des autres régions semble soumise à une nouvelle tendance d'harmonisation intrarégionale. Cette orientation apparaît indiscutablement lorsque l'on considère l'influence des mouvements migratoires sur la variation de population totale et ceci qu'il s'agisse des régions en déclin (Nord-Pas-de-Calais, Lorraine, Picardie, Champagne-Ardenne...) ou de celles dont les potentialités attractives s'affirment (Provence, Languedoc-Roussillon, Midi-Pyrénées, Aquitaine...).

Il devient alors tentant, bien que par trop schématique, d'annoncer, comme dans le cas des grandes villes, que *beaucoup plus que par le passé, c'est l'ensemble des... départements... d'une région qui tendent à croître ou à décliner simultanément*. Nombre de constatations plaident en tout cas en faveur de cette hypothèse et le graphique portant les soldes migratoires interdépartementaux pour la période 1975-1982 illustre cette affirmation.

Carte 3
Taux de variation annuel
de la population départementale totale (en %)

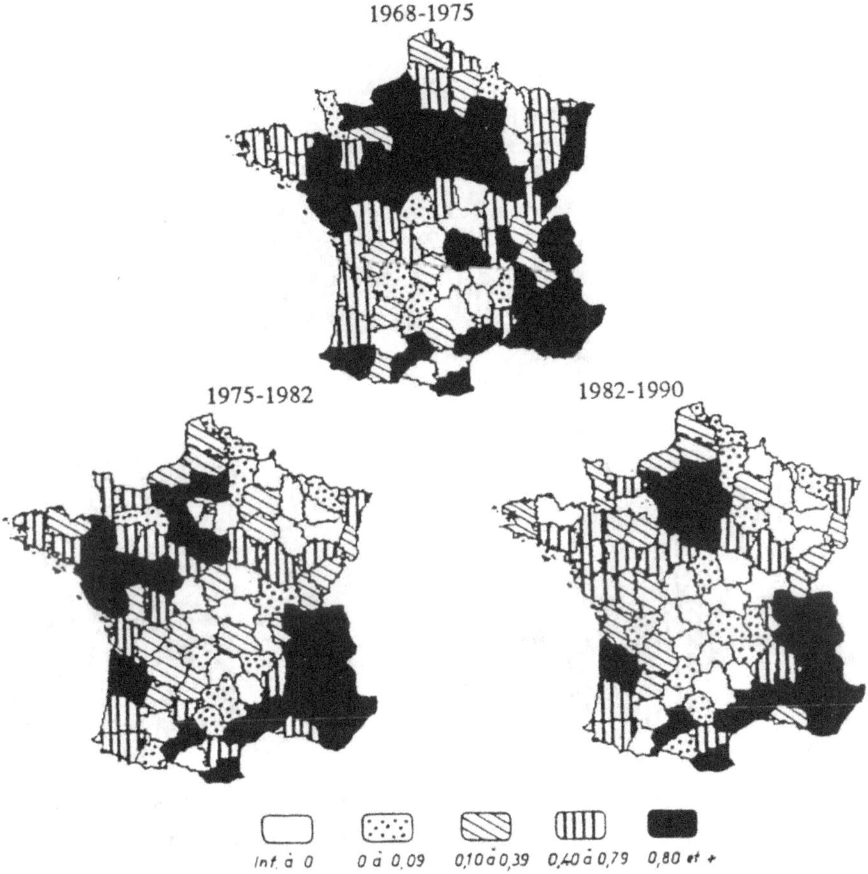

Sources : Recensement Général de la Population 1968, 1975, 1982, 1990.

Carte 4
Taux de variation annuel
dû au solde migratoire départemental (en %)

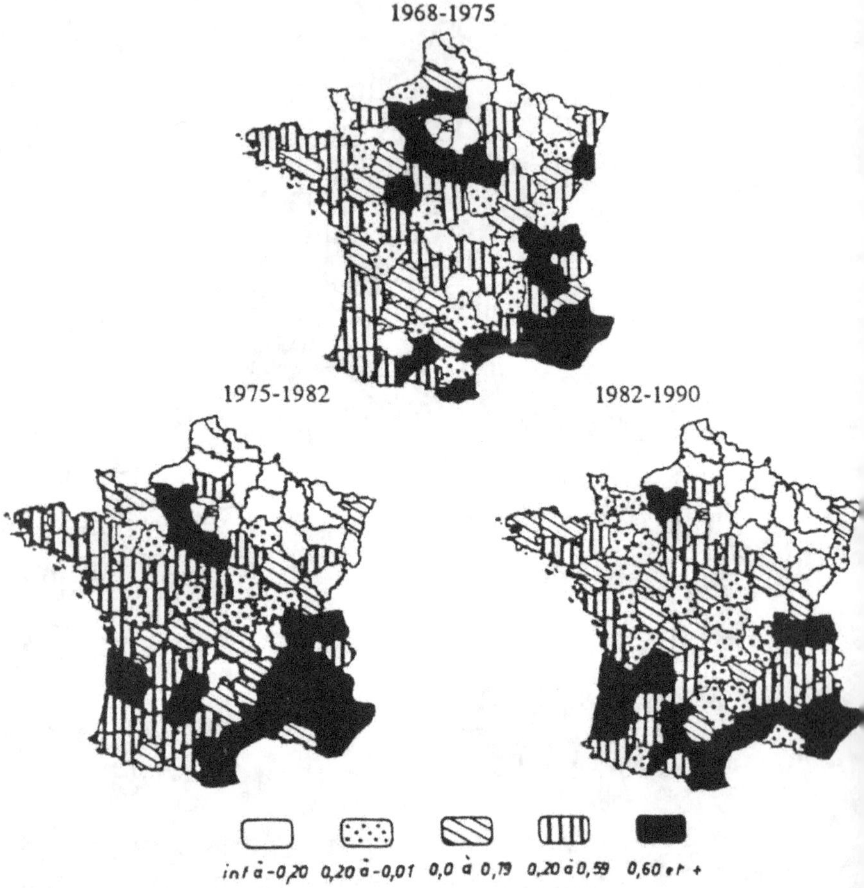

Sources : Recensement Général de la Population 1968, 1975, 1982, 1990.

Graphique 3
Emigration et immigration intérieures de la population départementale totale entre 1975 et 1982

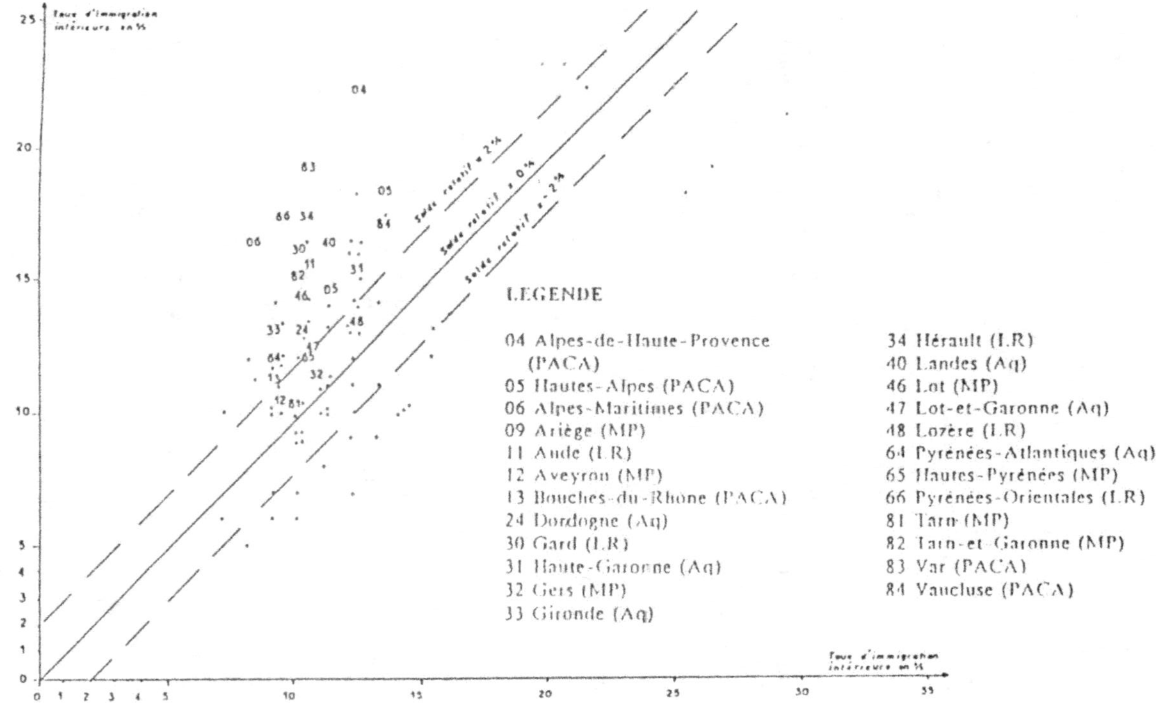

Sources : Recensement Général de la Population 1975, 1982.

Nous avons choisi d'identifier ici de façon explicite les départements des régions méridionales parce que reconnues, à partir du recensement de 1982, comme étant les plus dynamiques. Force est de constater que tous ces départements bénéficient d'un solde migratoire positif et même les départements de montagne que sont la Lozère, l'Aveyron ou le Tarn, terres traditionnelles d'exode, sont situés en dessus du seuil d'équilibre.

A travers l'exemple de ces sous-espaces, et même si leurs performances semblent moins convaincantes dans la période suivante, il devient évident que la géographie de l'immigration ne saurait être résumée à celle de la croissance urbaine et à sa diffusion dans les communes périphériques.

Ainsi se cache au coeur des régions attractives une dimension plus générale, une "philosophie" qu'il reste à identifier et à expliquer. La concordance des comportements entre zones à dominante rurale et d'autres plus urbanisées n'est plus fortuite.

Les similitudes désormais admises entre quatre régions, bien que repérables avec un décalage dans le temps, ne le sont pas moins de ce point de vue. Ces dernières accueillent non seulement, jour après jour, de nouveaux arrivants mais, fait nouveau, ne sont plus désertées aujourd'hui au rythme où elles l'étaient hier.

Si l'aspect quantitatif du mouvement commence à être perçu de manière plus réaliste que par le passé, les nouvelles implantations, bien que massives, sont le plus souvent attribuées, par la plupart de ceux qui, régionalement ou nationalement, en font état, à des retraités de retour "au pays" au lendemain de leur vie professionnelle ou à des marginaux plus animés d'un désir de soleil que par des motivations porteuses de quelconques signaux économiques.

Cette tentative opportuniste de prise en compte du phénomène reflète néanmoins plus un souci évident d'éviter toute remise en cause de certitudes souvent anciennes mais toujours présentes, qu'une réelle curiosité. Appuyée sur les schémas explicatifs traditionnellement admis, elle ne résiste pas toujours à l'épreuve des faits et nombre d'idées reçues se voient balayées si l'on tente tant soit peu de regarder qui sont ces nouveaux venus, accueillis en nombre dans les régions méridionales.

IV - LE PORTRAIT DES NOUVEAUX VENUS

L'ambition de connaître les motivations des individus qui alimentent ce processus d'inversion des courants de population oblige à dresser un portrait des hommes et des femmes qui se déplacent. Leur signalement et les éléments communs qui se dégagent sont autant de pistes qui mènent aux sources des mobiles déterminant l'acte de migration.

L'un des problèmes majeurs posés par l'analyse des mouvements de population est celui du mélange des causes. Ces dernières peuvent être d'ordre familial, liées à l'âge, de nature économique, elles peuvent aussi s'appuyer sur des facteurs accidentels et individuels (19). L'enquête directe, généralement privilégiée dans ce type de démarche, peut donc se révéler trompeuse. Le migrant interrogé n'a le plus souvent conscience que de sa conjoncture personnelle et néglige les faits de structure qui peuvent sous-tendre ses déplacements.

Soucieux de percevoir les logiques de fond qui motivent un tel renversement, il nous est apparu plus pertinent de repérer certaines caractéristiques des migrants (leur âge, s'ils sont actifs ou non, leur origine régionale, la catégorie socio-professionnelle à laquelle ils appartiennent...) qui ne manqueront pas de nous renseigner sur les mobiles qui les ont poussés à envisager un changement de résidence.

Il faut bien voir toutefois que si nous percevons là une image de l'espace attractif renvoyée par les attentes supposées des nouveaux arrivants, une inconnue demeure. Nous ne savons en effet rien des exigences assouvies par les catégories de population qui autrefois quittaient ce même espace et qui optent aujourd'hui pour une non-mobilité.

L'existence du flux migratoire qui, d'abord hésitant et incertain, s'exerce aujourd'hui de façon massive, régulière et indiscutable au bénéfice des régions méridionales, est communément attribuée aux retraités ou aux chômeurs qui, affranchis des contraintes habituelles de localisation, se tournent résolument vers le soleil. Cette interprétation sommaire, si souvent répandue, se cantonne dans le schéma explicatif fondé sur un déterminisme économique limité aux seuls critères de l'emploi et du revenu. Mais la réalité est plus

(19) Voir à ce propos P. Aydalot, *Economie régionale et urbaine*, Economica, 1985, p. 192.

complexe et ces régions ne se refusent pas les faveurs des actifs, des jeunes ou des migrants à niveau d'éducation élevée.

Un flux composite

Terres de brassage, les régions méridionales sont les bénéficiaires d'un mouvement général scandé par une mobilité globale qui a tendance à se réduire, mais où le poids des actifs ne cesse de croître. Lors du recensement de 1982, ceux-ci vont en effet jusqu'à représenter 45,5 % du total des migrants (20).

Portés par les informations chiffrées, il nous est donné une fois encore de conclure à l'avantage de ce qu'il convient de dénommer désormais "les nouveaux espaces dynamiques". Si l'observation des mouvements de population active à l'intérieur du territoire français fait néanmoins apparaître, pour le Sud, une situation fort contrastée d'une période intercensitaire à l'autre, sa progression n'en est, somme toute, que plus remarquable.

Les cartes proposées montrent qu'au cours de la première période, seule Provence-Alpes-Côte d'Azur se détache du groupe que nous avons précédemment identifié. Plus encore, et la décomposition graphique des soldes migratoires en témoigne, Provence-Alpes-Côte d'Azur se dégage même de l'ensemble métropolitain. Dotée d'un fort taux d'immigration, elle ne perd que peu d'actifs et occupe ainsi une position notable. En revanche, si le Languedoc-Roussillon affiche, dans ce même intervalle de temps, des capacités attractives à la hauteur de celles de Provence-Alpes-Côte d'Azur, il ne parvient pas à retenir tous ses actifs et nombre d'entre eux s'en éloignent, lui valant d'être situé sous la diagonale d'équilibre.

Quoi qu'en démontrent les soldes, la situation est bien différente, entre 1968 et 1975, pour les régions du Sud-Ouest celles-ci connaissent en effet des mouvements de moindre amplitude, qui reflètent bon an, mal an, une réalité voisine de la moyenne française.

Malgré ces disparités internes, révélatrices de la dimension temporelle du phénomène, les régions méridionales ne tardent pas, dès 1975, à suivre l'exemple prometteur de Provence-Alpes-Côte d'Azur et le "Sud", mis en évidence à propos des soldes, apparaît aussi lorsqu'on les décompose.

---

(20) J. Rouzier et J.D. Fornairon, *Migrations interrégionales*, "Essai d'explication de la relation migration emploi-chômage", rapport ronéo, CRPEE, Montpellier, juin 1984, p. 2.

Carte 5
Soldes migratoires relatifs de population active entre 1968-1975 et 1975-1982 (en %)

1968-1975

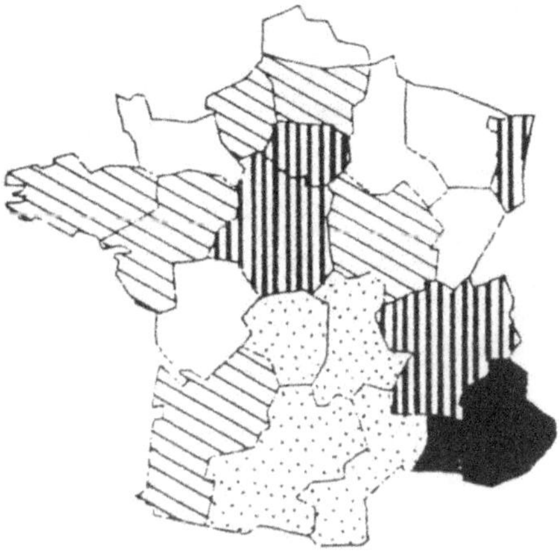

1975-1982

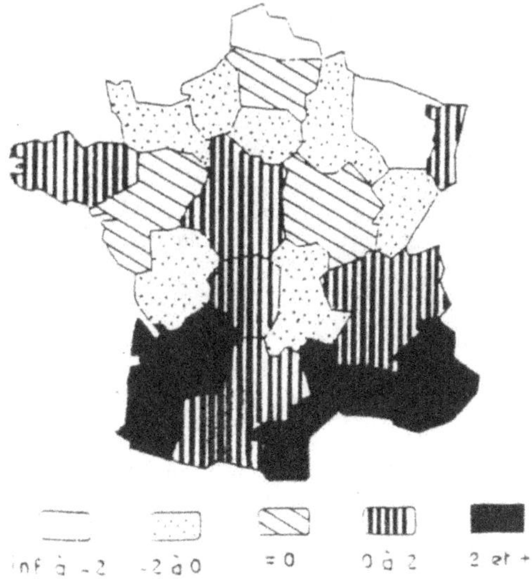

Sources : Recensement Général de la Population 1968, 1975, 1982.

Graphique 4
Emigration et immigration intérieures
de la population active régionale entre 1968 et 1975

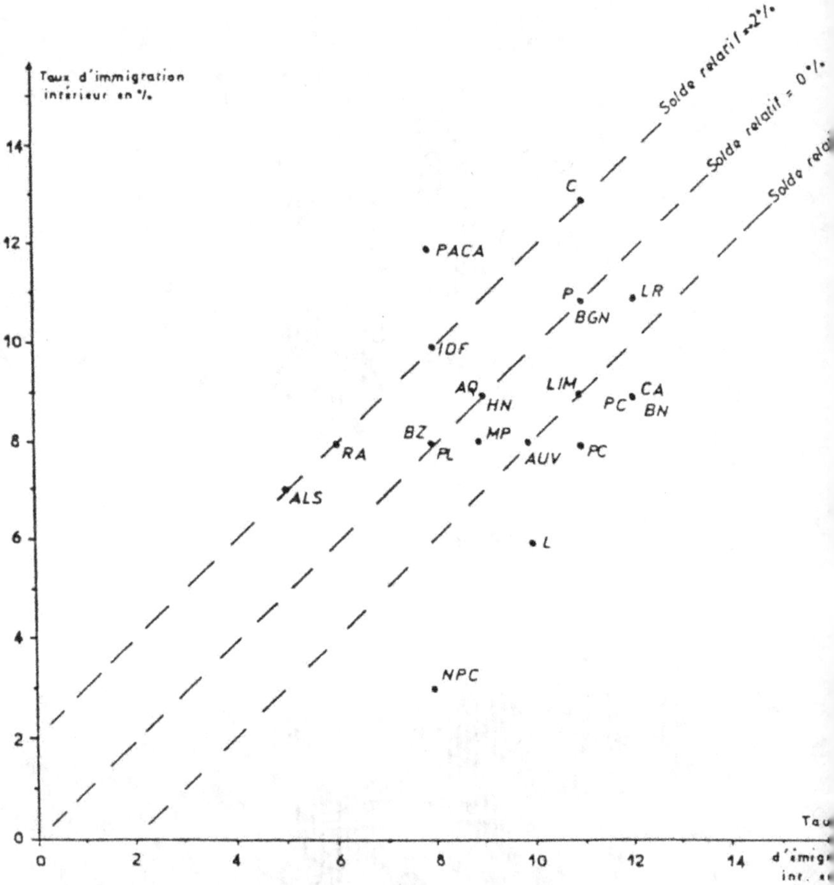

Sources : Recensement Général de la Population 1968, 1975.

Graphique 5
Emigration et immigration intérieures
de la population active régionale entre 1975 et 1982

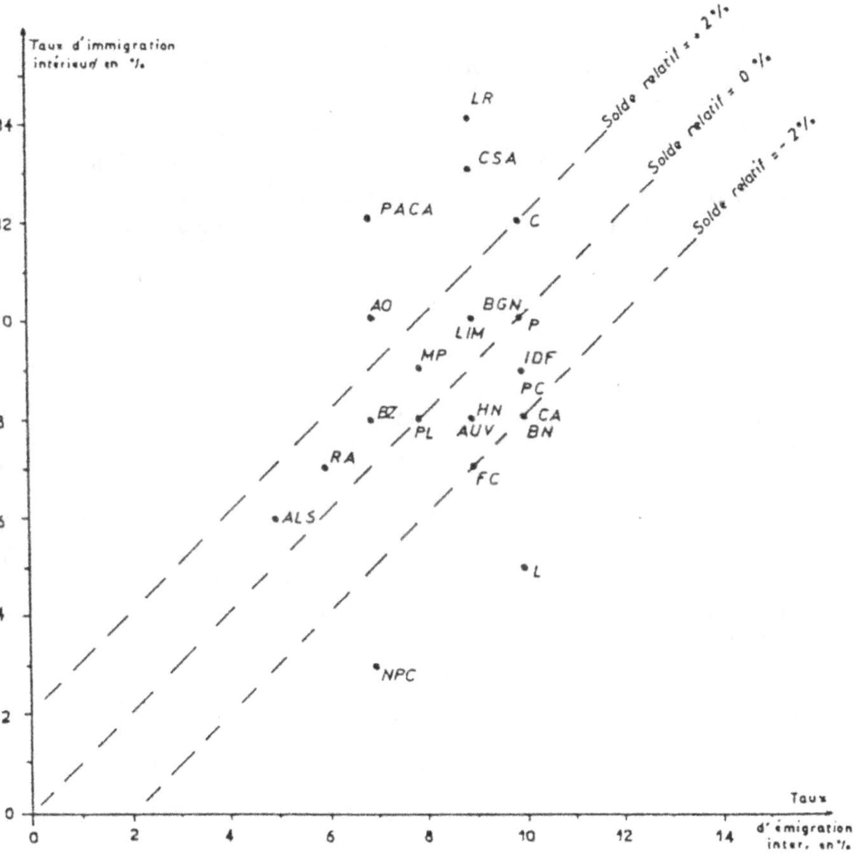

Sources : Recensement Général de la Population 1975, 1982.

Après 1975, il n'y a plus une mais trois régions (voire quatre si l'on inclut la Corse) fortement attractives pour les migrants actifs. Si Provence-Alpes-Côte d'Azur est toujours présente dans le peloton de tête, elle est aujourd'hui devancée par le Languedoc-Roussillon qui attire plus encore, et qui désormais ne perd que peu de population capable d'activité.

Aquitaine rejoint, au cours de cette période, le groupe des régions dynamiques et abandonne ainsi Midi-Pyrénées dont le solde maintient encore cette région en retrait du seuil de 2 %, mais à laquelle, cependant, une progression sensible permet d'être créditée de 12 408 migrants actifs. Cette donnée prend tout son sens lorsque l'on sait que des régions au comportement apparemment assez voisin disposent de données brutes largement inférieures à 10 000 actifs supplémentaires. Le Limousin en absorbe 3 436, la Bretagne 7 905, et même l'Alsace ne doit d'être excédentaire qu'au gain de 2 727 actifs.

Notons enfin qu'à ce groupement de régions attractives va s'opposer une fois encore un rassemblement identifiable : celui des régions délaissées situées au nord et à l'est de la France. On y retrouve des régions telles que le Nord-Pas-de-Calais, la Lorraine, la Champagne-Ardenne, les Haute- et Basse-Normandie, mais aussi l'Ile-de-France, pour qui la situation a considérablement évolué et à propos de laquelle on peut évoquer une inversion pure et simple du mouvement migratoire d'actifs.

Les actifs ne dédaignent donc pas de rejoindre les pays du soleil et, à l'instar des inactifs, ils privilégient cette destination lorsqu'ils sont amenés à changer de résidence. Cet attrait prononcé du Sud pour une population potentiellement dynamique et créative ne va pas manquer d'avoir des répercussions sur le contenu d'actifs dont dispose, en début de période, ce groupe de régions. Les graphiques suivants montrent à quel point, dès 1975, les régions méridionales et plus encore celles situées en bordure de la Méditerranée vont devoir faire face à un afflux significatif de migrants en regard du stock initial d'actifs que détient chacune d'elles. Cette situation ne va pas aller sans poser de nombreux problèmes et il y a fort à parier que les difficultés rencontrées par les appareils productifs de ces espaces pour éponger une main-d'oeuvre excédentaire ne sont pas étrangères à ces évolutions démographiques.

Carte 6
Part des soldes migratoires d'actifs sur la population régionale active du début de période (en %)

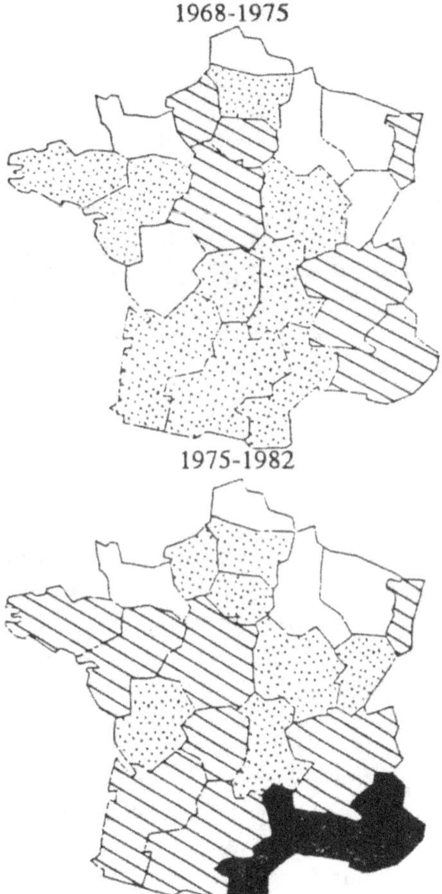

Sources : Recensement Général de la Population 1968, 1975, 1982.

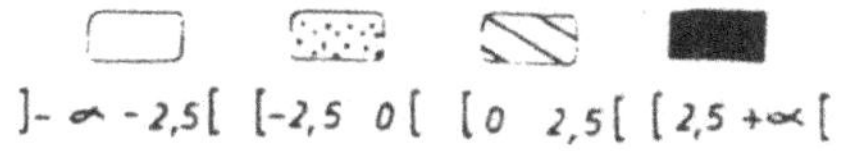

Reste pour nous à clarifier le prétendu mystère de ce retournement dont l'ampleur est certes reconnue, mais dont le contenu demeure l'objet d'un étonnement méfiant, voire de controverses. Si nous ne disposons encore que de peu d'éléments tangibles à même d'éclairer cette réalité, le fait qu'actifs et inactifs suivent une même trajectoire laisse à penser que si la migration est encore soumise à de strictes contraintes objectives de nature économique, elle n'en subit plus la tyrannie exclusive et reflète la prise en compte d'autres exigences.

Une prépondérance des jeunes

Autre critère d'appréciation de l'identité des migrants fourni par le recensement, l'âge nous renseigne sur le devenir immédiat des structures démographiques des espaces les plus concernés par ce mouvement. Dans un contexte général de chute de la natalité, la redistribution des hommes par le jeu des migrations est dotée d'un impact, aussi direct que rapide, sur la répartition par âge de la population des régions. Facteur de rajeunissement ici, de vieillissement là, l'âge des migrants accueillis ou perdus conditionne le dynamisme régional ultérieur.

La structure par âge des migrants attirés par les régions méridionales symbolise des comportements relativement nouveaux. L'idée admise d'une migration dominée par le retour au pays de personnes âgées ne peut suffire à expliquer l'ensemble des flux dirigés vers le "Sud". Si le phénomène existe, certes plus sensible ici ou là, il est de peu d'ampleur d'une manière générale et les migrations restent le fait d'une population jeune en âge d'activité.

En termes d'évolution, le choix du "Sud" est de plus en plus revendiqué et ce, par toutes les classes d'âge (21). Avant 1975, l'attractivité méridionale concentre surtout ses effets sur les migrants adultes âgés de 30 à 59 ans. Aujourd'hui le mouvement s'est élargi jusqu'à concerner les autres catégories de population. Néanmoins, les 30-59 ans représentent encore la plus grosse part des entrants, suivis par les moins de 20 ans qui généralement les accompagnent.

---

(21) Les 0-20 ans n'apparaissent pas dans les cartographies proposées car leur migration est le plus souvent liée à celle de leurs parents et leur intensité dépend donc de celle des adultes, essentiellement des 25-50 ans.

Tableau 3
Structure par âge des immigrants interrégionaux se déplaçant entre 1975 et 1982 (en %)

	Moins de 20 ans	De 20 à 29 ans	De 30 à 59 ans	60 ans et plus
Vers une des régions du Sud	31,5	19,8	35,9	12,7
Vers une région métropolitaine	31,8	24,7	33,6	9,9
Vers une région de province	32,9	21,2	35,0	10,9

Sources : *Archives et Documents*, n° 99, tableaux normalisés par région, RGP 82, sondage 1/20e, mars 1984, INSEE.

Si le Sud forme un ensemble relativement homogène face au comportement des adultes de moins de 60 ans, les quatre régions sont moins unies entre elles à propos des autres classes d'âge et certaines nuances peuvent apparaître : c'est ainsi que nous retrouvons le clivage déjà repéré entre la façade méditerranéenne, généralement plus précoce et annonciatrice, et les régions du Sud-Ouest.

Tableau 4
Structure par âge des immigrants interrégionaux se déplaçant entre 1975 et 1982 (en %)

	Moins de 20 ans	De 20 à 29 ans	De 30 à 59 ans	60 ans et plus
Vers Aquitaine	32,5	19,8	36,0	11,7
Vers Midi-Pyrénées	32,3	22,1	35,7	10,0
Vers Languedoc-Roussillon	32,3	18,9	36,3	12,4
Vers Provence-Alpes-Côte d'Azur	30,2	19,3	35,8	14,7

Sources : *Archives et Documents*, n° 99, tableaux normalisés par région, RGP 82, sondage 1/20e, mars 1984, INSEE.

Carte 7
Mouvement des migrants interrégionaux de 20 à 29 ans
(en %)

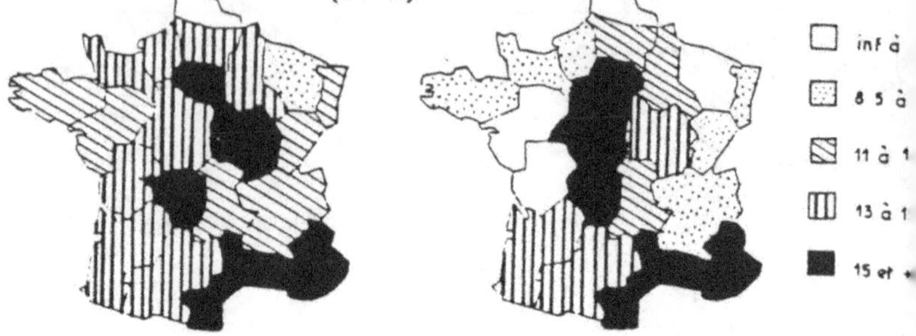

Taux d'immigration des 20 à 29 ans

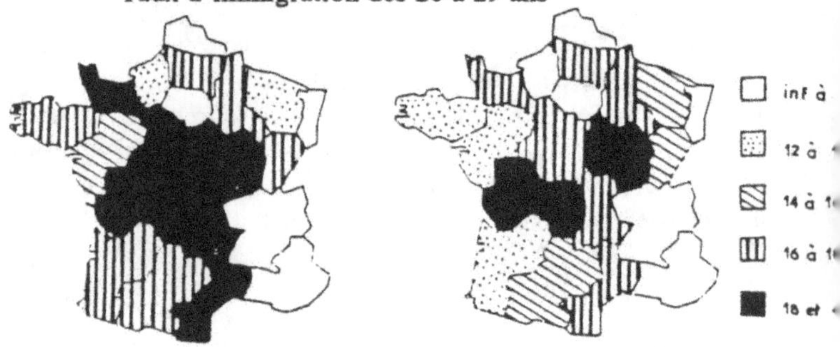

Taux d'émigration des 20 à 29 ans

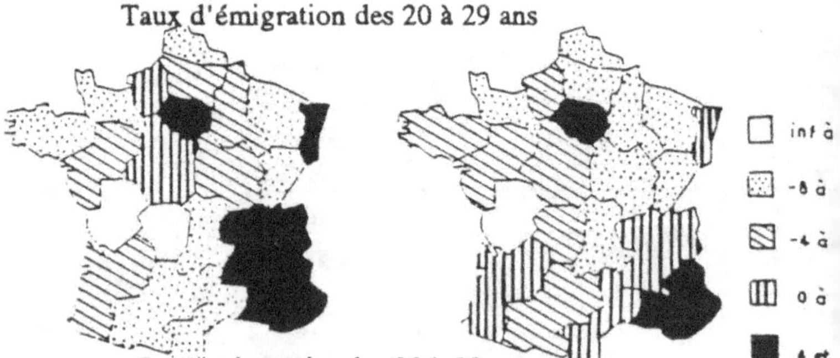

Solde migratoire des 20 à 29 ans

Sources : Recensement Général de la Population 1968, 1975, 1982.

Carte 8
Mouvement des migrants interrégionaux de 30 à 59 ans
(en %)

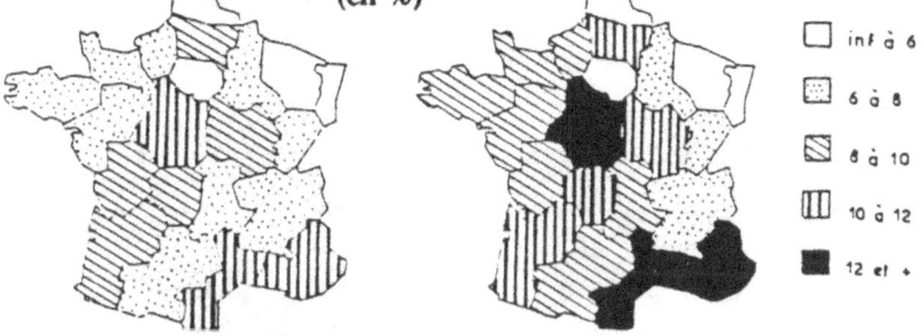

Taux d'immigration des 30 à 59 ans

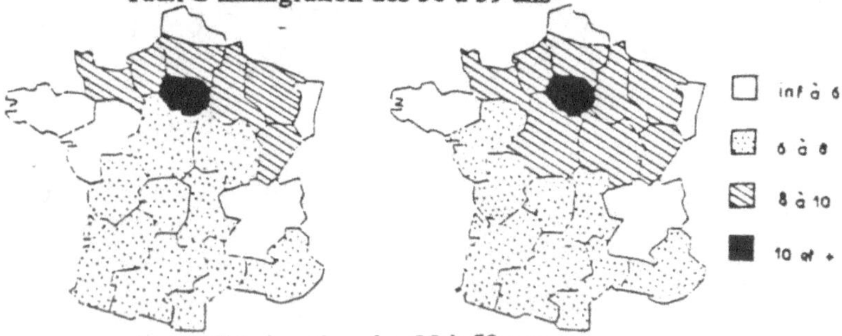

Taux d'émigration des 30 à 59 ans

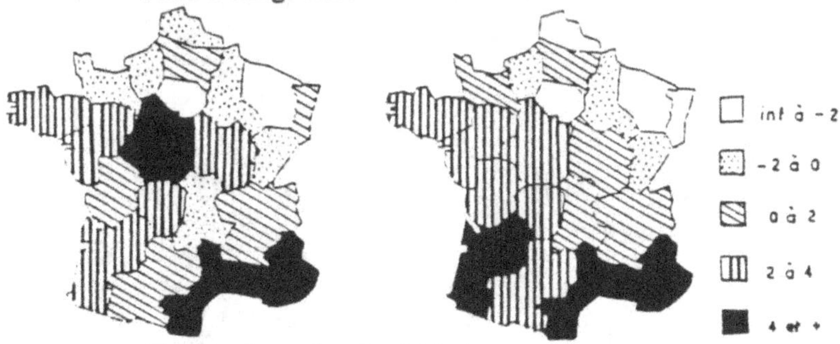

Solde migratoire des 30 à 59 ans

Sources : Recensement Général de la Population 1968, 1975, 1982 .

Carte 9
Mouvement des migrants interrégionaux de 60 ans et plus (en %)

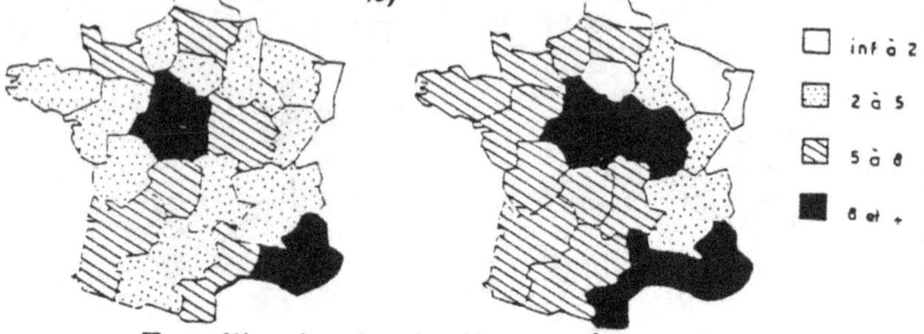

Taux d'immigration des 60 ans et plus

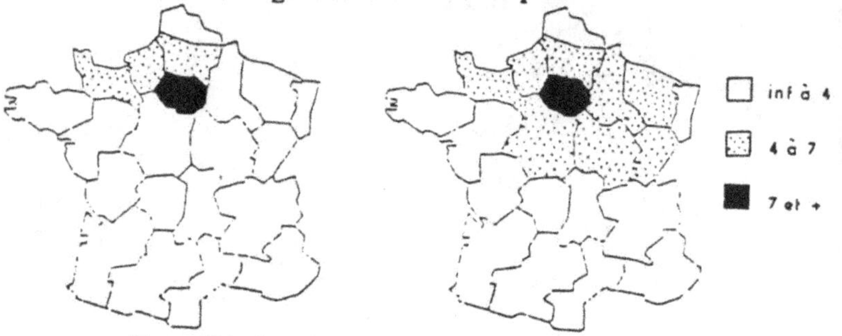

Taux d'émigration des 60 ans et plus

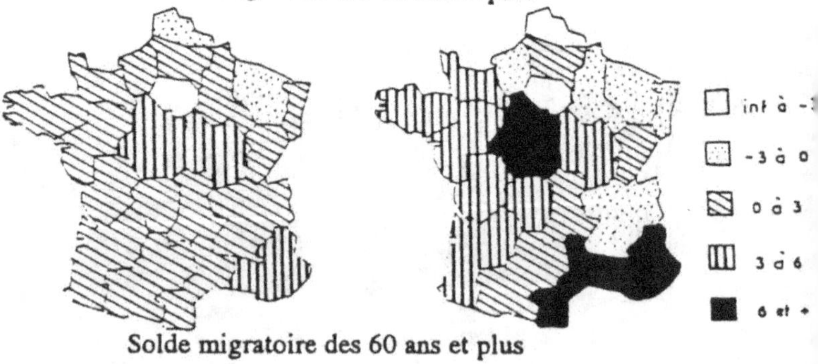

Solde migratoire des 60 ans et plus

Sources : Recensement Général de la Population 1968, 1975, 1982.

Les migrants en âge de la retraite choisissent plus volontiers les régions méditerranéennes tandis que les jeunes, en cours d'étude ou en quête de travail, représentent une part plus importante des flux tournés vers les régions de l'Ouest méridional. Malgré ce, le "Sud" reste caractéristique à bien des égards par rapport à l'ensemble métropolitain. Une étude de l'INSEE précisant la structure par âge détaillé des courants migratoires interrégionaux, entre 1975 et 1982, laisse apparaître deux grands types de régions, à travers les graphiques reproduits ici (22). Pour certaines régions, les courbes par âge de l'immigration et de l'émigration sont très voisines, conférant une allure plate à la structure migratoire de celles-ci. Pour d'autres, les deux courbes sont éloignées, avec des amplitudes parfois très fortes. Le premier groupe réunit des régions telles que le Nord-Pas-de-Calais, la Lorraine dont les soldes migratoires sont négatifs pour toutes les tranches d'âge, mais aussi l'Alsace quasi équilibrée, où les migrations n'apportent que peu de modifications sur la structure préexistante.

Parmi les régions distendues, les unes enregistrent des pertes de jeunes, les autres des gains. La première catégorie s'illustre parfaitement en Champagne-Ardenne et en Franche-Comté. La seconde implique un rajeunissement particulièrement net pour les régions du Sud : Languedoc-Roussillon, Aquitaine, Midi-Pyrénées, Provence-Alpes-Côte d'Azur.

L'Ile-de-France relevant de ce second groupe est malgré tout relativement atypique. L'attrait qu'elle exerce sur les 20-30 ans est d'une ampleur exceptionnelle et reflète son statut de capitale avec le rôle national et dominant en matière de formation supérieure comme dans l'entrée dans la vie active. Notons au passage que ce phénomène lié à l'attraction métropolitaine se retrouve à un moindre degré en Rhône-Alpes et Provence-Alpes-Côte d'Azur.

La dimension qualitative prise par les mouvements dirigés en direction des régions méridionales induit donc un rajeunissement de cette zone. Si l'on oppose la structure de la population non migrante à celle de la population immigrante dans chacune des régions, la revitalisation découlant de la mobilité est nettement perceptible au coeur de ces espaces, entraînant une modification, d'ores et déjà appréciable, de leur population respective. La comparaison de l'évolution par classe d'âge des populations entre 1962 et 1982 montre en tout cas que pour l'ensemble des régions du Sud, toutes

---

(22) Voir J. Boudoul et J.P. Faur, *Economie et statistique*, n° 180, p. 18.

Graphique 6
Immigration et émigration par âge détaillé et par région entre 1975 et 1982 (*)

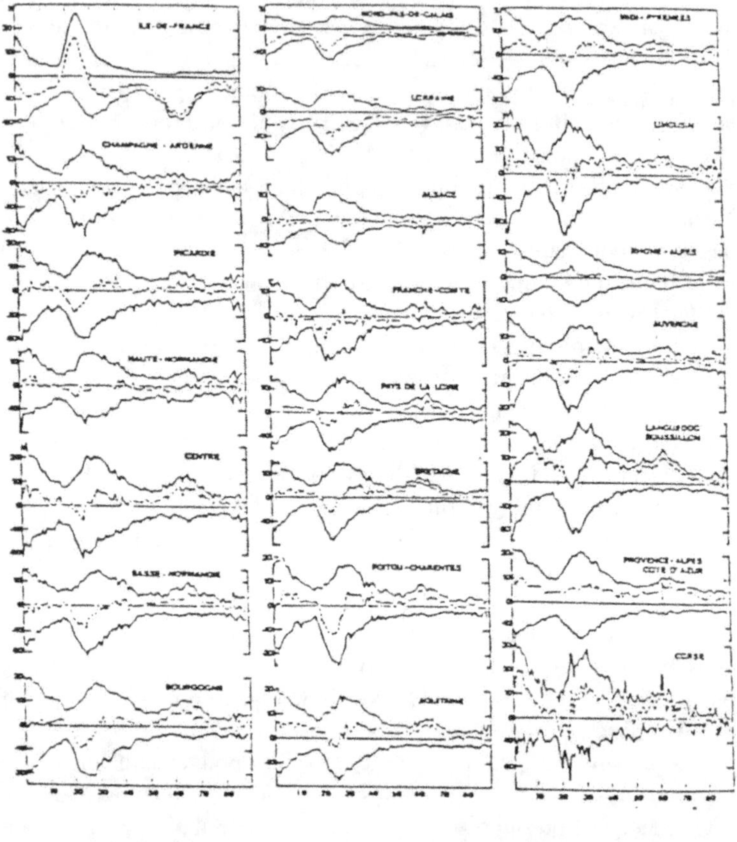

(*) La courbe supérieure représente le taux d'immigration, la courbe inférieure le taux d'émigration, et la courbe intermédiaire le solde migratoire relatif.

Sources : *Economie et Statistique*, n° 180, septembre 1985, "Depuis 1975, les migrations interrégionales sont moins nombreuses", J. Boudoul et J.P. Faur.

Graphique 7
Structure par âge des populations migrantes et non migrantes par région en 1982 (en %)

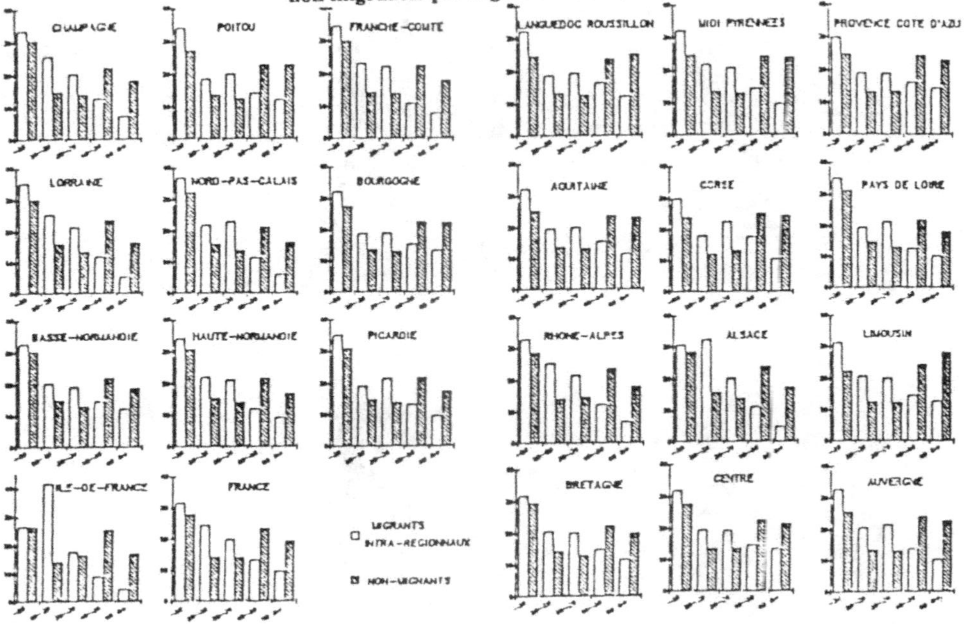

Sources : Recensement Général de la Population, 1982.

Carte 10
Répartition départementale des immigrants accueillis dans les régions méridionales 1975-1982 (en %)

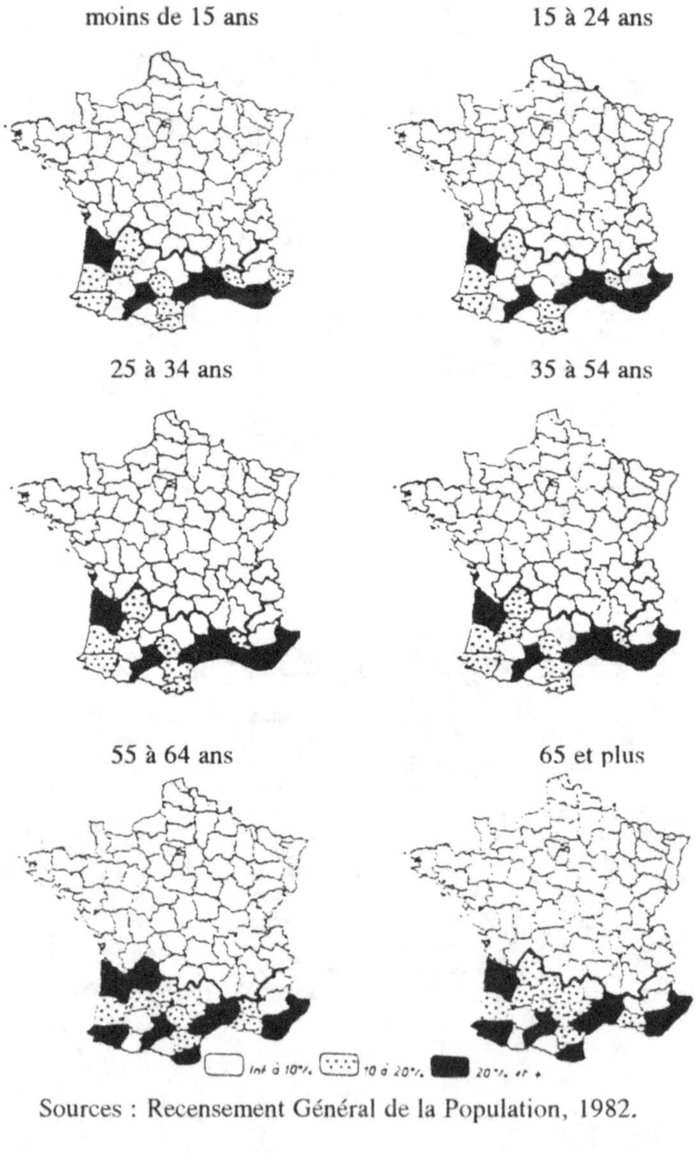

Sources : Recensement Général de la Population, 1982.

les classes de moins de 45 ans sont affectées d'un rythme d'évolution plus rapide que la moyenne française. Le décalage n'est pas fortuit.

Si les logiques qui motivent généralement un changement de résidence sont très différentes selon l'âge des migrants (d'ordre familial, professionnel...), les mouvements semblent ici davantage liés à des préférences de localisation. La prédilection manifestée par tous les groupes d'âge pour les régions méridionales, ainsi que la convergence interne des implantations importées, plaident en faveur d'une relative homogénéisation des comportements migratoires individuels. Nombreux sont ceux qui désignent ces espaces et, déjà, ce choix renseigne implicitement sur les origines du processus en cours.

La concordance des trajectoires d'individus en âge de la retraite et de jeunes ménages dont les préoccupations sont sans nul doute fort éloignées de celles des précédents, indique que les fondements du mouvement de redistribution qui s'effectue au profit du "Sud" ne reposent pas seulement sur la seule contrainte d'emploi et sont à rechercher au coeur même des espaces concernés. Indirectement, le cadre géographique, l'environnement se révèlent comme autant de facteurs à même d'influer sur la répartition des hommes. En tout cas, nous reviendrons plus avant sur cet aspect propre à la mutation spatiale en oeuvre, avancer dans la compréhension et l'explication des mécanismes qui en sont générateurs devenant nécessaire.

Une migration de la compétence

Les comportements migratoires varient fortement d'une catégorie socioprofessionnelle à l'autre. Ainsi, en moyenne générale, moins de 2 % des agriculteurs recensés en 1982 ne résidaient plus dans la même région qu'en 1975. Inversement, ce sont les cadres supérieurs qui sont le plus amenés à se déplacer et 17 % d'entre eux ont changé de région au cours de la période intercensitaire. Ils sont généralement suivis par les professions intermédiaires dont 12 % choisissent une autre région d'accueil. Viennent ensuite, dans l'ordre, les employés (10 %), les artisans commerçants (7 %), les ouvriers (5 %) et enfin les retraités peu mobiles qui n'ont changé d'implantation que dans moins de 5 cas sur 100.

Les migrations dirigées vers les régions méridionales s'inscrivent donc dans un contexte général, et selon un phénomène permanent, où la mobilité géographique des individus s'accroît avec leur niveau de qualification (23). Elles ont, en cela, des répercussions immédiates sur le niveau et la composition socio-économique des régions. L'impact de la population migrante sur l'organisation sociale des espaces d'accueil peut être mesuré par l'écart structurel qui existe entre la décomposition par catégories socioprofessionnelles de cette nouvelle population et celle de la population autochtone.

Les "nouveaux espaces dynamiques" bénéficient de courants d'arrivées susceptibles d'insuffler de nouvelles compétences, celles-ci peuvent se mettre à la disposition d'initiatives localisées, comme elles peuvent en susciter de nouvelles.

Les flux de la population qui rejoignent l'une des quatre régions situées au sud se distinguent des stocks préexistants à plusieurs égards. Les ventilations par CSP des migrants et des populations d'accueil ne se superposent donc pas strictement.

En premier lieu, les migrants considérés comme dépourvus d'activité professionnelle sont proportionnellement plus nombreux que leurs homologues résidants. Il faut bien voir toutefois que ce groupe englobe arbitrairement des individus aux situations disparates et l'absence d'activité ne correspond pas nécessairement à une position de chômage, étudiants et militaires du contingent venant grossir les rangs de ces prétendus inactifs. De plus, nous savons désormais que la migration est une affaire de jeunes, en ménage probablement, puisque les enfants sont partie prenante du changement de région. Cette caractéristique nouvelle, peu connue et souvent mal appréciée explicite pourtant pour partie la représentation importante des "sans activité professionnelle" parmi les migrants attirés.

Les études des immigrants effectuées par le CRPEE sur les régions du Languedoc-Roussillon et de Provence-Alpes-Côte d'Azur (24) précisent en effet que les migrants, contrairement à une idée reçue, ne sont pas des chômeurs. La migration est bien souvent déclenchée par l'obtention d'un emploi et, compte tenu de l'âge, elle

---

(23) Voir à ce propos, et notamment sur les différences entre mobilité géographique et mobilité professionnelle, *L'espace économique français* sous la direction de H. Jayet, INSEE 1988, p. 64.

(24) J.D. Fornairon, J. Rouzier, *Migration interrégionale*, op. cit. J. Catanzano, *Retour vers l'arrière-pays*, op. cit. A. Berger et J. Catanzano, "Socio-économie de la reconquête de l'espace rural. Les migrations interrégionales dans l'arrière-pays de Provence-Alpes-Côte d'Azur", étude effectuée pour le Conseil Régional de PACA, CRPEE, mai 1985.

concerne des jeunes déjà installés dans leur cellule familiale. L'intérêt des deux partenaires est rarement concordant et ce voyage est souvent payé de la perte d'emploi pour le second adulte. En définitive, le chômage apparaît plus vraisemblablement, non pas en tant que cause mais comme conséquence de la migration (25).

Désavouant un second archétype pour le moins répandu, la confrontation entre la part des retraités entrants (10,5 %) et celle de retraités déjà résidants (16,9 %) plaide en faveur d'un rééquilibrage à venir au sein de cette catégorie, tendant à rapprocher la structure par âge des régions méridionales de la moyenne française. L'immigration record enregistrée par les régions méridionales ne découle donc pas d'un flot de retraités, et ses effets qualitatifs fondent une réalité nouvelle qui semble s'affranchir des logiques anciennes illustrées par le poids important d'une population retirée de la vie active.

D'autres indices viennent à leur tour symboliser tout le renouveau que peuvent induire les mouvements les plus récents. Il en va ainsi de la représentation des cadres et des professions intellectuelles, des employés, des professions intermédiaires. Ces différentes catégories sont en effet plus largement répandues parmi ceux qui rejoignent le Sud qu'au coeur des effectifs de population autochtone. Si cette situation paraît nouvelle, en regard des régions d'accueil, les individus concernés présentent en fait un profil très voisin de celui des migrants types. L'âge, déjà, avait permis d'évoquer ce parallèle et, de fait, la permanence des processus migratoires.

Notons que les ouvriers, peu représentés dans ces régions, ne se tournent que rarement dans cette direction, les perspectives d'emploi étant, il est vrai, peu favorables à ce type de population.

Enfin, les artisans commerçants prennent part aux flots de migrants dans des proportions sensiblement équivalentes à celles de leurs hôtes.

Si le niveau de qualification apparaît plus élevé en moyenne chez les immigrants, le niveau de diplôme confirme le fort degré de formation et de qualification de cette catégorie de la population.

En se limitant aux adultes non étudiants, la proportion de titulaires d'un diplôme supérieur ou égal au baccalauréat est près du

---

(25) Cet aspect de la relation migration-emploi-chômage sera repris et développé ultérieurement lorsque nous nous intéresserons aux différents paradoxes qui fondent le particularisme méridional.

Graphique 8
Structures par CSP des populations migrantes et non migrantes pour le sud de la France en 1982 (en %)

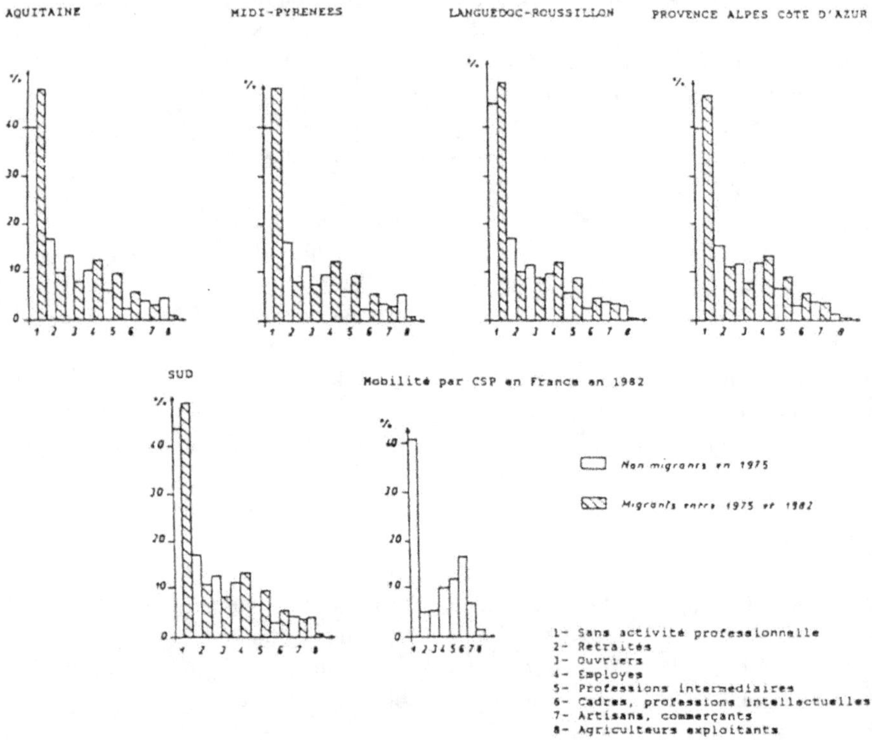

Sources : Recensement Général de la Population, 1982.

double chez les immigrants, comparativement à la population résidente de fin de période.

Source d'un essor renouvelé, la sélectivité affirmée de cette mobilité n'est pas sans influence sur la distribution sociale des espaces d'accueil et contribue à la modifier au fil des ans. Le Sud est à ce titre relativement homogène et les différentiels structurels entre migrants et non-migrants sont sensiblement équivalents de l'Aquitaine à la Côte d'Azur, soulignant de profondes ressemblances du point de vue de l'attractivité qualitative de ces régions.

Tableau 5
Niveau de diplôme des immigrants et de la population totale (ni scolaire, ni apprenti)

	PACA	Lang.-Rous.	Midi-Pyr.	Aquitaine	Sud
Population totale	2909 064	1409 216	1698 900	1943 380	7960 560
dont Bac et +	521 244	225 824	276 240	300 908	1324 216
% Bac et + dans la pop. totale	17,9	16,0	16,2	15,4	16,6
% Bac et + dans la pop. immigrée	30,4	28,8	32,5	30,8	30,5

Sources : "Qui sont ces immigrants venus du Nord ?", P. Bosschaert, in "Repères pour l'économie du Languedoc-Roussillon", 4/1986, p.18.

Reste, pour compléter ce portrait, cette fiche signalétique, à savoir d'où vient cette manne et, partant, quelles sont les régions déshéritées au profit du sud de l'hexagone.

Des immigrants venus du Nord

Les localisations, au recensement précédent, des individus qui trouvent dans les régions méridionales un nouvel espace de vie laissent entrevoir plusieurs logiques. Dans l'ensemble des arrivées,

Tableau 6
L'immigration interrégionale depuis 1968

	PACA	Lang.-Rous.	Midi-Pyr.	Aquitaine	Sud
Période 1968-1975					
- Population 1975	3 676 200	1 788 400	2 264 700	2 547 600	10 276 900
- dont immigrants interrégionaux	469 700	202 600	197 700	232 700	1 102 700
- dont immigrants autres régions que Sud	379 400	126 400	125 600	180 000	811 400
Période 1975-1982					
- Population 1982	3 965 000	1 926 500	2 325 000	2 657 000	10 873 500
- dont immigrants interrégionaux	452 500	252 100	209 200	251 400	1 165 200
- dont immigrants autres régions que Sud	380 600	169 100	142 400	201 000	893 100

Sources : "Repères pour l'économie du Languedoc-Roussillon", 4/1986, p. 12, INSEE.

deux sous-groupes peuvent être distingués selon leur provenance septentrionale (26) ou d'une autre région du Sud. D'importance très inégale, ces deux aspects de la mobilité sont très largement dominés par le premier d'entre eux : près de 900 000 pour le premier, 300 000 personnes pour le second entre 1975 et 1982.

En outre, si les mouvements internes aux régions du Sud subissent un fléchissement entre les deux périodes intercensitaires, avec un passage de 291 300 immigrants à 272 100, les importations issues d'autres régions vont, dans le même temps, s'accélérant. Le phénomène d'attraction ne se limite donc pas à de simples échanges entre régions voisines et nous retrouvons des conclusions similaires à celles obtenues lorsque nous avons analysé le rayonnement géographique de ces zones en métropole.

Carte 11
Origine régionale des immigrants septentrionaux venus dans le Sud (en %)

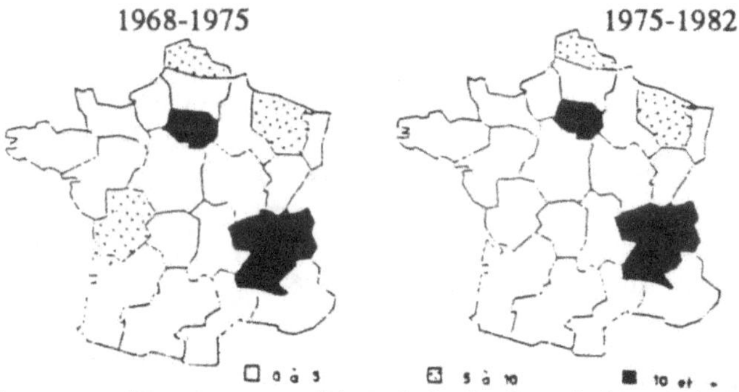

Sources : Recensement Général de la Population 1968, 1975, 1982

Une seconde caractéristique déjà évoquée resurgit ici. Elle concerne la convergence entre les trajectoires d'actifs et les trajectoires de la population totale. Les régions les plus pourvoyeuses de population totale sont aussi celles que les actifs délaissent au profit des régions méridionales. Les motifs de ces déplacements ne sont que plus complexes à appréhender en ce qu'ils ne s'organisent donc pas nécessairement et totalement autour d'une rationalité limitée parce que strictement économique.

---

(26) Septentrional étant entendu ici comme tout ce qui n'est pas méridional.

Nous avons choisi de porter ici un éclairage particulier sur les régions les plus sollicitées par cette cinématique humaine. D'une période à l'autre, les plus exportatrices restent les mêmes et cette désaffection qui se renforce au fil du temps n'est pas sans annoncer l'une des particularités de ces flux qui peuvent manifester un rejet.

La Région Parisienne, symbole par excellence des grandes cités, tient, en toute logique, tout au long de ce cursus migratoire, un rôle prépondérant. Alimentant près de 40 % des courants de migrants drainés par le Sud, l'Ile-de-France devance largement Rhône-Alpes qui n'entretient le mouvement qu'à hauteur de 13 %. Viennent ensuite la Lorraine et le Nord-Pas-de-Calais (5,7 et 6 %), toutes deux nourrissant une mobilité préférentiellement dirigée vers Provence-Alpes-Côte d'Azur. Exception faite de ce cheminement particulier, la décomposition par régions d'accueil ne laisse entrevoir, outre les mouvements de fond déjà signalés pour l'ensemble, que des logiques particulières relevant à l'évidence de la position géographique dont chacune dispose à l'intérieur du Sud.

Quoi qu'il en soit, les dimensions urbaine ou industrielle des espaces subissant ce mouvement, malgré leur éloignement géographique des régions d'accueil, sont révélatrices des motivations qui invitent à entreprendre le voyage.

Rejet du monde urbain et de ses nuisances, difficultés rencontrées par des régions à tradition industrielle, soit, ces mobiles sont suffisants en eux-mêmes, mais les choix discriminants des hommes qui font la part belle au Sud, recèlent aussi des désirs nouveaux.

Ces jeunes, le plus souvent qualifiés, trouvent sans doute là, pour l'heure, et le fait qu'ils restent le prouve, un terrain particulier propre à la réalisation de perspectives nouvelles gratifiantes. C'est donc en comprenant le "Sud" comme porteur des germes d'une société originale que l'on comprendra ce qu'il devient et avec lui, notre organisation socio-économique.

D'aucuns diront qu'il ne s'agit là que du retour au "pays" de natifs des espaces méridionaux, aujourd'hui dégagés des contraintes de localisation anciennes mais autrefois aspirés par les régions en expansion. Les enfants du Sud ne représentent en fait que 15 à 25 % des flux qui le rejoignent et cette proportion qui varie selon l'âge, voire la destination, est la plus faible pour les espaces méditerranéens dont nous avons déjà souligné le caractère précurseur. C'est ainsi que sur quatorze migrants âgés de 55 à 69 ans qui pénètrent en Provence-Alpes-Côte d'Azur entre 1975 et 1982, un seul d'entre eux

Carte 12
Origine régionale des immigrants (actifs ou non) entrés en PACA (en%)

1968-1975 1975-1982

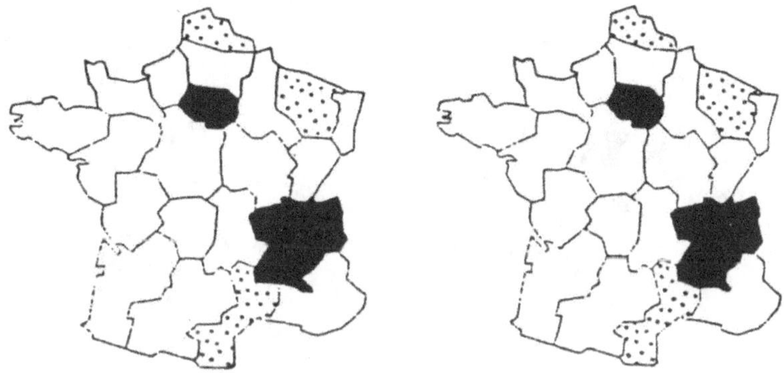

0 à 5 5 à 10 10 et +

Carte 13
Origine régionale des immigrants (actifs ou non) entrés en Languedoc-Roussillon (en%)

1968-1975 1975-1982

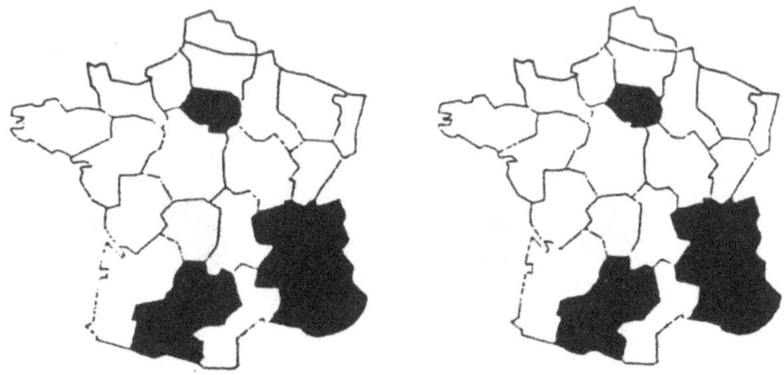

0 à 5 5 à 10 10 et +

Sources : Recensement Général de la Population 1968, 1975, 1982.

Carte 14
Origine régionale des immigrants (actifs ou non) entrés en Aquitaine (en%)

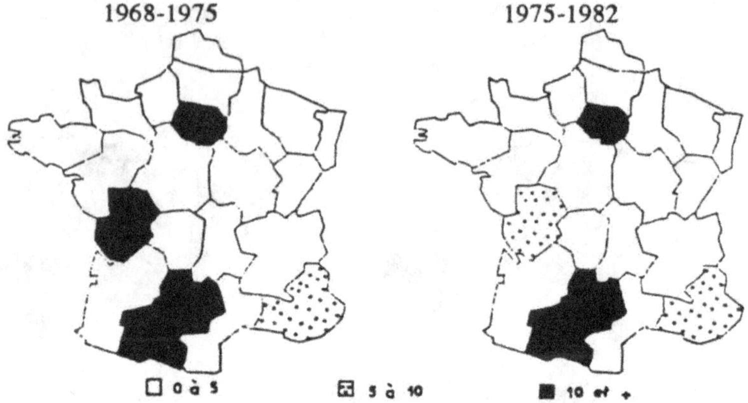

Carte 15
Origine régionale des immigrants (actifs ou non) entrés en Midi-Pyrénées (en%)

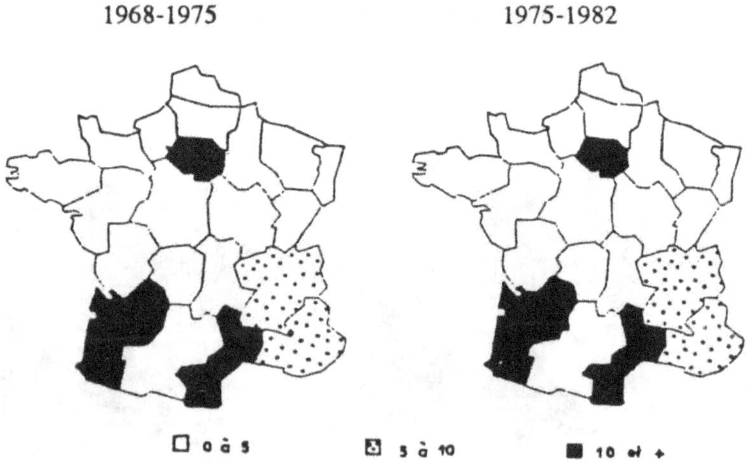

Sources : Recensement Général de la Population 1968, 1975, 1982.

y a vu le jour (27). Cela ne signifie pas pour autant que cet espace n'est pas attractif pour les siens, mais ceux-ci évitent désormais de le quitter.

Cette prospection démographique ne saurait être complète si nous ne faisions pas référence à un autre mouvement des populations régionales et portant, cette fois, sur leurs composantes naturelles. C'est en effet du côté du mouvement naturel que notre attention va être portée, soulignant tout le rajeunissement détenteur d'avenir induit par le phénomène migratoire.

V - UNE REPRISE INDUITE DES NAISSANCES

L'apport régulier, massif et maintenant ancien d'une population le plus souvent jeune ne saurait intervenir sans entraîner des modifications sensibles sur la composante naturelle des populations méridionales. Facteur de rajeunissement immédiat, les migrations induisent une autre source de jouvence, endogène celle-là, qui si elle est différée n'en est pas moins porteuse d'avenir.

Pourtant, la situation au regard des gains nets de population issus du mouvement naturel se révèle de prime abord paradoxale. Combinant naissances et décès, le solde naturel enregistre les conséquences de l'évolution propre de chacune de ces composantes et s'avère complexe. Cette ambivalence est, dans ce cas, la résultante d'une progression continue des décès soulignant tout le poids d'un passé défavorable à la moitié méridionale, tandis que les naissances connaissent un redressement indéniable imprimé par la tendance récente d'une attractivité retrouvée. Malgré cette superposition, il est en effet possible de dégager deux logiques successives scandant le rythme du croît naturel "sudiste".

Après une période d'atrophie régulière aboutissant en 1976 à un solde négatif, l'ensemble "Sud" se relève et connaît alors une progression réelle, bien que désordonnée, de son excédent naturel. La reprise qui s'échelonne désormais sur une quinzaine d'années ne provient à l'évidence pas d'un affaiblissement du nombre des décès. Ceux-ci suivent en effet une tendance progressive, sans grandes

---

(27) Données issues de *Repères pour l'économie du Languedoc-Roussillon*, N° 4/1986, p. 15 et 16.

Graphique 9
Evolution des soldes naturels comparés
Sud/France (en %)

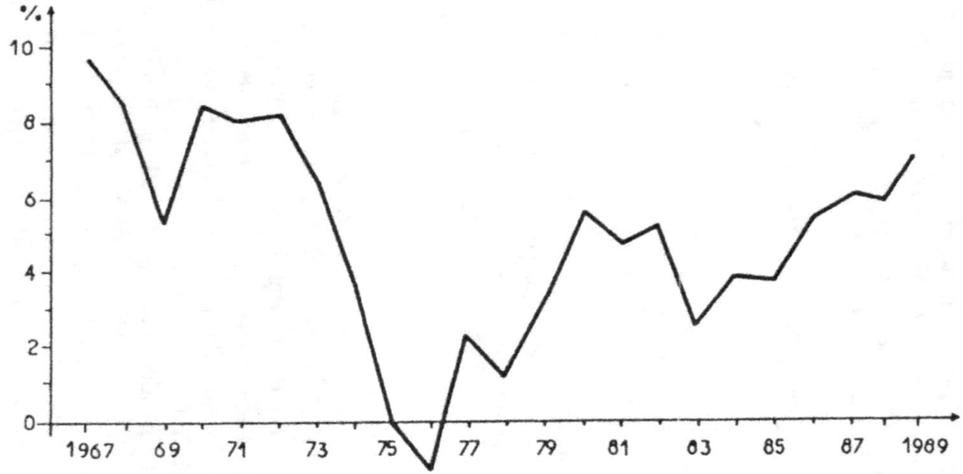

Source : Institut National de la Statistique et des Etudes Economiques.

fluctuations, largement subordonnée au vieillissement de la population méridionale.

Les origines de cette recrudescence naturelle s'inscrivent plus certainement dans une réorientation à la hausse du nombre des naissances.

L'ensemble Sud s'insère dans l'ensemble métropolitain selon deux modalités paradoxales. Ainsi, pour les décès, Sud et France sont deux ensembles opposés connaissant des évolutions contrastées, alors qu'en matière de naissances ils se rejoignent et affichent un dynamisme comparable que le vieillissement du Sud ne laissait pas présumer a priori. C'est donc du côté des naissances qu'il convient de recherche les germes d'un renouvellement naturel d'ores et déjà amorcé dans les régions méridionales.

La carte proposée portant l'évolution des naissances entre 1982 et 1989 (28) fait état d'une vitalité affirmée en matière de natalité des régions les plus attractives.

Carte 16
Evolution des naissances entre 1982 et 1989 (*)

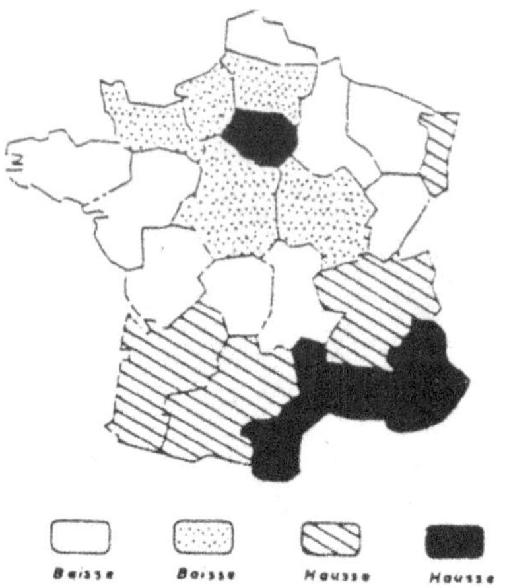

Sources : INSEE Première n°121, février 1991

(*) Variation par région des naissances entre 1982 et 1989, corrigée de la baisse générale de la natalité constatée pour la France entre 1982 (797 223) et 1989 (765 473).

---

(28) Voir "Les naissances en 1989" par V. Guyon, *INSEE Première*, n° 121, février 1991.

Graphique 10
Evolution comparée des naissances Sud/France (en %)

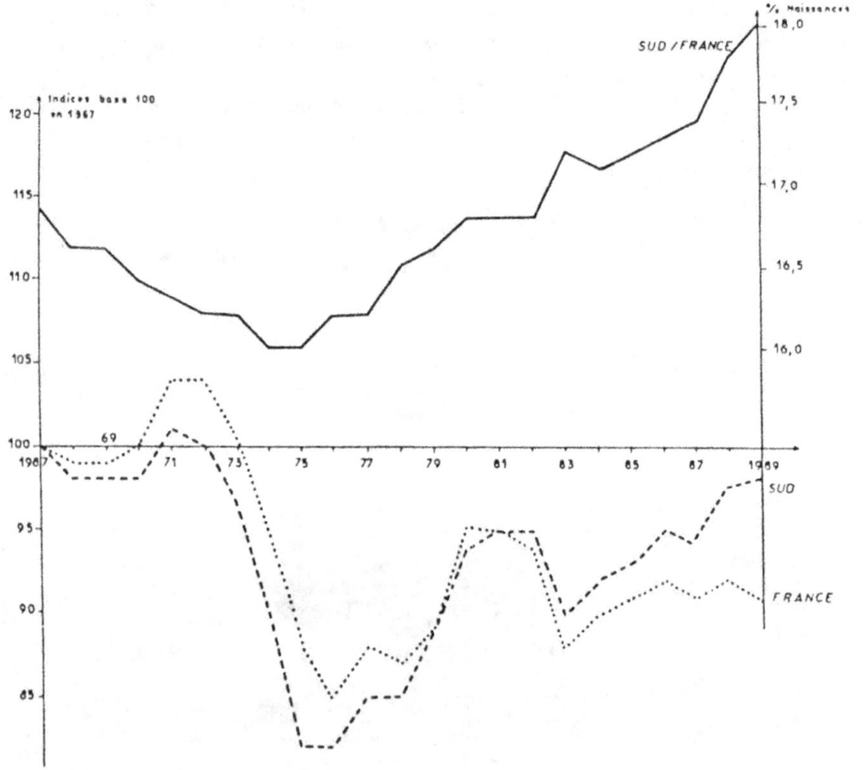

Sources : Institut National de la Statistique et des Etudes Economiques.

Graphique 11
Evolution comparée des décès Sud/France (en %)

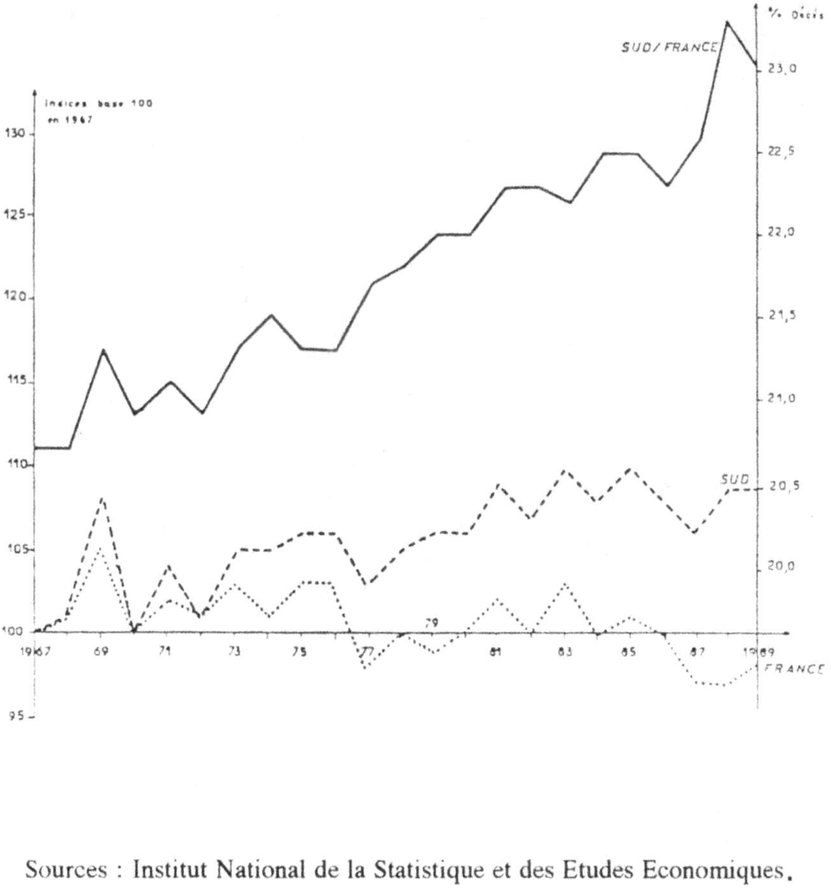

Sources : Institut National de la Statistique et des Etudes Economiques.

En outre, l'évolution des naissances est d'autant plus favorable que l'attrait exercé par les régions est quantitativement important et ancien. C'est ainsi que l'ensemble méridional se scinde en deux sous-groupes dont l'un rassemble les régions méditerranéennes plus avancées dans la logique que nous commençons de percevoir, et l'autre se compose des deux régions du Sud-Ouest, Aquitaine et Midi-Pyrénées, dont les prédispositions "sudistes" sont plus récentes.

La concordance dans le temps entre, d'une part, des arrivées massives et, d'autre part, un redressement du comportement naturel n'est donc pas accidentelle. Notons enfin que si ce rassemblement de régions dynamiques s'oppose une fois encore aux espaces septentrionaux du Nord et de l'Est, il se distingue aussi des régions de l'Ouest (Bretagne, Poitou-Charentes, Pays-de-la-Loire, Limousin) pourtant repérées comme étant attractives mais dont le contenu qualitatif des courants de population accueillie n'autorise pas un redémarrage de leur composante naturelle.

L'observation des naissances conforte donc à son tour la désignation du "Sud" en tant qu'espace porteur de dynamiques nouvelles appréhendées pour l'heure sur le plan démographique.

Les particularités mises à jour en font un espace d'analyse cohérent, même si un certain décalage d'ordre spatial et surtout temporel peut se manifester au sein de l'ensemble. Ce dernier souligne d'ailleurs la complexité du phénomène en oeuvre, une complexité qu'il nous faudra prendre en compte.

Si le renversement observé, annoncé dès avant la crise, est favorable aux "déserts d'antan", il n'est que peu expliqué et le plus souvent attribué à des motivations marginales dont l'héliotropisme est le fer de lance. Mais, compte tenu de l'ampleur et du contenu de ce mouvement, il nous paraît indispensable de prendre en compte la face économique qui accompagne ce renouvellement démographique qui s'opère essentiellement à travers les phénomènes migratoires. La théorie économique ne traite-t-elle pas, de façon symétrique et liée, de la localisation des hommes et de celle des activités ?

Terrain privilégié pour déceler les fondements sociaux et économiques de la mutation, les régions méridionales sont aujourd'hui des zones toutes désignées à l'observation car elles portent en elles de nouvelles logiques d'occupation de l'espace, peut-être vouées à s'étendre.

CHAPITRE II

LA CONFIRMATION ECONOMIQUE DE L'INVERSION DE TENDANCE

Les phénomènes migratoires peuvent être considérés comme l'un des modes collectifs d'émergence des dynamismes régionaux. Ils ne prennent alors tout leur sens que comme l'une des composantes de la croissance régionale et ne peuvent donc, de ce fait, être analysés isolément. Appréhender les migrations en tant que champ d'analyse autonome signifierait en effet que l'on refuse l'existence de groupements humains infra-nationaux desquels émergent des solidarités spécifiques, des intérêts et des logiques propres. Or, le changement en oeuvre est doté d'une dimension spatiale évidente, et les migrants ne paraissent plus réagir tout à fait, en tout cas selon un mode unique et permanent, aux sollicitations auxquelles sont traditionnellement soumis les facteurs de production. Il importe donc de replacer les mouvements de population observés au sein d'un processus plus vaste où l'économie en région trouve elle aussi sa place.

L'importance quantitative et la dimension qualitative des mouvements dirigés en direction des régions méridionales traduisent probablement une concordance nouvelle entre les aspirations des migrants et l'image renvoyée par les espaces attractifs. Cette harmonie avérée entre les préférences des hommes et les potentialités offertes par les nouveaux espaces dynamiques est néanmoins complexe et difficilement appréhendable. Si les actifs ne prennent plus systématiquement le chemin des régions industrielles aujourd'hui en crise, pas plus que celui de la capitale, ils sont suivis en cela par de nombreux inactifs. Ainsi, à des préférences personnelles nouvelles qui peuvent préfigurer des modifications sociétales, s'ajoutent des motivations économiques fondées sur une rationalité toujours vivace.

Pourtant il est coutumier de perpétuer une vision "misérabiliste" des régions du Sud, et ces affirmations définitives, largement partagées par l'opinion publique, sont souvent reprises par les responsables administratifs et politiques. C'est pourquoi il nous est apparu nécessaire de faire le point sur la dimension économique que revêt ce phénomène d'inversion des stratégies individuelles de localisation.

Ces régions *certes attirantes en période de vacances mais peu propices - pensait-on - à l'énergie créatrice* (29) s'offrent cependant bien des records nationaux. C'est ainsi que le Languedoc-Roussillon qui se situe en tête des régions les plus créatrices d'emploi (30) est aussi de celles dont la progression du produit intérieur brut a été la plus soutenue au cours des années 80 (31). Ces résultats positifs s'accordent toutefois avec un autre type de score, moins optimiste celui-là, qui vaut aux régions méridionales la palme du chômage (32).

Forts de ce constat, nombre d'observateurs ne se lassent pas de placer ces économies régionales en marge d'un système économique moderne et industriel et n'attribuent leur succès, à leurs yeux provisoire, qu'à des sursauts nés de la crise traversée par les économies occidentales et dont la réversibilité ne fait pas le moindre doute. Toutefois les "eurocrates" mettent de côté le Sud français pour lequel ils envisagent une dynamique plus durable que pour les autres suds européens (33).

Ne peut-on en effet voir là l'émergence d'une autre réalité appelant une interprétation différente ? Une nouvelle logique de développement ne semble-t-elle pas ici réinventée, plaçant ces espaces, encore symboles de retard et de déclin, au coeur d'un processus d'harmonisation entre les exigences économiques et sociales actuelles ?

Il va être question, tout au long de cette seconde section, de décrire les appareils productifs régionaux et d'en suivre les évolutions au lendemain du premier choc pétrolier.

Notre méthodologie, basée sur une analyse interrégionale, doit nous permettre de saisir les disparités de situation et plus encore les différences d'évolution qui se font jour entre les économies régionales.

---

(29) P. Pflimlin dans la préface de *La France inverse*, par R. Uhrich, p. II, op. cit.

(30) J. Soleilhavoup et F. Tiran-Cedo, *INSEE Première*, n° 151, juin 1991.

(31) V. Amand-Madelin et J. Maliverney, *INSEE Première*, n° 94, juin 1990.

(32) *Statistiques et indicateurs des régions françaises*, annexe au projet de loi des Finances pour 1988, INSEE, p. 220 et 221.

(33) Voir "Les régions de la Communauté élargie", troisième rapport périodique sur la situation et l'évolution socio-économiques des régions de la Communauté, Bruxelles-Luxembourg, 1987.

L'activité productive en région sera évaluée en rendant compte des mutations sectorielles régionales et des modifications de la répartition géographique de la dynamique productive. Nous tenterons d'apprécier les performances des systèmes productifs localisés à partir de modes de développement intégrant la croissance de chaque région, parallèlement aux évolutions de sa productivité et de son emploi. Par cette perspective dynamique sera dévoilée l'existence de potentialités internes aux espaces dont la vitalité apparaît la plus affirmée.

I - L'EMERGENCE DU SUD DANS UN CONTEXTE CHAOTIQUE

Notre description des systèmes productifs régionaux débute en 1975 (34) et c'est précisément cette année-là que la récession atteint son maximum à la suite du premier choc pétrolier. L'économie française entre alors dans une phase de mutation, au cours de laquelle son rythme de croissance se trouvera nettement freiné par rapport à la période antérieure à cette date.

Un second élément d'importance vient à son tour perturber la croissance nationale. Il s'agit du second choc pétrolier survenu en 1979. La croissance nationale connaît alors un nouveau ralentissement qui frappe la quasi-totalité des secteurs, exception faite de l'agriculture qui subit ces bouleversements de façon amortie. Si la croissance en moyenne annuelle de la France était de 4,1 % entre 1975 et 1979, elle n'est plus que de 1,4 % lors de la seconde période (1979-1984) (35). On estime généralement que ce n'est que vers 1983-1984 que l'on peut enfin discerner les signes d'une reprise, aussi légère et instable soit-elle.

---

(34) Analyser l'évolution des systèmes productifs régionaux, en recourant notamment à une modélisation, supposait de disposer d'une série statistique suffisamment cohérente. C'est pourquoi nous avons été amenés à limiter notre période d'observation, en ne retenant que la décennie 1975-1984 pour laquelle une série d'indicateurs homogène, car retouchée, a été élaborée par l'INSEE. Voir INSEE R/64, 1987.

(35) Voir J.C. Donnellier, J. Maliverney et E. Montlouis, "L'appareil productif régional de 1975 à 1984", *Collections de l'INSEE*, R/64, 1987, p. 48.

Pourtant toutes les régions ne vont pas subir ces deux retournements conjoncturels avec la même intensité et certaines vont même, contre toute attente, manifester une remarquable capacité de résistance. Soumis à un mouvement d'ensemble maussade, certains espaces vont sortir de l'épreuve fragilisés, d'autres au contraire se révèlent d'une étonnante solidité face aux difficultés. Il est évident que la composition sectorielle des activités régionales va jouer ici un grand rôle et que les économies seront d'autant plus performantes qu'elles auront su développer des activités tout à la fois créatrices d'une forte valeur ajoutée et compétitives sur le plan de leur productivité.

La représentation graphique proposée permet d'opérer un regroupement des régions selon leurs réactions face au second retournement conjoncturel. La prise en compte des effets de la conjoncture fait ressortir quatre grands groupes de régions qui vont coexister sur le territoire national.

Toutes les régions situées dans le quart supérieur droit sont celles qui, malgré la rupture générale de 1979, sont parvenues à conserver un rythme de croissance supérieur à la moyenne métropolitaine. Parmi elles, deux ensembles peuvent être identifiés :

- le premier réunit cinq régions qui disposent d'un différentiel de croissance plus élevé dans la seconde période (1979-1984) que dans la première (1975-1979). Nous retrouvons ici les quatre régions méridionales que sont l'Aquitaine, le Midi-Pyrénées, le Languedoc-Roussillon et la Provence-Alpes-Côte d'Azur. Il convient de souligner également la remarquable percée de la Bretagne qui parvient à inverser une tendance jusque-là défavorable ;
- le second groupe se compose de l'Alsace, du Centre, des Pays-de-la-Loire et de Rhône-Alpes. Ces dernières perdent du terrain même si leur produit continue à progresser plus que pour l'ensemble . En croissance plus rapide, sauf pour Rhône-Alpes, durant la première phase, ces régions sont dépassées par les régions méridionales au cours de la phase suivante, alors même que leur produit augmente plus vite que la norme nationale ;
- un troisième ensemble associe des espaces dont la croissance, maintenue après 1975, se trouve brisée par une nouvelle hausse du prix du pétrole. Basse- et Haute-Normandie, Limousin, Auvergne, Bourgogne et Picardie font partie de ces régions qui se sont donc bien comportées avant 1979 mais qui subissent un contrecoup plus sérieux en seconde période ;

Graphique 12
Disparités de croissance des régions par rapport la France métropolitaine pour les périodes 1975-1979 et 1979-1984

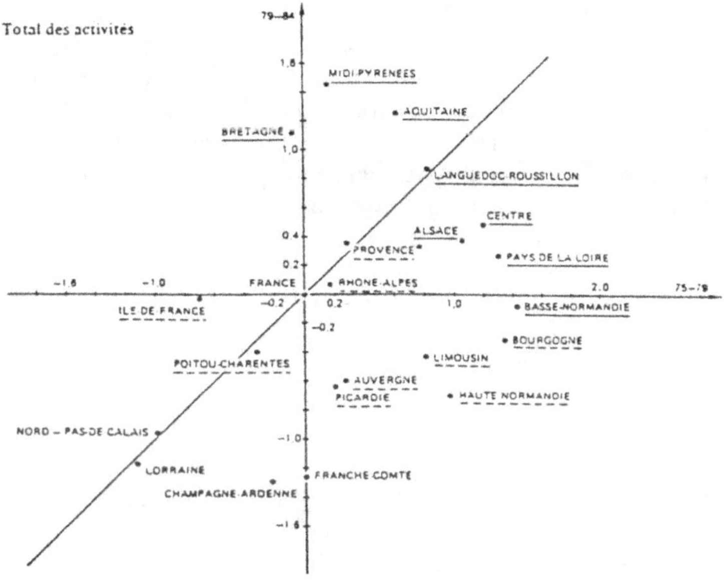

• *Provence Provence – Alpes – Côte d'Azur + Corse*

Sources : *L'appareil productif régional de 1975 à 1984*, Coll. R/64-1987, Institut National de la Statistique et des Etudes Economiques.

- enfin, les régions occupant le quart inférieur gauche voient leurs difficultés accrues par la survenance du second choc pétrolier. Ce groupe est composé de régions le plus souvent enfermées dans un processus de crises cumulatives, car trop fortement dépendantes d'activités soit en récession, soit fortement consommatrices d'énergie. Il s'agit du Nord-Pas-de-Calais, de la Lorraine, de la Champagne-Ardenne, de la Franche-Comté, du Poitou-Charentes et, dans une moindre mesure, de l'Ile-de-France.

Reste pour nous à décrire dans quelles conditions les capacités d'adaptation de ces différents groupes de régions aux changements des conditions extérieures ont pu permettre, dans certains cas, de faciliter, dans d'autres, d'entraver, les processus régionaux de croissance. Pourquoi observe-t-on de tels groupes, au demeurant bien identifiables, tant géographiquement que structurellement, et quelles sont les logiques qui sous-tendent ces rassemblements ?

Il ne faut toutefois pas perdre de vue que les économies régionales n'évoluent pas de façon tout à fait autonome et sont soumises à des facteurs non négligeables, qui relèvent de la sphère macro-économique et institutionnelle. Si les systèmes productifs régionaux disposent d'une certaine marge de manoeuvre à l'intérieur de leur espace, ils sont également soumis à des contraintes émanant de la Capitale, et qui ne vont pas manquer d'accentuer les disparités entre les régions dans le but de les affaiblir. L'exemple des politiques d'aménagement du territoire et de développement régional illustre, pour une bonne part, ce propos (36).

II - LE SUD GAGNANT DANS UNE FRANCE ECARTELEE ENTRE DES STRUCTURES ET DES DYNAMIQUES

Avant de rendre compte de l'efficacité des appareils productifs régionaux, nous allons dépeindre les particularités structurelles des régions françaises afin d'évaluer le potentiel, présent et à venir, dont elles peuvent se prévaloir.

---

(36) Consulter à ce propos *Espace régional et aménagement du territoire* par J. Lajugie, P. Delfaud et C. Lacour, 2e édition, Précis Dalloz, Paris, 1985, p. 438 à 476.

Chaque région ne fait pas apparaître la même structure économique et l'on peut se demander si certains espaces sont susceptibles de se regrouper pour former une entité plus large, porteuse de signes distinctifs typiques quant aux paramètres constitutifs de sa richesse productive. La composition de l'activité en région sera évaluée ici en fonction de deux critères dont l'un se rapporte aux ressources produites mesurées en valeur ajoutée, l'autre faisant référence aux ressources humaines utilisées.

Schématiquement, au vu des cartographies proposées, il est aisé de distinguer deux logiques dans les répartitions sectorielles régionales tant de l'emploi que de la valeur ajoutée. Deux blocs distincts s'opposent à l'évidence et ce contraste entre une France industrielle et une autre à tradition plutôt agricole n'est pas nouveau, même s'il peut être amené à évoluer (37).

Le clivage observé entre une France du nord et de l'est, d'une part, et une France méridionale s'étendant en direction des régions de l'Ouest, d'autre part, ne concerne pas seulement l'agriculture ou l'industrie mais est également repérable si l'on s'intéresse à des secteurs tels que les services marchands ou non marchands. Il convient d'ailleurs de souligner à ce propos qu'une baisse simultanée de la quasi-totalité des branches (industrie, agriculture, bâtiment et génie civil agricole) s'opère, entre 1975 et 1984, au profit du tertiaire. Toutefois, si l'avancée générale de ce secteur est incontestable, elle n'est pas d'égale importance dans toutes les régions.

La dissemblance annoncée se fait jour de manière indiscutable si l'on compare le poids des grands secteurs dans l'emploi salarié régional. Les régions du Sud sont repérées comme appartenant au type agro-tertiaire, tandis que celles du Nord et de l'Est ont une vocation industrielle, voire, pour certaines, agro-industrielle.

Ainsi les salariés de régions telles que Provence-Alpes-Côte d'Azur, Midi-Pyrénées, Languedoc-Roussillon, Aquitaine, Limousin, Poitou-Charentes, mais aussi Bretagne, seront proportionnellement plus nombreux dans les secteurs agricoles et tertiaires, cependant que ceux des autres régions participent plus massivement à des activités de nature industrielle mais aussi agricole,

---

(37) Il convient d'ailleurs de préciser ici que la période considérée (1975-1984) n'est pas assez longue pour permettre de constater des modifications profondes dans la hiérarchie "structurelle" des régions françaises.

Carte 17
Activité dominante en termes d'emploi par région

Emploi salarié en 1988 Emploi total en 1988

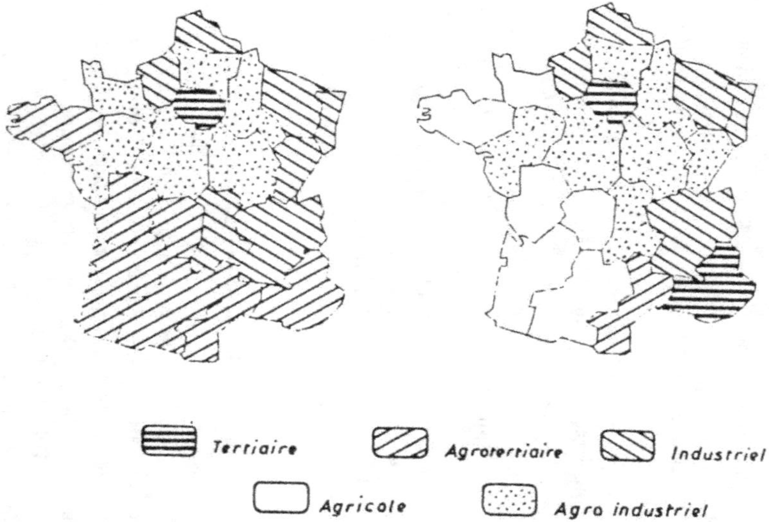

Sources : Institut National de la Statistique et des Etudes Economiques.

le poids du tertiaire étant ici plus faible que pour la moyenne française.

Seule la région Ile-de-France affiche une disposition résolument tertiaire, ce qui n'a d'ailleurs rien de surprenant si l'on sait que la localisation de telles activités est largement subordonnée à la localisation de la population et au degré d'urbanisation. En outre, la capitale regroupe un nombre important de sièges sociaux fortement demandeurs de services, ainsi que les commandes administratives du pays.

Une répartition effectuée selon les mêmes critères, mais appliquée plus généralement à l'emploi total, aboutit à des conclusions similaires. Plus encore, ces résultats vont se trouver confortés lorsqu'on tente de mesurer le degré de contribution de chaque type d'activité à la création de la richesse régionale.

Le même découpage apparaît clairement si l'on considère la part de l'industrie (hors énergie) dans l'activité des régions françaises. C'est dans le nord-est de la France que l'on trouve les spécificités industrielles les plus fortes, et ceci, même si les vieilles régions industrielles telles que le Nord-Pas-de-Calais ou la Lorraine sont, en 1984, légèrement en retrait par rapport à 1975. En revanche, le poids de l'industrie ne dépasse pas 25 % dans la plupart des régions de l'ouest et du sud de la France. Le déséquilibre constaté s'inverse, au profit de ces dernières, lorsqu'on s'intéresse aux services marchands et non marchands (38) et, dans de moindres proportions, pour l'agriculture et le bâtiment et génie civil et agricole (39), répartis plus uniformément sur le territoire national.

Nous nous trouvons donc bien en présence d'économies structurellement différentes, avec un Nord-Est où l'industrie joue un rôle de premier plan et un Sud-Ouest plutôt pourvoyeur de richesses agricoles et tertiaires (40). Il faut néanmoins remarquer que si la

---

(38) On distingue ici le tertiaire marchand (commerces, transports, télécommunications, postes, banques, assurances, services marchands aux entreprises et aux particuliers) et le tertiaire non marchand. Ce dernier est essentiellement constitué par les services rendus par les administrations publiques et privées, mais aussi par les ménages lorsqu'ils emploient du personnel domestique.

(39) La branche BGCA est celle qui est la plus également répartie : la part de la valeur ajoutée qui lui est impartie est très peu différente selon les régions.

(40) A noter l'Alsace, isolée dans le Nord-Est, et dont les services marchands sont prépondérants pour son économie dès 1975.

Carte 18
Part de l'agriculture et de l'industrie dans la valeur ajoutée régionale en 1975 et 1984 (en %)

agriculture

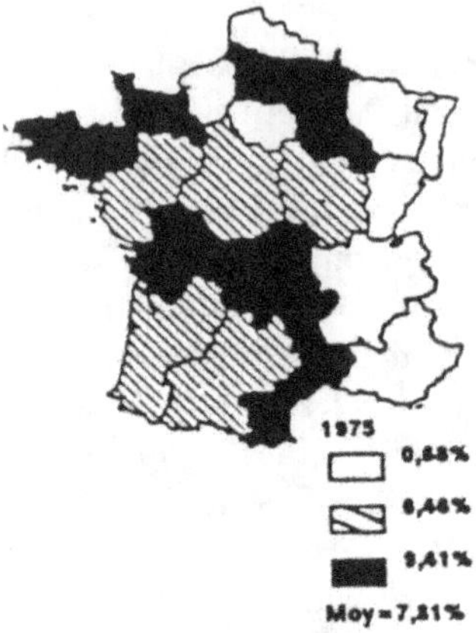

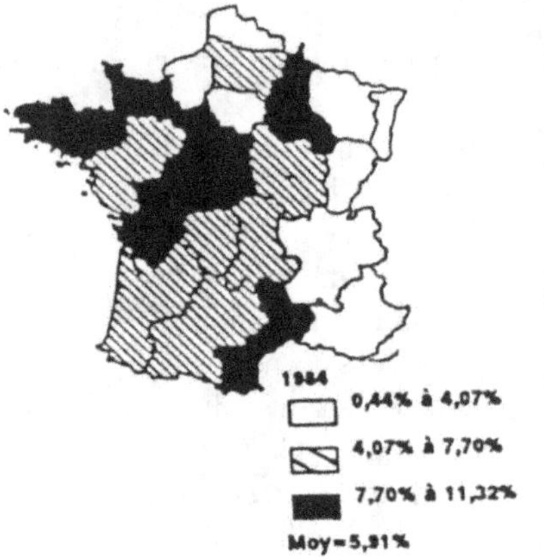

industrie

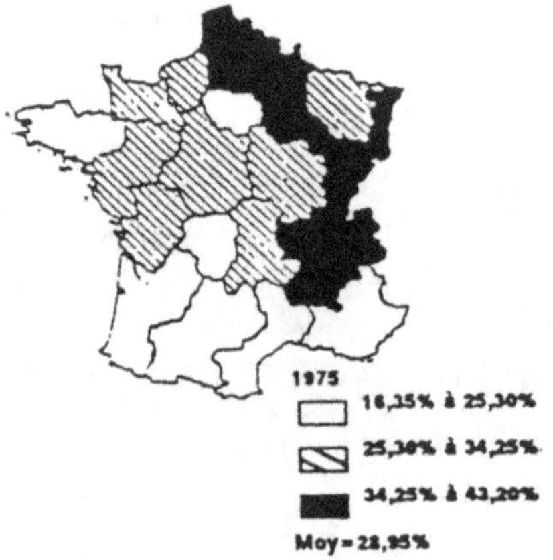

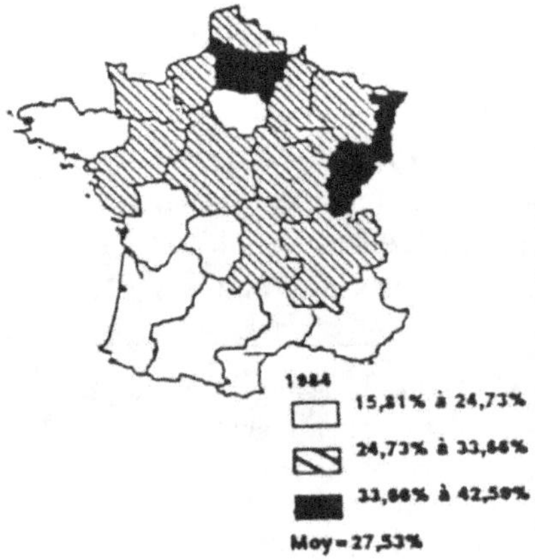

Sources : Institut National de la Statistique et des Etudes Economiques.

Carte 19
Part des services marchands et non marchands dans la valeur ajoutée régionale en 1975 et 1984 (en %)

services marchands

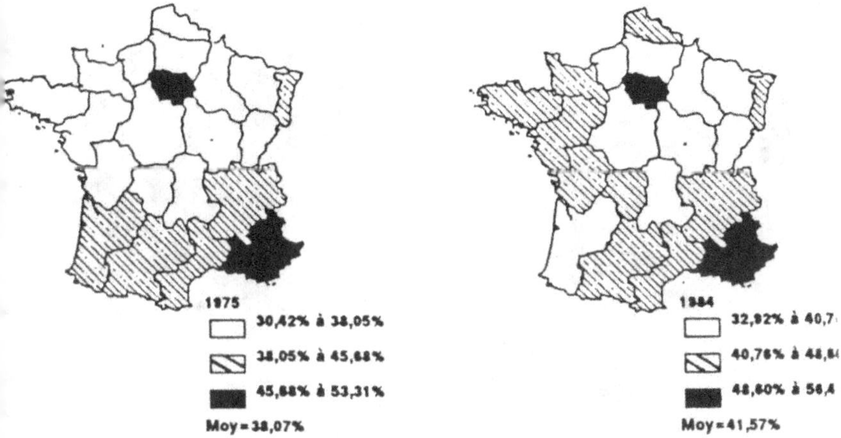

non marchands

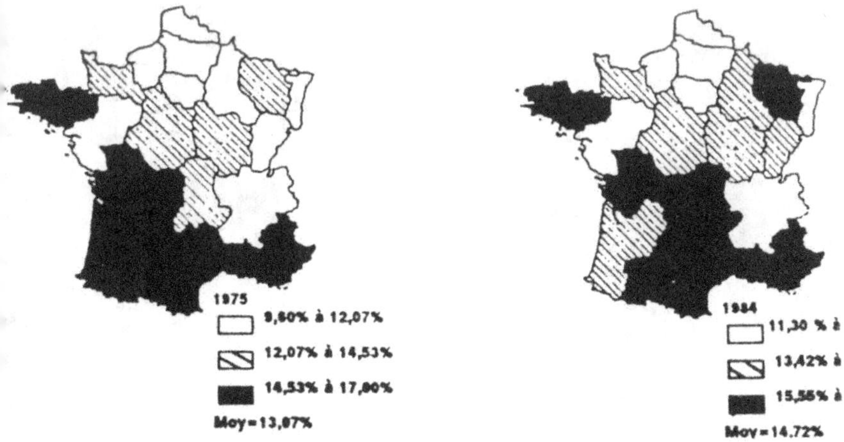

Sources : Institut National de la Statistique et des Etudes Economiques.

Carte 20
Part du BGCA et de l'énergie dans la valeur ajoutée régionale en 1975 et 1984 (en %)

BGCA

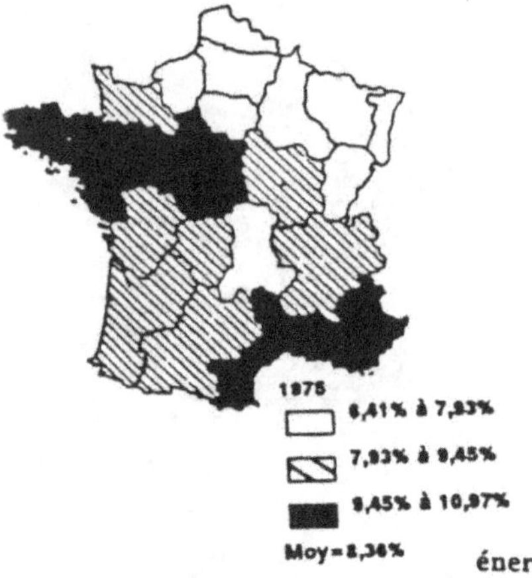

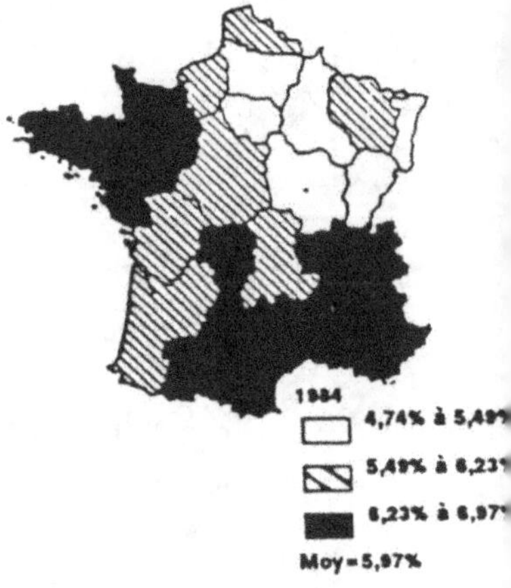

énergie

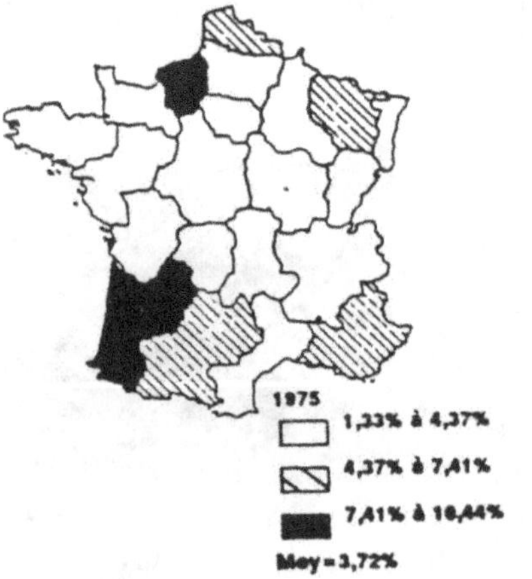

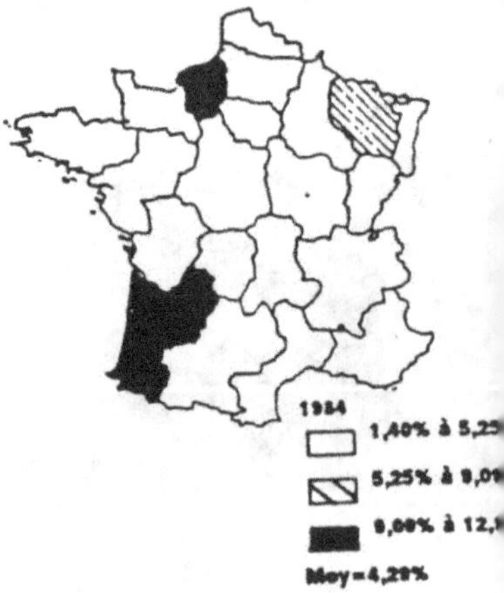

Sources : Institut National de la Statistique et des Etudes Economiques.

ligne "Le Havre-Marseille" permet encore d'opposer, en 1984, les régions compte tenu de leur spécificité structurelle, un certain glissement a lieu dans divers secteurs (agriculture, BGCA, tertiaire marchand et non marchand) dont les parts respectives dans l'activité des régions françaises ne présentent plus une distribution aussi instable que par le passé.

La prise en compte des activités de production et de distribution d'énergie n'a que peu d'influence sur ce découpage régional tant elles sont concentrées en un petit nombre de régions. Elles concernent essentiellement l'Aquitaine, la Haute-Normandie (41) et dans une moindre mesure, la Lorraine. Le poids de ces activités est ici loin d'être négligeable et vient renforcer leur potentiel industriel. Quant aux autres régions, leur branche énergie est presque uniquement constituée des activités de production et de distribution de gaz et d'électricité.

Les disparités spatiales vont se trouver confortées et même renforcées lorsqu'on procède à une analyse dynamique en termes de croissance et de variation des deux indicateurs retenus, valeur ajoutée et emploi.

Les régions qualifiées d'agro-tertiaires sont aussi celles qui ont connu une évolution de l'emploi total positive après 1975, alors qu'elles avaient une croissance médiocre ou moyenne avant la récession. Parallèlement ce sont également ces régions qui disposent, à partir de cette même date, des plus forts gains de valeur ajoutée, qu'il s'agisse de l'ensemble des secteurs, du tertiaire marchand et, paradoxe apparent, de l'industrie.

Les régions de vieilles industries du Nord et du Nord-Est ont été plus durement touchées par la crise, et ont subi des pertes relatives de valeur ajoutée dans tous les domaines, y compris industriel, conjuguées à une chute marquée de l'emploi total, la seule région rescapée de l'Est étant l'Alsace, déjà repérée pour son comportement non conforme à sa position géographique.

Si ces écarts d'évolution peuvent logiquement trouver une explication dans les différences de structure sectorielle des économies régionales mises en évidence précédemment, il n'en demeure pas moins que chaque région a aussi une dynamique propre qui peut

---

(41) L'importance de la valeur ajoutée industrielle de la Haute-Normandie et de l'Aquitaine s'explique en partie par l'affectation comptable de la taxe intérieure sur les produits pétroliers aux raffineries, celles-ci étant largement implantées dans ces régions.

Tableau 7
Croissance de l'emploi régional total
(comparaison des périodes 1968-1975 et 1975-1985)

Années 1975-1985 / Années 1968-1975	Fortement négative $x < -7$	Négative $0 < x < -7$	Positive $x > 0$
Médiocre		Limousin Basse-Normandie Poitou-Charentes Auvergne	Bretagne Midi-Pyrénées Aquitaine
Moyenne	Nord-Pas-de-Calais Champagne-Ardenne Lorraine	Bourgogne	Pays de la Loire Alsace Languedoc-Roussillon
Rapide	Picardie Franche-Comté	Haute-Normandie Ile-de-France Rhône-Alpes	Provence-Alpes-Côte d'Azur Centre

Sources : René Uhrich, in *La France inverse*, Editions Economica, Paris, 1987.

Graphique 13
Evolution régionale de l'emploi total (1970-1989), base 100 en 1970

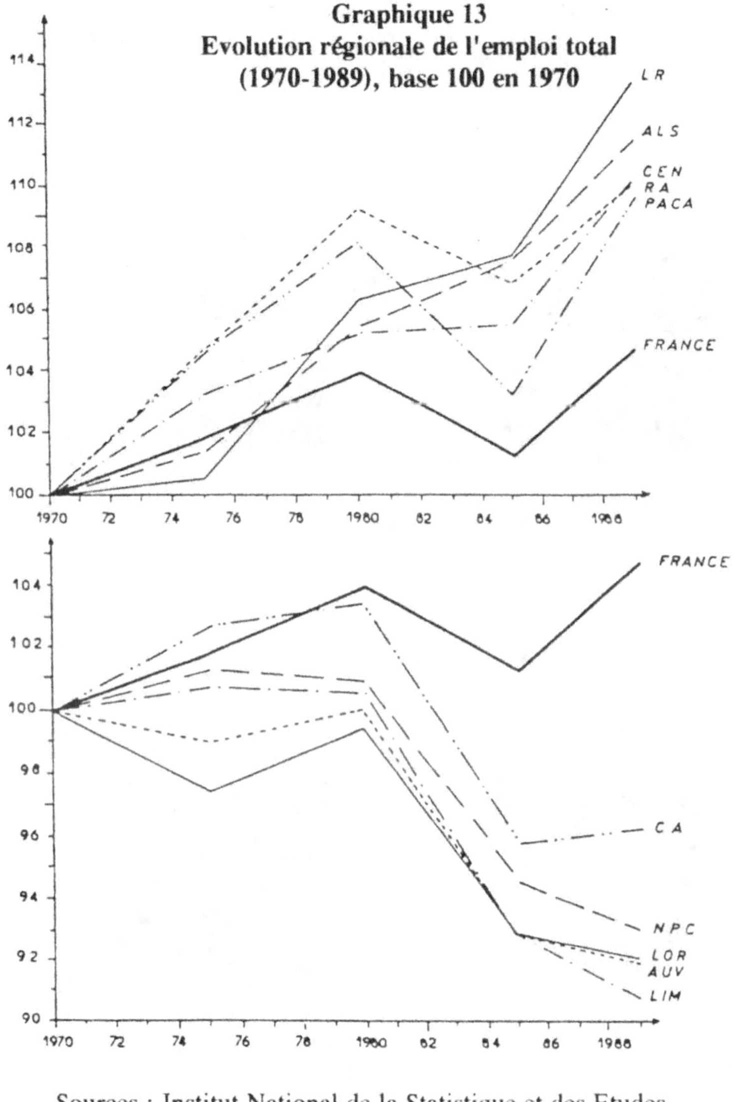

Sources : Institut National de la Statistique et des Etudes Economiques.

Carte 21
Variation relative de la structure régionale de la valeur ajoutée entre 1975-1977 et 1982-1984 (en %)

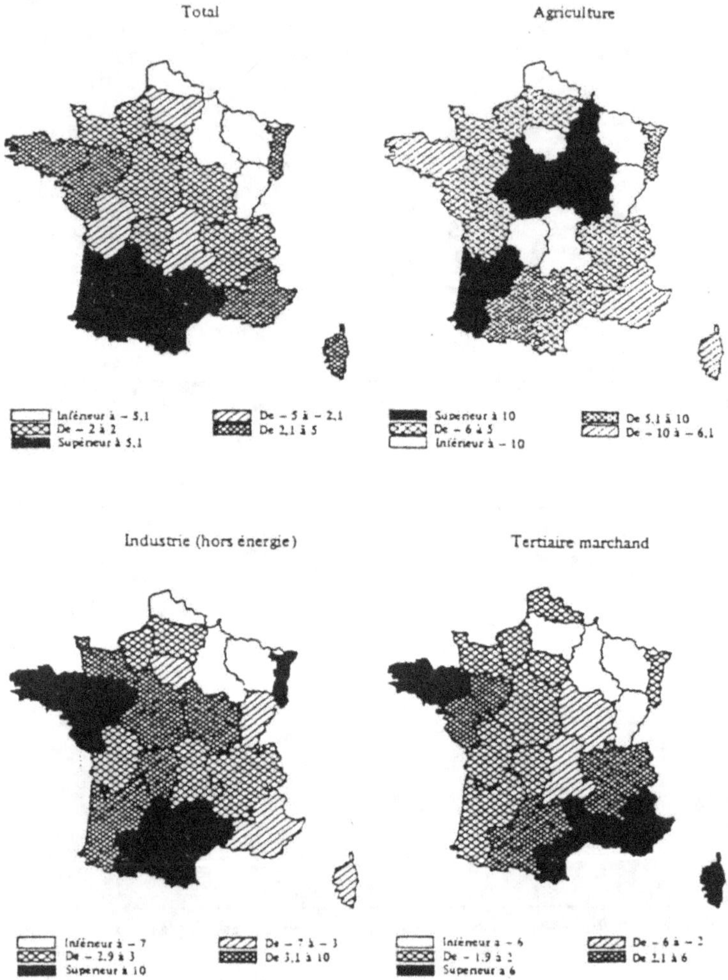

Sources : collect. INSEE R/64-1987.

Graphique 14
Evolution de la valeur ajoutée industrielle en volume de 1973 à 1984 (indice 100 en 1973)

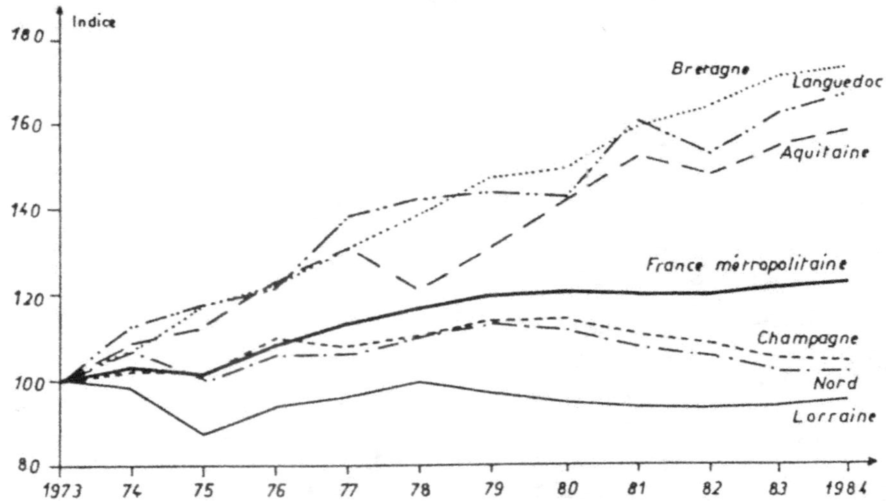

Sources : collect. INSEE R/64-1987.

venir renforcer ou contrecarrer les atouts ou les handicaps résultant de la structure de son tissu productif.

L'analyse des performances régionales devra nous permettre de mesurer le degré d'efficacité que cet "effet régional" est susceptible d'apporter aux économies locales (42).

III - LA PLACE DU SUD DANS UN MODELE DE CROISSANCE REGIONALE

S'interroger sur la nature du développement économique de zones spécifiques suppose de choisir un principe méthodologique adapté à l'observation des problèmes concrets de développement local.

Conscients que *les hommes et les formes d'organisation groupés sur un territoire restreint possèdent une logique et/ou des intérêts propres, et que certains phénomènes prennent corps dans un cadre territorial infranational* (43), l'analyse et la comparaison des niveaux de développement régionaux vont être menées ici selon une approche basée sur une démarche inductive, en prise directe avec l'observation des réalités territoriales.

Cette étude empirique se propose de cerner le degré d'efficience de l'organisation de la production dans les régions françaises, grâce à une mise en rapport des résultats économiques obtenus, avec les moyens mis en oeuvre dans chacune d'elles. Nous privilégions une description synthétique des performances régionales en rendant compte des niveaux relatifs d'efficacité des économies locales, en termes de croissance de l'emploi, de la productivité et de la valeur ajoutée.

Les potentiels régionaux seront replacés dans le temps, entre 1975 et 1984, ainsi que dans l'espace, en retenant comme norme la valeur moyenne française. L'économie régionale sera prise en compte dans sa globalité, avant d'être décomposée entre les secteurs suivants : agriculture, industrie hors énergie, bâtiment et génie civil et agricole, services marchands et non marchands. Cette

---

(42) Voir aussi V. Amand-Madelin, J. Maliverney et C. Minni, "L'industrie se déplace vers l'Ouest et le Sud-Ouest", in *Economie et Statistique*, n° 230, mars 1990, INSEE.

(43) P. Aydalot, *Economie régionale et urbaine*, Economica, Paris, 1985, p. 101.

désagrégation devra nous permettre d'apprécier la contribution que chaque type d'activité peut apporter au développement régional. La représentation proposée des dynamismes régionaux, ainsi que la typologie que nous avons pu établir, s'inspirent des travaux de R. Camagni portant sur les régions européennes (44).

Une typologie des comportements régionaux

Instrument d'observation des formes concrètes du développement local, le modèle proposé doit nous permettre d'examiner de quelle manière les régions françaises se regroupent à l'intérieur de types économiques préalablement définis, et quels sont les caractères qui président à ce rassemblement (45).

Nous demeurons néanmoins conscients que les bases du développement changent et que toute typologie n'a de valeur que provisoire. Les mêmes caractères peuvent en effet avoir, d'une période à l'autre, des effets différents et peuvent engendrer, selon le moment choisi, des aptitudes différentes au développement. Il faut bien voir que les ensembles régionaux s'inscrivent dans une dimension spatiale plus vaste, le territoire national, et que les résultats obtenus n'ont de véritable sens que dans un laps de temps déterminé et identifié. En outre, on ne peut ignorer que le concept de productivité qui va être utilisé ici demeure d'un maniement délicat qui se heurte bien souvent à de nombreuses difficultés de nature théorique, méthodologique mais aussi statistique (46).

La description du modèle géométrique de croissance de la productivité nécessite plusieurs étapes successives.

---

(44) R. Camagni, "Les modèles de restructuration économique des régions européennes pendant les années 1970" in *Crise et Espace*, sous la direction de P. Aydalot, Editions Economica, 1984. R. Camagni et R. Cappelin, "Changement structurel et croissance de la productivité dans les régions européennes", *Economie Régionale et Urbaine*, n° 2, 1984. J. Del Castillo, M. Garcia Crespo et S.A. Musto, "New Technologies as a Respons to the Crisis in the Italian Northwest", in *Spatial Aspects of the Technological Change*, Servicio Editorial Universidad del Pais Vasco, 1989.

(45) Voir "Approche dynamique du développement des régions françaises" par V. Thireau, VIIe rencontres ARETHUSE, Murcie, Espagne, 17 et 18 octobre 1991.

(46) Voir R. Boyer, *Déterminants et évolution probable de la productivité et de l'emploi*, n° 7922, CEPREMAP, Paris, septembre 1979, p. 9.

La première va consister à délimiter quatre types principaux de développement par rapport à une position "statique" : l'origine des axes.

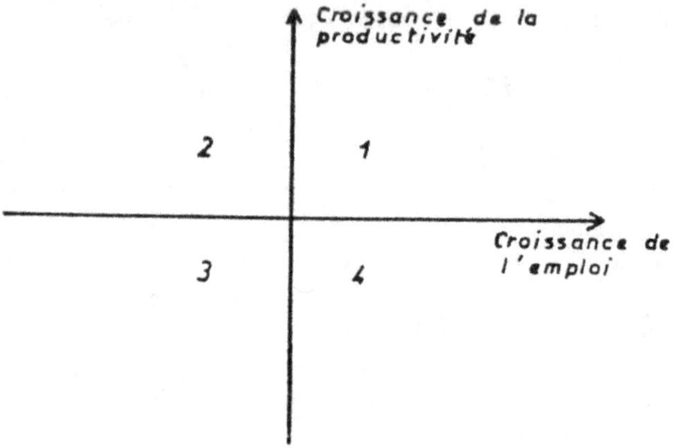

L'axe des abscisses porte la croissance de l'emploi total entre deux dates, celui des ordonnées concerne la croissance de la productivité entre ces mêmes dates.

Les classes régionales vont s'ordonner autour de l'origine des axes où concrètement une croissance de la productivité nulle est accompagnée d'une absence de variation de l'emploi.

Les régions situées dans la zone 1 disposent d'une croissance de la productivité positive, celle-ci se réalisant en concomitance avec une progression de l'emploi. On peut donc supposer que les espaces concernés sont parfaitement adaptés aux techniques productives mises en oeuvre. Le potentiel régional, en termes de facteurs de production, s'avère efficace et rapidement adaptable aux initiatives nouvelles qui vont être adoptées.

Le quart supérieur gauche du graphique, ou zone 2, est le lieu de rencontre de régions dont la productivité croît au détriment de leur niveau d'emploi. Les pertes d'emploi constituent, en quelque sorte, un sacrifice nécessaire à l'atteinte d'une meilleure efficacité. On peut invoquer, dans ce cas, l'hypothèse d'une réadaptation du potentiel local aux impératifs de la croissance. Ce type de comportement régional correspond à une logique de restructuration, de réadaptation des structures productives. Il s'agit là d'une phase de développement transitoire.

Une troisième zone accueille les régions en situation de déclin. Les pertes de productivité se conjuguent avec une diminution de l'emploi régional total. Les structures productives ne sont plus adaptées aux conditions en vigueur et les potentialités régionales se trouvent sous-utilisées. La baisse d'efficacité globale des économies concernées ne saurait être résorbée sans une dynamique nouvelle en termes d'innovation, de qualification... On peut parler ici de "désadaptation" du tissu productif local.

Enfin, un quatrième type régional (zone 4) se dégage de cette représentation et regroupe les régions qui parviennent à maintenir leur emploi à un certain niveau, au préjudice des progrès de productivité. Cette situation, où l'économie locale est fortement utilisatrice de main-d'oeuvre, peut être viable dans l'immédiat mais ne saurait être que provisoire. En effet, l'absence de gains de productivité va inévitablement pénaliser le développement régional futur, en tout cas à moyen terme.

Les différentes situations que nous venons de décrire n'ont de signification que par rapport à une position fixe, immuable, sans véritable dimension spatio-temporelle. Or, les processus économiques régionaux participent à une dynamique plus large qui les englobe, l'économie nationale, et les résultats en région ne se comprennent que par rapport à une période définie. C'est pourquoi, notre représentation ne saurait atteindre un certain réalisme qu'en intégrant deux variables essentielles à l'analyse économique : l'espace et le temps.

Pour ce faire, et c'est là notre **seconde étape descriptive**, nous allons procéder à un changement d'origine.

La nouvelle référence choisie correspond à la norme française en matière de croissance de la productivité et de croissance de l'emploi. Les performances régionales seront donc évaluées par rapport à la performance nationale moyenne, susceptible de se déplacer selon la période d'analyse retenue. L'observation des sous-ensembles régionaux jusqu'alors statique, va gagner tout à la fois en dimension et en dynamique.

Quatre cas de figure peuvent alors se présenter :

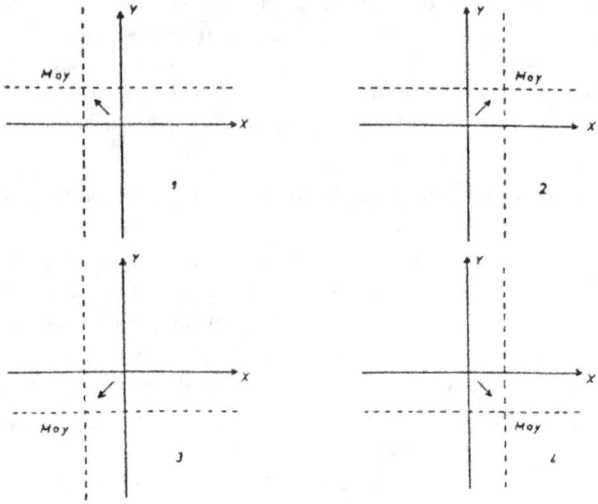

Il est clair que les situations 3 et 4 ne sauraient refléter la réalité observée, tout au moins dans nos économies occidentales. Le cas n° 3 fait état d'une économie nationale déclinante, où la baisse d'efficacité dans un secteur n'est pas compensée par une absorption des emplois par un autre secteur. Quant au cas n° 4, il est basé sur l'hypothèse que l'économie nationale privilégie une utilisation massive de main-d'oeuvre, sans se soucier d'éventuels progrès de productivité. Ces types de comportement ne caractérisent pas les économies dites développées. Aussi abandonnons-nous ces deux cas de figure irréalistes, dans le contexte où nous nous situons, pour ne retenir que les deux premiers (1 et 2) dont le paramètre commun est une croissance de la productivité positive.

La première représentation graphique va exprimer la situation moyenne de secteurs tels que l'agriculture, l'industrie hors énergie, l'énergie et le bâtiment et le génie civil agricole. Ces derniers sont suffisamment dynamiques pour réaliser des gains de productivité, mais cette progression ne sera obtenue qu'au prix d'une perte d'emplois.

En revanche, le secteur des services, qu'ils soient marchands ou non marchands, voit sa productivité croître sans que ce résultat positif n'ait de contrepartie négative sur le niveau d'emploi. Le graphique n° 16b résume ce type de comportement. Pour ce qui concerne l'ensemble des secteurs, nous verrons ultérieurement que l'économie quitte, à partir des années 80, une position voisine de celle des services (type 2) pour adopter un mode de développement plus proche de celui de l'industrie ou de l'agriculture (type 1), et entre ainsi dans une phase de restructuration.

Avant d'envisager la manière dont les régions se déploient par rapport à ces positions moyennes, nous allons introduire, **dans une troisième étape**, un dernier paramètre qui va permettre de représenter la croissance de la production. Celle-ci sera portée par une droite de pente négative passant par la performance nationale moyenne en termes de productivité et d'emploi. L'inclinaison de la droite pourra être égale à 45° si le repère considéré est orthonormé.

Toutes les régions situées sur cette droite disposeront d'une croissance de leur valeur ajoutée équivalente à celle de la croissance nationale et ceci, bien que leurs combinaisons respectives "variation de la productivité-variation de l'emploi" puissent être différentes. Les espaces régionaux connaîtront une croissance de leur produit

Graphique 15
Schémas des typologies de développement régional

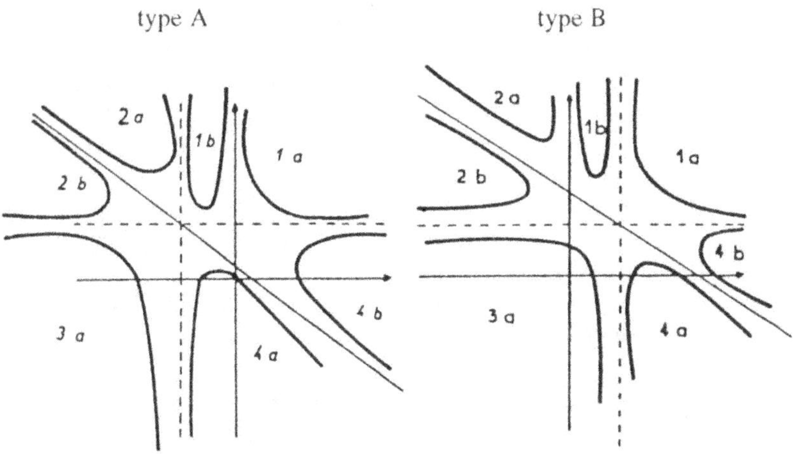

supérieure ou inférieure à la valeur moyenne, selon qu'ils se situent au-dessus ou en dessous de la droite.

L'adoption de cette troisième dimension nous permet de distinguer finalement sept types de développement régional, conformément au graphique proposé plus haut.

La typologie que nous proposons diffère de celle initialement établie par R. Camagni, du fait que ce dernier ne retenait, pour sa modélisation, que la seule industrie. Elle peut être décrite de la façon suivante :

1a) Les régions concernées connaissent un "développement harmonieux" où emploi, productivité et produit croissent simultanément à un rythme supérieur à la moyenne. Celles-ci ont un comportement dynamique, font preuve d'initiatives et savent disposer de ressources jusque-là inutilisées ou importées.

1b) On peut parler ici de "réallocation des ressources productives". En effet, le fait que des performances satisfaisantes (croissance de la productivité et du produit supérieure à la moyenne) soient associées à une légère décroissance de l'emploi peut signifier qu'on assiste, dans ce cas, à un réaménagement en termes de répartition des ressources productives.

2a) S'il est de nouveau question de réaménagement, celui-ci sera ici de nature "technique et organisationnelle". On peut en effet observer, dans ce cas, une diminution importante du niveau de l'emploi, et ceci même si la productivité et la valeur ajoutée croissent à un rythme soutenu. Des procédés de production nouveaux peuvent être adoptés et les économies régionales se trouvent en phase transitoire de restructuration.

2b) Ce type de développement, que nous dénommons "développement sélectif", allie une productivité qui croît davantage que la moyenne avec un emploi qui diminue plus vite et un produit global qui croît moins. Il caractérise des espaces qui sont dans l'obligation, sous peine de déclin, de se tourner vers de nouvelles activités et ceci au prix d'un taux de chômage élevé.

3a) Le terme de "régression" semble ici le plus approprié pour qualifier une situation où chacun des trois indicateurs évolue de manière inférieure à la moyenne.

4a) Les choix opérés dans ce cas sont en totale opposition avec ceux qui ont lieu dans les régions au "développement sélectif"(2b). Les problèmes d'emploi sont ici évacués au prix d'un faible dynamisme. Productivité et valeur ajoutée croissent dans des proportions moindres et cette absence de vitalité ne va pas manquer de fragiliser les économies concernées. Nous parlerons donc de "développement menacé".

4b) La catégorie "développement protégé" regroupe les régions où l'emploi et le produit évoluent plus favorablement que dans le cas précédent. Toutefois, ces résultats, a priori positifs, ne sont obtenus que par l'intermédiaire d'activités à productivité médiocre.

Connaissant les spécificités structurelles de chacune des régions, nous allons à présent tenter d'apprécier l'efficacité productive de celles-ci en les situant les unes par rapport aux autres ainsi qu'en fonction des tendances générales d'évolution des économies régionales. C'est dans ce but que nous serons amenés à décomposer notre période d'analyse (1975-1984) en trois sous-périodes successives d'une durée égale à 3 ans.

Une dispersion accrue des performances régionales

Nous l'avons souligné *la période considérée (1975-1984) n'est pas assez longue pour permettre de constater des modifications profondes dans la hiérarchie structurelle des régions françaises*. Toutefois, et même si les structures sont relativement statiques, nous assistons à un éclatement des comportements locaux à mesure que l'on progresse dans le temps. Notons au passage qu'il est important de cerner les tendances qui remodèlent petit à petit le paysage économique français, même s'il ne s'agit pas de bouleversements brutaux.

Si les régions sont relativement bien groupées autour de la performance nationale moyenne au cours de la période initiale (1975-1978), elles vont en revanche présenter une répartition plus éparpillée dans les périodes qui vont se succéder. Cette évolution vers une plus grande dispersion des modes de développement régionaux apparaît clairement lorsqu'on s'intéresse aux trajectoires suivies par les performances régionales entre 1975-1978 et 1981-1984.

En outre, la décomposition par secteur de ces mêmes trajectoires nous apprend que l'hétérogénéité grandissante observée entre les régions résulte pour l'essentiel d'une véritable explosion des situations régionales à l'égard des services non marchands. Si les régions se déploient en un large éventail de comportements dans pratiquement tous les secteurs, exception faite de l'industrie et du

Graphique 16
Evolution de la dispersion des économies régionales de 1975-78 à 1981-84

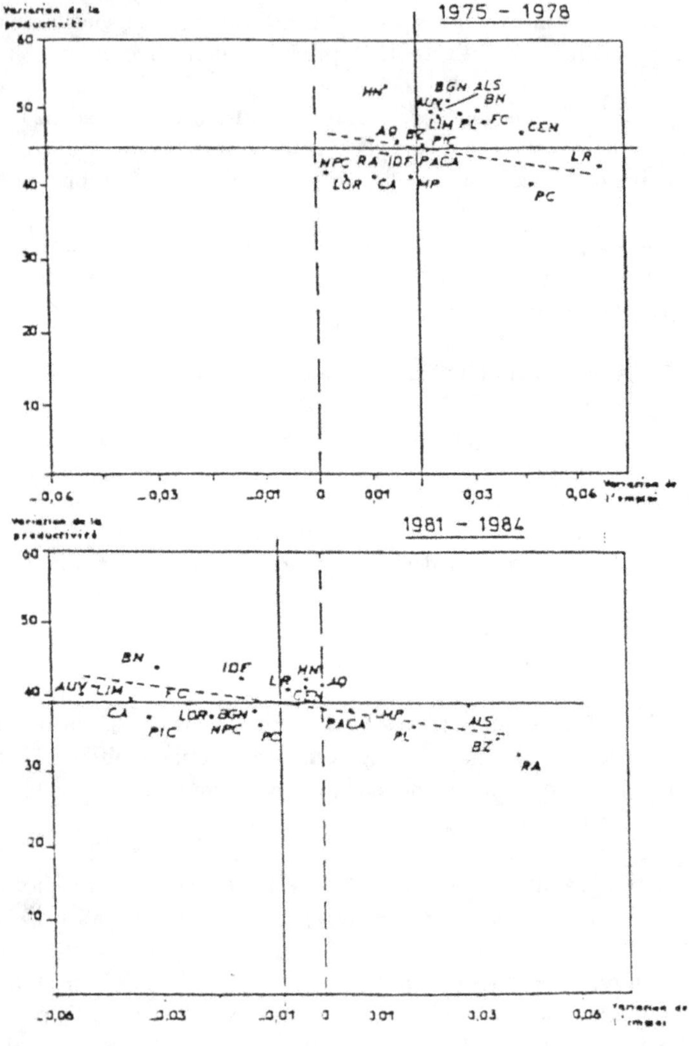

Sources : INSEE-EUROSTAT

Graphique 17
Trajectoires des performances régionales de 1975-78 à 1981-84

Ensemble des secteurs

Sources INSEE-EUROSTAT

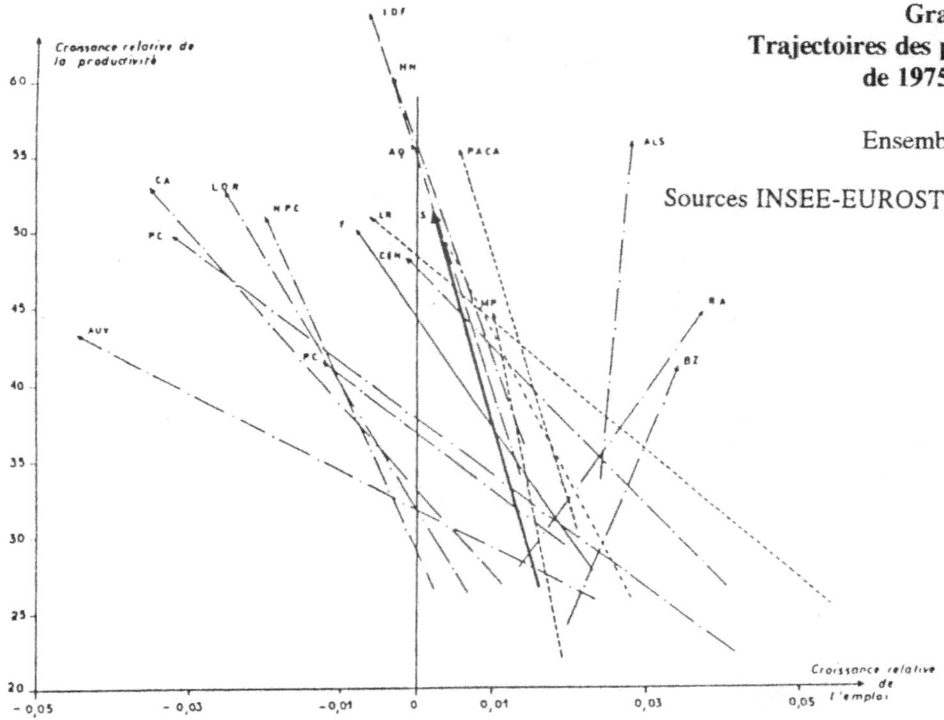

Graphique 17
Trajectoires des performances régionales de 1975-78 à 1981-84

Tertiaire non marchand

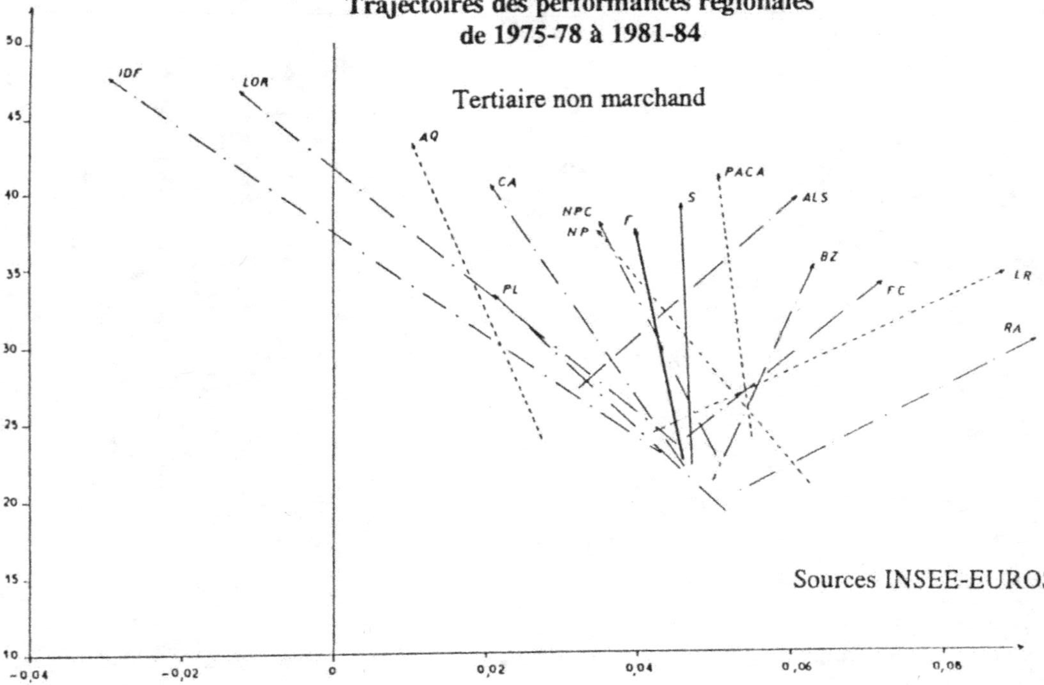

Sources INSEE-EUROSTAT

Graphique 17
Trajectoires des performances régionales de 1975-78 à 1981-84

Industrie hors énergie

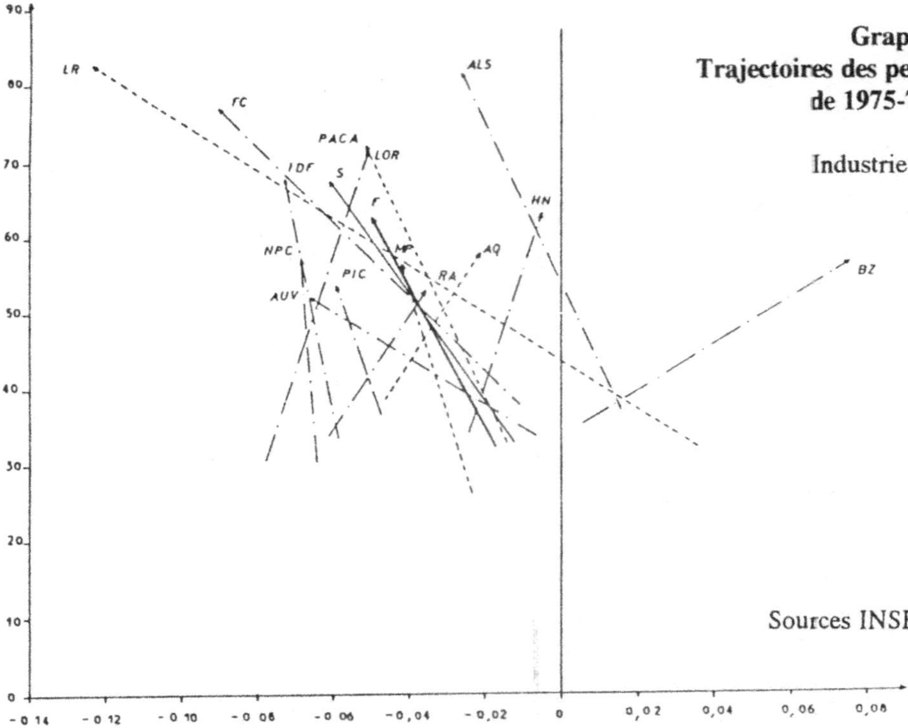

Sources INSEE-EUROSTAT

Graphique 17
Trajectoires des performances régionales de 1975-78 à 1981-84

Agriculture

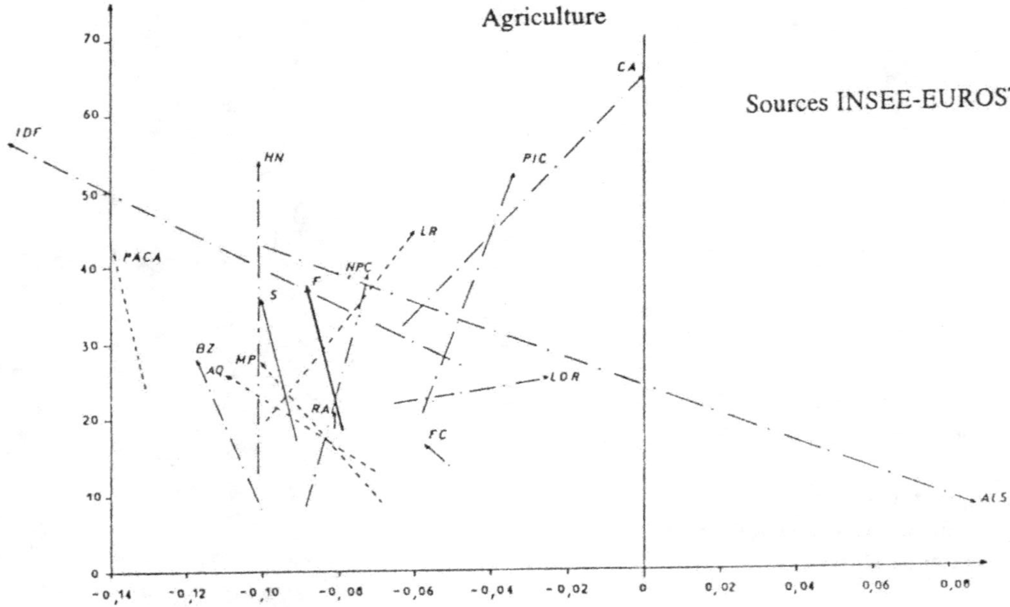

Sources INSEE-EUROSTAT

Graphique 17
Trajectoires des performances régionales
de 1975-78 à 1981-84

Bâtiment et Génie Civil Agricole

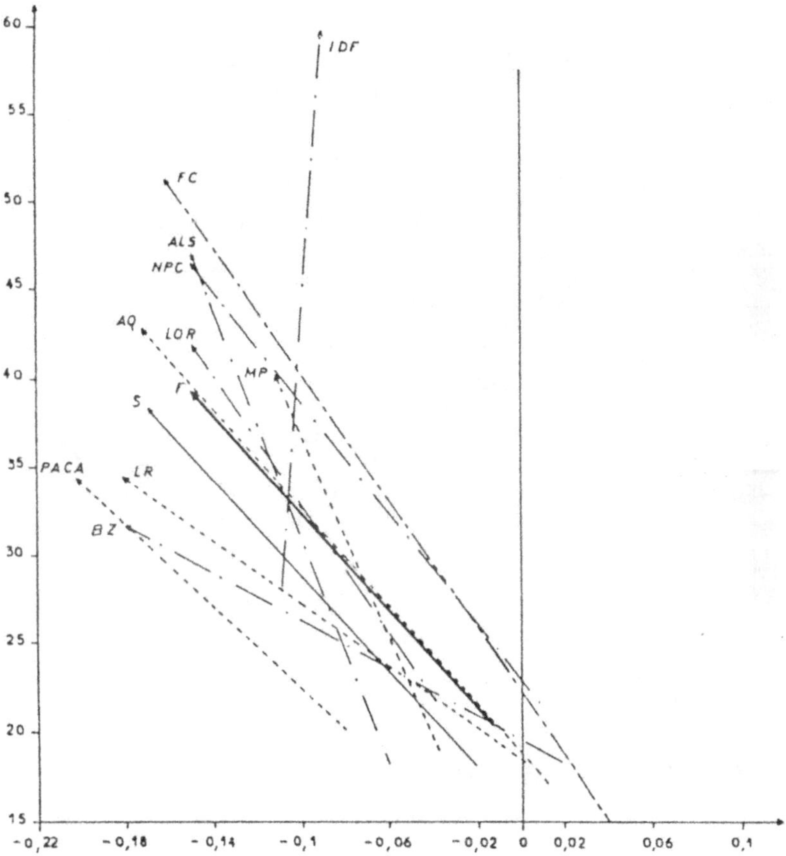

Sources INSEE-EUROSTAT

Graphique 17
Trajectoires des performances régionales de 1975-78 à 1981-84

Tertiaire marchand

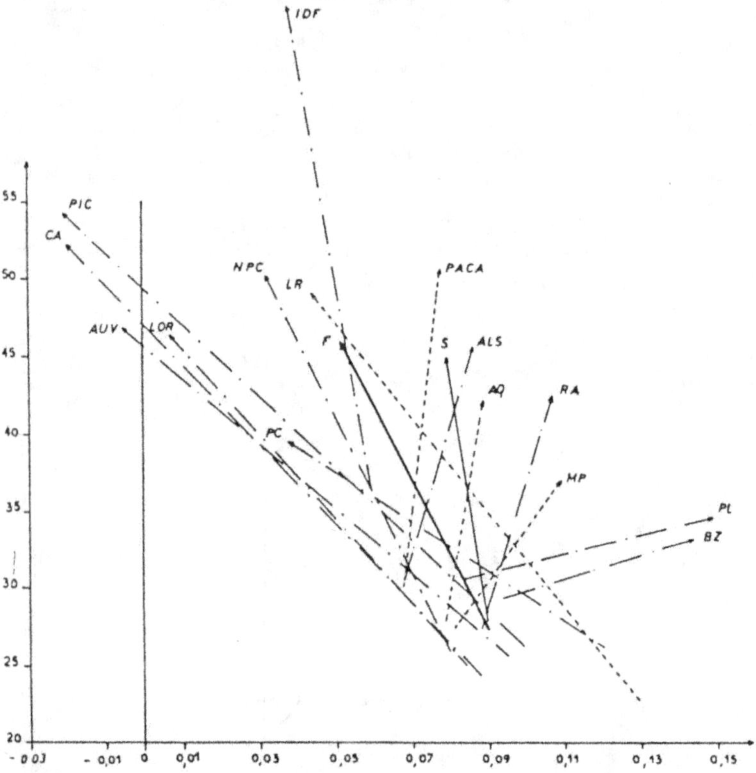

Sources INSEE-EUROSTAT

bâtiment et du génie civil agricole, c'est assurément le tertiaire qui propose en fin de période la plus grande diversité de situations.

Pour ce qui concerne les services marchands, rappelons brièvement que si ce secteur a connu au cours des deux dernières décennies une progression remarquable, celle-ci n'a pas été d'égale importance dans toutes les régions. Certaines d'entre elles ont connu, plus que d'autres, une expansion économique imputable au développement de ce domaine d'activité. Nous identifierons par la suite les régions qui ont pu bénéficier de cette opportunité et ainsi se démarquer d'autres, alors moins dynamiques. Mais avant de comparer les attitudes des économies régionales les unes par rapport aux autres, revenons un instant sur le cas du tertiaire non marchand.

Ce n'est véritablement qu'à partir de la troisième phase d'analyse que les positions régionales vont, dans ce cas, s'éloigner nettement du point moyen national. Il faut bien voir que cette période coïncide avec la mise en place d'une politique de décentralisation. Celle-ci s'amorce en effet au début des années 80 et donne aux collectivités territoriales, régionales et infrarégionales, une nouvelle dimension avec l'attribution, certes partielle et éclatée mais réelle, de pouvoirs d'intervention et d'action notamment dans le domaine économique. Cette démarche se veut précisément destinée à réduire les inégalités de développement entre les différents espaces qui composent l'entité nationale. La Région, alors envisagée comme un instrument de politique visant à atténuer les disparités, va acquérir un certain pouvoir et dispose dorénavant d'une reconnaissance officielle.

En devenant des partenaires à part entière, les régions vont gagner en autonomie, donc en initiatives, et chacune d'elles va tenter à sa manière d'influer sur sa propre prospérité économique. Cela étant, il n'est donc pas totalement surprenant d'observer, compte tenu de ce bouleversement, une multitude de situations quant aux processus de production régionalisés des services non marchands.

Si l'action des collectivités locales sur le développement régional est facilement repérable *les administrations publiques locales représentant le cas le plus favorable de régionalisation des comptes* (47), il ne faut toutefois pas omettre le rôle joué par l'Etat,

---

(47) Consulter à ce propos "La comptabilité économique régionale en 1990", Actes de la journée du 13 septembre 1990, *Cahiers de l'Economie Méridionale*, n° 14, 1991, et plus particulièrement v. Amand-Madelin, "La comptabilité régionale : principes et méthodes", p. 34.

par le biais notamment de crédits ou encore de transferts. L'Etat opère en effet une redistribution spatiale de son budget et est donc, de ce fait, un partenaire important de l'économie régionale, au même titre que les ménages, les entreprises et les collectivités locales. Malgré cela, il est hélas bien difficile, compte tenu des informations statistiques dont nous disposons, de replacer son action dans une région par rapport à celle effectuée dans les autres régions françaises. L'impact de ses activités est en effet occulté par *une connaissance trop partielle, voire une méconnaissance, des actions localisées des administrations publiques centrales* (48).

Ces considérations d'ordre général portent sur les évolutions des économies régionales prises dans leur ensemble. Il va maintenant être question pour nous de situer les régions, non plus par rapport à un mouvement collectif, mais selon les particularités intrinsèques qui vont se dégager lorsqu'on les examine les unes par rapport aux autres.

Le Sud au sein de la relocalisation du dynamisme

On peut dès lors se demander si la partition territoriale déjà observée lorsqu'on caractérise les systèmes productifs régionaux, va resurgir si l'on introduit dans l'analyse un indicateur reflétant les conditions dans lesquelles s'effectue la production : la productivité apparente du travail (49).

Comme nous l'avons souligné, *le nouveau partage de la valeur ajoutée s'est fait au détriment des vieilles régions industrielles du Nord et de l'Est de la France (Nord-Pas-de-Calais, Champagne-Ardenne, Lorraine, Franche-Comté) et au bénéfice des régions méridionales telles que le Languedoc-Roussillon, le Midi-Pyrénées et l'Aquitaine* (50). Ainsi la France du sud que l'on considère volontiers comme agricole semble s'ouvrir à des activités dégageant une valeur ajoutée importante.

---

(48) *Les comptes régionaux des administrations publiques centrales*, note INSEE-CGP, mai 1989.

(49) La productivité apparente du travail est obtenue en évaluant la quantité de travail nécessaire (l'emploi total) à l'atteinte d'un certain niveau de richesse (la valeur ajoutée). Pour cela nous avons été amenés à utiliser différentes séries, et notamment celle établie par l'INSEE pour la valeur ajoutée, ainsi que celle d'EUROSTAT pour ce qui concerne l'emploi.

(50) Voir INSEE R64, 1987, op. cit.

Des interrogations naissent de ces observations :

- les économies de ces espaces sont-elles pour autant efficaces et surtout seront-elles en mesure de l'être demain ? En effet, si une croissance relativement élevée est généralement associée à une hausse ou à un maintien de l'emploi, cette situation ne correspond pas nécessairement à des gains de productivité importants ;
- en outre, deux régions aux capacités structurelles voisines vont-elles parvenir au même résultat en terme d'efficacité économique ?
- ainsi, peut-on s'attendre à retrouver par la typologie proposée une hiérarchie des performances régionales scindant l'espace national en deux sous-espaces symétriques, voire opposés ?

Il est clair, en tout cas, que la façon dont les résultats régionaux vont s'ordonner lorsqu'on va raisonner sur l'ensemble de l'économie peut être amenée à se modifier selon que l'on analyse tel ou tel secteur d'activité.

Si l'on considère en premier lieu l'ensemble des activités, les régions les plus performantes sur la période retenue sont aussi celles dont la croissance n'a été que peu ou pas altérée par le retournement conjoncturel de 1979. C'est ainsi que l'Aquitaine, le Midi-Pyrénées, la Provence-Alpes-Côte d'Azur, la Bretagne, mais aussi le Centre, les Pays de la Loire et l'Alsace connaissent un accroissement de leur valeur ajoutée totale supérieur à la moyenne nationale, tandis que dans le même temps l'emploi et la productivité y progressent à un rythme soutenu.

Pour la plupart situées au sud et à l'ouest de l'ensemble métropolitain, ces régions dynamiques se positionnent au-dessus de la référence choisie, et ceci quel que soit l'indicateur retenu. Dotées d'un développement précédemment qualifié d'harmonieux, elles présentent des traits structurels communs. A partir d'implantations industrielles généralement récentes, ces régions bénéficient d'équipements plus modernes et de la présence de secteurs plus dynamiques (industries agro-alimentaires, aéronautique, parachimie, industries de l'armement, construction électrique et électronique...) (51) que les régions de vieille industrie du Nord et de l'Est, aujourd'hui durement touchées par la crise. Seule rescapée de cet arc septentrional, l'Alsace, sans doute grâce à des relations privilégiées

---

(51) Pour plus de détails à propos des secteurs les plus performants au cours de la période considérée, voir "L'industrie se déplace vers l'ouest et le sud-ouest", op. cit.

Graphique 18A
Position des régions dans le modèle productivité-emploi (1975-1984)

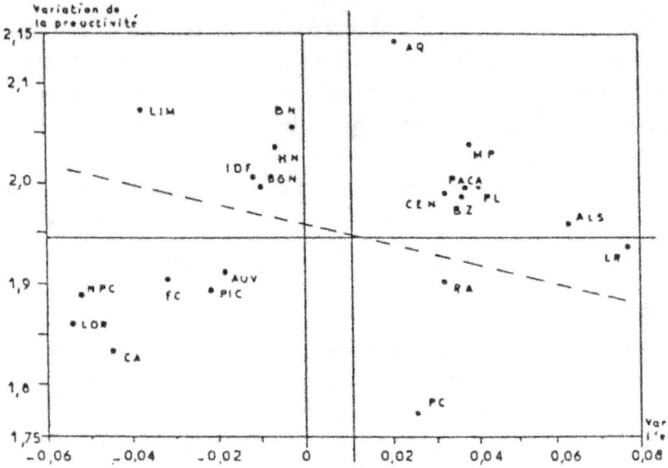

Tous SECTEURS 1975 - 1984

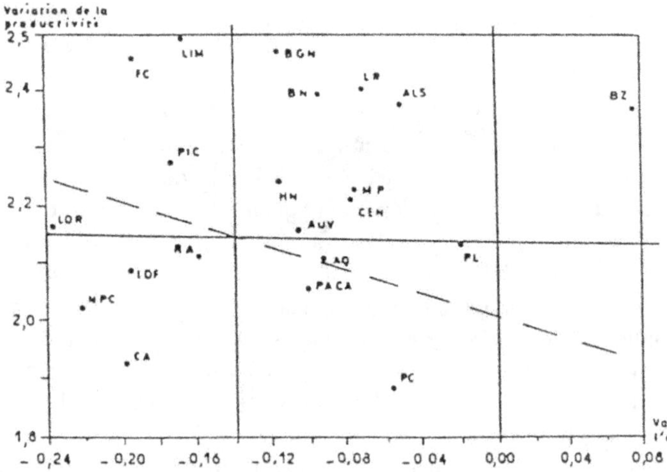

INDUSTRIE 1975 - 1984

Sources INSEE-EUROSTAT

Graphique 18B
Position des régions dans le modèle productivité emploi (1975-1984)

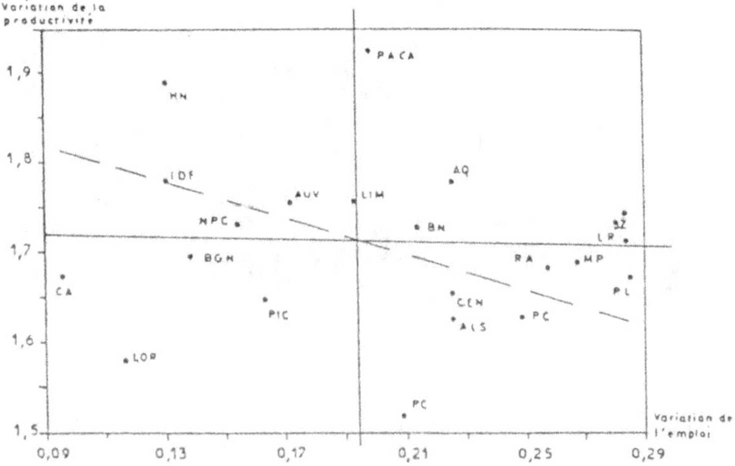

Services marchands 1975 - 1984

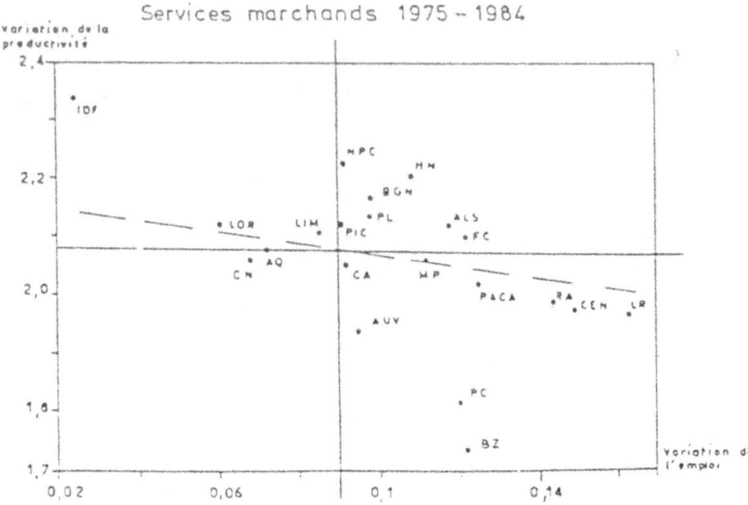

Services non marchands 1975 - 1984

Sources INSEE-EUROSTAT

Graphique 18C
Position des régions dans le modèle productivité-emploi (1975-1984)

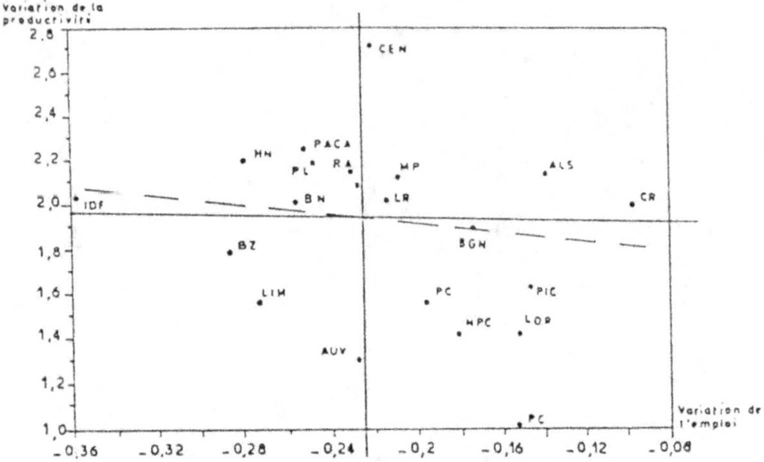

AGRICULTURE 1975-1984

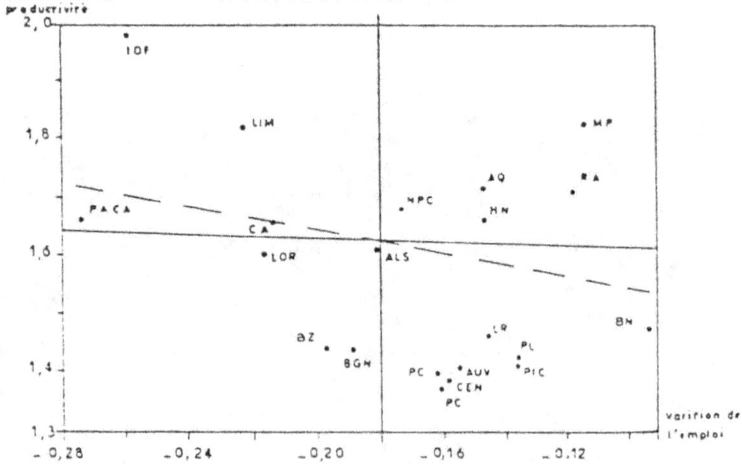

Batiment et Génie Civil agricole 1975-1984

Sources INSEE-EUROSTAT

avec l'Allemagne, affiche dans ce domaine une santé relativement bonne.

L'avantage acquis par les régions au développement harmonieux se traduit par une chute de l'emploi industriel moins marquée qu'ailleurs et par une productivité qui progresse dans des proportions satisfaisantes. Il existe en fait, dans ce cas, un phénomène de compensation plus ou moins complète entre l'érosion de l'emploi dans les industries traditionnelles et la création d'emploi dans les nouvelles industries qui viennent s'implanter. Les pertes d'emploi observées dans le domaine agricole et, pour certaines de ces régions, dans le secteur du bâtiment, sont absorbées par les services, que ceux-ci soient de nature marchande ou non marchande. Ce faisant, l'agriculture de ces espaces est en pleine restructuration et connaît une croissance positive grâce à l'impulsion de nets progrès de la productivité.

Le Languedoc-Roussillon et Rhône-Alpes, pourtant repérées précédemment pour la bonne tenue de leur croissance malgré un contexte général hostile, n'appartiennent néanmoins pas à la catégorie des régions connaissant un développement harmonieux. Si l'une et l'autre bénéficient de gains d'emplois totaux plus importants que ceux de la moyenne nationale, les autres indicateurs évoluent toutefois de manière différente pour chacune d'elles et la décomposition par secteurs souligne leurs particularités respectives.

Rhône-Alpes ne dispose en effet que d'une productivité et d'un produit dont les progressions sont moins rapides que celles de l'ensemble. Son rattachement à la catégorie des régions dont le développement apparaît "menacé" est essentiellement dû à ses mauvais résultats dans le domaine industriel. Si cette région de vieille tradition industrielle est peu spécialisée, elle se révèle toutefois handicapée par le poids de son textile, de sa fonderie-travaux des métaux et de son industrie pétrolière. En revanche, elle enregistre de bonnes performances dans le secteur du bâtiment.

Tout autre est la situation du Languedoc-Roussillon qui présente des caractéristiques structurelles voisines de celles des régions les plus dynamiques. Bien qu'il soit doté d'une industrie limitée mais efficace et d'une agriculture qui se modernise, ses résultats globaux sont cependant altérés par la faible productivité dégagée par un tertiaire non marchand gros pourvoyeur d'emplois.

En totale opposition avec ce premier groupe, la classe "régression" rassemble sans surprise plusieurs régions d'ancienne tradition industrielle. Le Nord-Pas-de-Calais, la Lorraine, la Champagne-Ardenne, la Franche-Comté, l'Auvergne et la Picardie sont de celles-ci, et subissent un affaiblissement conjoint de leur niveau de croissance et de productivité, tout en perdant de nombreux emplois.

Le plus souvent localisées au nord et à l'est de l'hexagone, ces régions ont subi de plein fouet les effets des deux chocs pétroliers consécutifs. Spécialisée dans les activités aujourd'hui en récession, leur industrie connaît une phase de déclin. Le poids du textile et de la sidérurgie (Lorraine, Nord-Pas-de-Calais, Champagne-Ardenne), de la fonderie et du travail de métaux (Lorraine, Champagne-Ardenne, Auvergne), de l'activité charbonnière (Nord-Pas-de-Calais, Lorraine), explique pour partie leurs difficultés actuelles.

En outre, leur agriculture est, exception faite de Champagne-Ardenne, peu moderne et fortement utilisatrice de main-d'oeuvre, tandis que le tertiaire, surtout marchand, crée peu d'emplois et s'avère d'une efficacité contestable. Seuls les services non marchands obtiennent en Nord-Pas-de-Calais, Lorraine et Picardie, des résultats encourageants. Ces régions cumulent donc les handicaps structurels.

Réunissant des régions dont la croissance s'est nettement détériorée après 1979, la zone de "réaménagement technique et organisationnel" se caractérise par de nets progrès de sa productivité globale, obtenus toutefois au prix d'une dégradation sensible du niveau de l'emploi total. Ce trait commun à des régions telles que la Basse-Normandie, la Haute-Normandie, le Limousin et la Bourgogne, concerne l'évolution de l'ensemble des secteurs mais également celle de chacun d'entre eux. Seule l'industrie est relativement épargnée par l'érosion de main-d'oeuvre et les régions concernées par ce type de développement ont, en la matière, un comportement assez voisin de celui des régions les plus performantes.

Malgré un certain renouveau industriel, matérialisé par une croissance soutenue et des gains de productivité importants, leurs performances globales sont moins satisfaisantes que dans le premier cas abordé, certaines se montrant peu efficaces dans le domaine agricole (Bourgogne et surtout Limousin), d'autres dans celui des services (Bourgogne pour les services marchands, Basse-Normandie pour les services non marchands).

Notons au passage que la région Ile-de-France qui relève de cette catégorie se singularise lorsqu'on procède à une décomposition sectorielle. Région à dominante tertiaire, dotée du pouvoir de commandement à travers les sièges sociaux qui y résident, elle gagne moins d'emplois que la moyenne de cette branche. De plus, malgré de gros atouts structurels (armement, aéronautique, parachimie, construction électrique et électronique...), son industrie connaît des difficultés qui peuvent apparaître atypiques, compte tenu de ses structures d'activité favorables.

Ce cas particulier souligne toute l'importance de ce qu'il convient d'appeler "l'effet régional".

Ce processus propre à chaque région agit sur les performances économiques d'un espace au même titre que la structure de son appareil productif. Ces deux formes de dynamisme s'additionnent parfois, souvent se superposent mais peuvent aussi se contrecarrer.

Reste donc pour nous à évaluer, dans la mesure du possible, l'impact de cette logique interne aux systèmes productifs régionaux afin d'apprécier sa capacité d'influence.

L'affirmation et l'intensité de l'effet régional

La liaison qui peut exister entre, d'une part, l'armature d'un appareil productif, peu mouvante à court et à moyen terme, et les résultats qu'on peut en attendre, n'est pas aussi automatique qu'il pourrait y paraître et doit donc être nuancée. Comprendre les disparités d'évolution des systèmes productifs localisés suppose d'invoquer des spécificités régionales de comportement, généralement englobées sous le terme d'"effet régional".

L'effet régional induit en effet une dynamique propre des activités situées en région. Il rend compte de l'existence de diverses potentialités internes à un espace telles que le tissu économique et les liens établis entre les différentes entreprises, l'environnement économique de ces dernières, leurs caractéristiques de production (compétitivité, produits, qualification de la main-d'oeuvre employée, taille des entreprises...) ainsi que des interventions extérieures dont elles peuvent bénéficier ou non, telles que celles de l'Etat ou de la Communauté Européenne.

Ces effets d'entraînement multiples qui s'appuient sur l'histoire de la région, ses traditions productives et sur la qualité des relations nouées, sont malheureusement difficilement chiffrables. Il est toutefois possible d'évaluer globalement ce dynamisme propre en faisant "éclater" de manière statistique les performances des régions, entre ce qui est dû à leur structure productive propre et ce qui relève d'une logique interne, au cours de la période considérée.

Ce type d'analyse "structurelle-régionale", plus connue sous le nom d'analyse shift-share et devenue d'un usage courant, permet de décomposer l'écart entre les taux de croissance national et régional, en un effet structurel (lié à la structure initiale) et un effet résiduel.

L'effet régional (ou résiduel car obtenu par différence) traduit le décalage entre l'évolution que l'on aurait pu attendre étant donné la structure d'activité de la région et l'évolution effectivement observée.

L'existence d'une source de données très riche sur l'industrie (les enquêtes annuelles d'entreprises régionalisées) nous a conduits à privilégier ici ce domaine d'activité. Aussi, compte tenu de contraintes informationnelles, limiterons-nous notre investigation en direction de l'effet régional à la seule dynamique industrielle.
Les graphiques proposés présentent, pour chaque région, une décomposition du taux d'évolution en un effet structurel et un effet régional, les régions étant ordonnées par taux d'évolution décroissants. Le premier porte sur la période précédant le second choc pétrolier, le second retrace les évolutions régionales après cette date charnière.

La scission de notre période d'analyse initiale en deux sous-périodes n'est pas sans intérêt. Elle nous permet en effet de constater un renforcement du rôle joué par les mécanismes particuliers aux régions. Les effets structurels qui apparaissent prépondérants entre 1973 et 1979 deviennent insuffisamment explicatifs pour la seconde sous-période. En outre, cette séparation est d'autant plus pertinente que chaque région ne fait pas preuve d'une égale vitalité, relativement à la France entière, tout au long de la période étudiée.

Dans un premier temps, les dynamismes propres des régions françaises ne modifient que très peu les avantages ou les inconvénients des spécialisations régionales. Ils ne font en effet qu'accentuer les différences entre les régions favorisées et les régions défavorisées.

Ainsi, la Bretagne, la Basse-Normandie, le Centre, la Provence-Alpes-Côte d'Azur et les Pays de la Loire présentent des cas tout à fait analogues car bénéficiant de spécialisations dans des branches alors en forte croissance (agro-alimentaire, construction électrique et

Graphique 19
Décomposition du taux d'évolution régional en un effet structurel et un effet régional

1973-1979

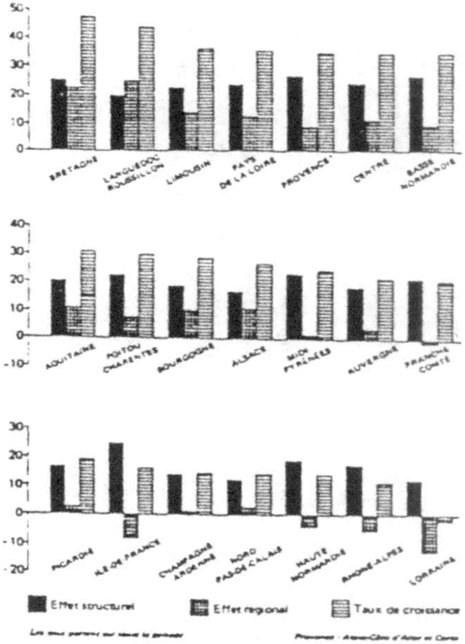

1979-1984

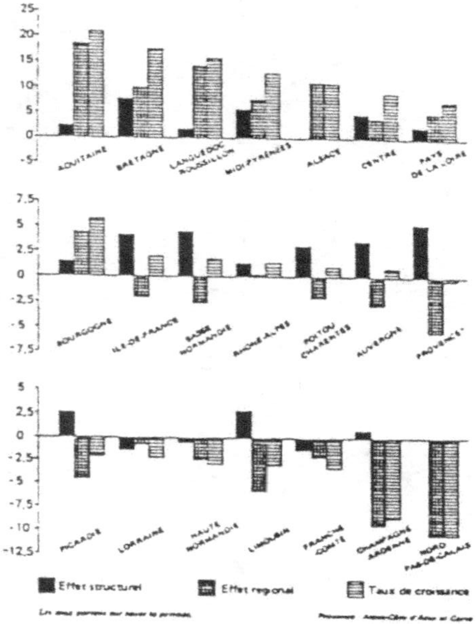

Sources : Collect. INSEE R/64-1987

électronique, parachimie, parapharmacie...). Symétriquement, parmi les régions les plus touchées par la crise (Lorraine, Rhône-Alpes, Champagne-Ardenne...), les handicaps structurels semblent s'ajouter à des difficultés proprement régionales.Trois régions se distinguent néanmoins en disposant d'une dynamique régionale qui vient contrarier les effets des structures d'activité. Celle-ci joue favorablement en Alsace et en Languedoc-Roussillon mais de façon négative en Ile-de-France.

Dans les deux premières, les activités en difficulté ou en croissance modérée dans le reste de la France se sont bien comportées et ont permis à ces régions de dégager des taux de croissance importants (4,3 % pour l'Alsace, 7 % pour le Languedoc-Roussillon).

A contrario, l'activité industrielle de l'Ile-de-France n'a progressé que lentement malgré de bonnes spécialisations (construction électronique et électrique, parachimie-parapharmacie, armement, automobile...).

S'il subsiste en seconde période des régions pour lesquelles l'effet régional ne fait que renforcer les dispositions structurelles de leur industrie (Bretagne, Midi-Pyrénées, Centre pour les structures favorisées, Champagne-Ardenne, Nord-Pas-de-Calais, Haute-Normandie, Franche-Comté pour les autres), les divergences sont toutefois beaucoup plus nettes entre évolutions structurelles fictives et évolutions réelles.

L'Alsace, déjà caractérisée par ce phénomène avant 1979 tire encore profit d'une structure pourtant défavorable. De même, l'Aquitaine et le Languedoc-Roussillon enregistrent des performances satisfaisantes que leur contexte productif ne laissait pas prévoir. L'Aquitaine, dont le quart de l'activité dépend en 1979 du pétrole, est portée par les bons résultats d'Elf Aquitaine. Le Languedoc-Roussillon, bien que de moindre stature industrielle, va bénéficier de la réussite de la COGEMA de Marcoule (où l'on enrichit le plutonium) et d'IBM France implanté à Montpellier et qui connaît une période faste. Bien que frappée par une récession qui concerne l'ensemble des petits producteurs d'agro-alimentaire (vins et alcools) ainsi que les entrepreneurs de matériaux de construction avec la fin des gros investissements touristiques sur le littoral, cette région voit sa valeur ajoutée industrielle croître à un rythme de 3,2 % alors que sa structure ne la prédisposait qu'à atteindre 0,3 % par an.

Provence-Alpes-Côte d'Azur et Limousin constituent des cas parfaitement opposés aux trois précédents. Structurellement bien orientées en 1979, elles connaissent néanmoins de grandes difficultés après le second choc pétrolier.

Si ces cinq cas s'avèrent être les plus caractéristiques de la moindre corrélation entre modalités structurelles et taux de progression, d'autres espaces viennent à leur tour confirmer ce phénomène. Il s'agit de l'Ile-de-France, de la Basse-Normandie, de la Bourgogne et des Pays de la Loire. Ces différents exemples montrent, en tout cas, toute l'importance qu'il convient d'accorder à ce qu'on qualifie généralement d'effet régional et qui paraît jouer un rôle de tout premier plan dans la relocalisation de la croissance qui s'opère au bénéfice du Midi. Exception faite toutefois de Provence-Alpes-Côte d'Azur, ces régions, qui contribuent encore modestement à la production nationale, recèlent des potentialités propres susceptibles de les distinguer de l'ensemble provincial. Il importe donc d'aller plus avant dans la mise en évidence des mécanismes à l'origine du renversement des trajectoires régionales, en rendant compte de ces particularités stimulantes pour les économies méridionales, et auxquelles on peut penser que les phénomènes migratoires révélateurs du processus sont loin d'être étrangers.

* *
*

L'impact des dynamiques intrinsèques aux régions, un temps voilé par la crise de 1974, redevient prépondérant après 1979. Si notre analyse a permis de mettre en évidence l'existence de ces mécanismes propres en les opposant à l'efficacité insufflée par les structures d'activité localisées, il reste néanmoins difficile de les quantifier exactement (52) et d'attribuer leur présence active à tel ou tel phénomène déterminé.

---

(52) *Il faut rappeler que l'effet régional peut incorporer quelques effets de structure résiduels, à cause du manque de finesse de la nomenclature d'activités utilisée*, INSEE, R64/1987, p. 60.

Si, par exemple, le comportement de l'économie alsacienne ne peut être compris si l'on ne voit pas les liens qui l'unissent à l'économie allemande, il demeure délicat d'appréhender la part exacte prise par ces relations dans les performances alsaciennes.

Nous entrons ainsi de plain-pied dans un univers complexe que quelques indicateurs, au demeurant strictement économiques, ne peuvent restituer totalement. En effet, le regroupement par types de développement opéré ici ne permet pas de rendre compte des jeux respectifs de la structure productive et de son environnement social, spatial et politique. Nous atteignons ainsi les limites de ce mode de représentation basé sur un raisonnement uniquement tourné vers l'économique, qui conduit par exemple l'Alsace, région de vieille tradition industrielle, à côtoyer un Midi-Pyrénées qui ne revendique pas la même histoire, ni la même expérience, tant économique que plus largement sociale. Cette typologie paraît mettre en évidence des comportements régionaux différents, elle ne permet en fait que d'élaborer des classifications statistiques automatiques car reposant sur des informations structurelles communes à toutes les régions et censées rendre compte d'un contenu homogène. Or, et l'analyse structurelle-régionale le démontre, c'est à l'intérieur même de la région qu'il faut explorer, si l'on veut percevoir des différences de situation ou des divergences d'évolution, et chacune d'elles doit faire l'objet d'une attention et d'une investigation particulières.

Le déplacement géographique du dynamisme qui intéresse au premier chef les régions méridionales ne s'explique pas uniquement pas une délocalisation des structures productives. Ces régions, autrefois délaissées par l'expansion économique et que l'on considère volontiers comme agricoles, s'ouvrent aujourd'hui à des activités porteuses qui impulsent une croissance relativement soutenue.

C'est plus particulièrement du côté de "l'effet régional" qu'il faut rechercher les causes de ce que d'aucuns qualifient de redistribution et qui nous paraît plutôt correspondre à une nouvelle forme de dynamisme étroitement liée à l'espace sur lequel il se manifeste. Dans cette hypothèse, plus que les structures existantes, ce sont les relations, nouées entre les différents partenaires qui donnent vie à un espace, qui sont au coeur de ce développement local d'un genre nouveau.

Les migrations, identifiées comme révélatrices de cette nouvelle donne spatiale, ne sont en fait qu'un des aspects d'un mouvement plus général, apparu depuis plus de 20 ans, qui éclot dans le Sud et fait de lui un formidable laboratoire, un espace d'observation susceptible de nous révéler des tendances généralisables. Ce n'est qu'en percevant *la complexité des décisions et des relations où l'ancien et le nouveau s'opposent, se superposent et s'enchevêtrent* (53) qu'il nous sera donné d'approcher au plus près cette réalité nouvelle et d'en mesurer les conséquences à venir pour l'ensemble du territoire.

Il s'agit donc pour nous, on l'aura compris, d'aller plus avant dans la prise en compte d'une complexité d'où le paradoxe n'est pas absent. Les régions du Midi nous sont apparues comme autant d'espaces porteurs de mutations en oeuvre, c'est pourquoi il est nécessaire de décrypter les composantes de cette réalité méridionale et d'en mesurer la singularité.

Les spécificités méridionales vont faire l'objet d'une prospection qui, bien que non exhaustive, doit nous fournir un éclairage sur la logique du phénomène, une logique tout à la fois économique et spatiale. A cette occasion, nous reviendrons sur les structures productives de ces régions à travers la taille des entreprises, la place de l'artisanat, les qualifications de la main-d'oeuvre employée, le chômage. Nous envisagerons également le rôle de l'Etat à travers les transferts, comme en matière d'aménagement. De même, l'histoire et le poids du passé sur les situations contemporaines seront pris en considération.

Enfin, le renversement des dynamiques régionales portant en lui une autre conception de l'occupation de l'espace, une large part sera faite aux rapports nouveaux qu'entretiennent le rural et l'urbain, et pour lesquels le Sud, par sa précocité, montre une fois encore la voie.

---

(53) *La revanche du Sud*, op. cit., p. 46.

PARTIE II

DENSITE ET COMPLEXITE
DES DYNAMIQUES NOUVELLES

Encore souvent présentées comme des économies "attardées", caractérisées par un important chômage, un tertiaire jugé excédentaire, une sous-industrialisation permanente et un poids relatif de l'agriculture supérieur aux normes des pays développés, les régions méridionales sont cependant porteuses de dynamisme.

A travers elles se dessinent une autre géographie de notre pays, un nouveau visage de la France, qu'il n'est que temps de prendre en compte. Toutefois, et si l'aspect démographique du renversement de tendance apparaît indéniable, sa réalité économique est, dans le même temps, le plus souvent contestée. Il est vrai que ces régions ne pèsent encore aujourd'hui, au sein de l'économie nationale, que d'un poids relatif somme toute assez voisin de celui des autres espaces provinciaux.

La répartition régionale de la valeur ajoutée en 1986 (1) montre, en effet, qu'exception faite de Provence-Alpes-Côte d'Azur, les trois autres régions du Sud se fondent dans un ensemble hexagonal dont ne se distinguent véritablement qu'Ile-de-France, Rhône-Alpes et Provence-Alpes-Côte d'Azur. Parfois même, elles peuvent se situer en retrait et c'est le cas du Languedoc-Roussillon qui ne participe que pour moins de 2 % à la création de la valeur ajoutée industrielle globale, ne devançant en cela que le seul Limousin.

Pourtant il faut bien voir que ce type de classement *ne privilégie, le plus souvent, que l'aspect structurel et durable, c'est-à-dire le passé... sans laisser place aux mutations qui sont en cours dans les différentes régions* (2).

La dynamique économique que nous avons identifiée est récente, et le souci de rendre compte des transformations locales, susceptibles d'engendrer les changements majeurs de demain, nous a conduits à raisonner aux marges, à considérer l'évolution plus que la situation. Ce décalage entre les réalités des trajectoires régionales et leur position structurelle pour le moins statique participe de la complexité annoncée.

---

(1) Voir *INSEE Première* n° 165, décembre 1988.

(2) A. Berger, *Analyse des disparités, analyse des différences : l'affirmation des Suds européens*, Actes des IVe Rencontres ARETHUSE, IERSO, Université de Bordeaux I, 1er trimestre 1989, p. 273-290.

Le mode de développement qui se fait jour dans le Sud est original car s'appuyant sur des éléments a priori paradoxaux qui résultent de la superposition de deux tendances entre, d'une part, une structure héritée du passé et, d'autre part, un fonctionnement nouveau, induit notamment par l'ampleur des mouvements migratoires qui préfigurent à eux seuls de larges modifications sociétales.

L'exemple des taux de chômage records, enregistrés par ces régions, participent à l'évidence de ce "va-et-vient" entre passé et présent.

La prise en compte du temps suppose une étude en profondeur des spécificités de "l'espace nouveau" que les analyses interrégionales comparées ont délimité, un espace fortement marqué de potentialités locales et doté d'une histoire socio-économique et culturelle identifiable.

Il s'agit donc pour nous de comprendre cette évolution que certains, à l'instar de Roger Beteille, avaient perçue, dans le domaine extrême d'espaces quasiment dépeuplés, avant même le recensement de 1982 : *Depuis 10 ans la France du vide ne paraît plus aussi atone, des chances de renouveau paraissent maintenant s'y faire jour, justement parce que les régions dépeuplées ont été mieux intégrées aux évolutions modernistes de l'ensemble du pays. La France du vide n'est plus exactement la France de la pauvreté* (3). Pour ce faire, nous allons décrire les principaux déterminants historiques qui ont contribué à structurer le milieu d'accueil de la nouvelle dynamique et, notamment, l'histoire récente marquée par les actions de l'aménagement, pour identifier ensuite certaines des spécificités actuelles relatives à l'organisation des systèmes productifs en région et à leur inscription dans l'espace. Nous verrons enfin que le modèle méridional ne reproduit pas un modèle septentrional aujourd'hui déclinant et qu'il dépasse désormais nos frontières.

---

(3) R. Beteille, *La France du vide*, Litec, 1981, p. 251, cité par R. Uhrich, *La France inverse*, op. cit., p. 194.

CHAPITRE I

L'EMPREINTE DE L'HISTOIRE

L'histoire des hommes, dans sa dimension économique et sociale plus qu'événementielle, marque profondément l'espace. Qu'ils soient urbains ou ruraux, les paysages auxquels nous sommes accoutumés portent en eux l'empreinte des actions passées des différents groupes humains qui s'y sont succédé. C'est ainsi que des modes d'exploitation de la terre opposés se traduisent, dans le nord et à l'est de la France, par une prépondérance des champs ouverts d'origine germanique, tandis que les champs clos, de tradition latine, sont l'apanage du Sud. De la même façon, les villes et les grandes axes de communication qui les relient, tout comme les principaux ports ont, le plus souvent, des origines très lointaines qui, dans nos pays, peuvent nous ramener à l'histoire romaine, grecque et parfois celte.

Comprendre les situations économiques actuelles des régions françaises, ainsi que leur évolution, suppose donc de donner à l'analyse des phénomènes en oeuvre une dimension historique. La prise en compte du passé, au côté d'autres composantes économiques, politiques, sociales et spatiales plus récentes, s'avère en effet nécessaire si l'on ne veut occulter aucun des facteurs explicatifs majeurs de la dynamique étudiée.

Afin d'illustrer de manière concrète les "effets spatiaux" de l'histoire, en d'autres termes, ce que peut représenter le "poids de l'histoire", nous retiendrons le cas, quasi exemplaire, du Languedoc-Roussillon.

En effet, cette région ne connaîtra pas la révolution industrielle du XIXe siècle dans sa dimension expansive et conquérante. Au contraire, elle verra disparaître progressivement son industrie traditionnelle, jusqu'alors largement dominante, et, au milieu du siècle dernier, bénéficiera d'une mutation agricole fondamentale, avec l'émergence et l'affirmation d'une monoculture à caractère "intensif et industriel" : la viticulture.

Devenue prépondérante et presque exclusive, l'économie viticole façonnera alors l'espace languedocien en maintenant l'équilibre, à l'intérieur d'un réseau urbain très dense, entre des villes de taille moyenne, et en assurant un peuplement important de l'espace rural de côteaux et de plaines.

Lorsque l'industrie traditionnelle cessera, au lendemain de la Seconde Guerre mondiale, d'être l'élément moteur de l'économie languedocienne, l'absence d'industrie "moderne", c'est-à-dire issue du XIXe siècle, dévoilera une région à bien des égards sous-développée, susceptible de bénéficier de la sollicitude de l'Etat central. Aussi, dans le courant des années cinquante et soixante, le Languedoc sera l'objet de deux grandes opérations d'aménagement qui conserveront un caractère exemplaire, même si les finalités initiales des investissements lourds réalisés par les pouvoirs publics ne se retrouvent pas toutes par la suite.

I - UN ESPACE PRESERVE DES ALEAS CONTEMPORAINS DE L'INDUSTRIALISATION

Jusqu'au XVIIIe siècle, les régions méridionales, et en particulier le Languedoc-Roussillon, disposent d'un potentiel industriel notable pour l'époque. Celui-ci repose alors sur l'industrie textile, avec la laine, la soie, le cuir et momentanément le coton, ainsi que sur la fabrication d'alcools. L'essentiel des débouchés des productions manufacturières est extérieur au Royaume et le Languedoc entretient des relations commerciales avec l'Europe du Nord, le continent nord-américain, l'Empire espagnol et, plus particulièrement à travers le marché méditerranéen, avec l'Empire turc.

Le développement de ce système agro-industriel s'est réalisé progressivement grâce à des potentialités locales telles que l'élevage ovin, la culture du mûrier et de la vigne, mais également sous l'impulsion du pouvoir central et des encouragements systématiques qu'il prodigue dans le cadre de la politique colbertiste d'industrialisation du royaume. Comme le souligne A. Berger, *ce sont les créations de manufactures royales, les subventions, les privilèges de fabrication, mais aussi les contrôles qualitatifs et quantitatifs qui vont façonner un secteur productif efficace sur les marchés internationaux durant plus d'un siècle, avant de décliner sous le coup de la concurrence avec la libéralisation des marchés* (4).

Dès la fin du XVIIIe siècle en effet, et de façon plus marquée au cours de la période révolutionnaire et du Premier Empire, nombre de

---

(4) A. Berger, *Les mécanismes économiques et sociaux commandant l'organisation spatiale du Languedoc du XVIIIe siècle à nos jours*, ATP CNRS, croissance urbaine, mai 1979, p. 14.

contraintes vont se conjuguer et jouer au détriment de cette industrie traditionnelle. La fermeture progressive des marchés extérieurs méditerranéens et ibériques suppose une reconversion industrielle. Or, l'industrie méridionale, dominée par de petites unités de production et recourant toujours à l'énergie hydraulique alors que le charbon est déjà utilisé dans le Nord, souffre d'un retard technologique qui ira s'accentuant, l'empêchant de pénétrer sur un marché national où le protectionnisme colbertien n'existe plus. En outre, la dispersion des unités de production dans les zones de moyenne montagne s'ajoute à ces handicaps structurels et entraîne des difficultés de communication et, par là même, d'approvisionnement en matières premières et, éventuellement, en énergie. Enfin, l'adoption du progrès et de l'innovation se heurte à l'inertie du milieu social et à la résistance des hommes. Il faut bien voir en effet qu'au milieu du XIXe, l'ouvrier paysan reste encore, dans ces régions, l'archétype du travailleur industriel. Ce faisant, les nouvelles formes de travail exigeant une concentration ouvrière sur les lieux de production et, en conséquence, un autre mode de vie, ne rencontrent pas l'adhésion des populations locales. Or, comme l'a écrit Jules Milhau, *la véritable difficulté n'est pas de bâtir un palais dans un désert, mais de transformer une maison habitée sans soulever la protestation de ses occupants* (5).

En 1830, il semble bien que les jeux soient faits. La carte de France (6) présentant les *dénivellations de l'espace économique* à ce moment-là en témoigne. Parmi les espaces les plus développés, seuls se détachent, très nettement, la région du Nord, s'étendant jusqu'à la région parisienne, l'Est, et de façon moindre en superficie, le Lyonnais. Marseille paraît une enclave dans une France du Sud qui, selon F. Braudel, *refuse* l'industrie sous sa forme moderne de concentrations ouvrières. Agissant ainsi, *le Midi a vu disparaître, tuée par la concurrence usinière, la multitude de ses manufactures et ateliers traditionnels, hérités du XVIIIe siècle. Il a pris alors un énorme retard par rapport à la France riche, de plus en plus riche, du nord de la Loire* (7).

L'absence notable de développement industriel au sud de la Loire, au cours du XIXe siècle et plus particulièrement sous le

---

(5) J. Milhau, "L'expansion régionale et la résistance des structures économiques et sociales", *REM*, Tome VII, n° 25, janvier-mars 1959, p. 46.
(6) F. Braudel, *Identité de la France*, Tome III, Arthaud Flammarion, Paris, 1986, p. 304-305.
(7) F. Braudel, *Identité de la France*, op. cit., p. 306.

Second Empire et les débuts de la IIIe République, est reconnue par tous. Cependant, le refus de l'industrialisation manifesté par les populations méridionales ne peut être assimilé à une résistance systématique vis-à-vis de toute transformation. Les Méridionaux montreront, dans le domaine agricole il est vrai, leurs capacités d'adaptation aux nouvelles contraintes de l'économie libérale triomphante, infirmant ainsi des analyses par trop manichéennes assez fréquemment partagées par bon nombre d'historiens ou de géographes (8).

Les manufactures du XVIIIe siècle s'acheminent progressivement vers une mort inéluctable. La dernière manufacture de drap, créée sous Colbert dans l'Hérault, ne fermera ses portes qu'en 1954. L'industrie nîmoise spécialisée dans le domaine de la bonneterie, de la confection, des chaussures ne parviendra pas à passer le cap de la première moitié de notre siècle malgré des efforts consentis, durant tout le XIXe siècle, pour s'adapter aux nouvelles contraintes de la production et des marchés.

Le pôle sidérurgique, ébauché dans le bassin des Cévennes grâce à la présence de ressources charbonnières et de quelques réserves de minerai de fer, ne connaîtra pas un sort plus enviable. La sidérurgie cévenole atteint son apogée dans les années 1880, au cours desquelles elle produit 18 % de l'acier français. L'épuisement des gisements de fer, la qualité ordinaire du charbon, l'éloignement des grands centres industriels du Nord et de l'Est condamnent cette tentative à un lent déclin qui se solde, dans les années 70, par la fermeture des dernières mines de charbon. Atteint prématurément, le Languedoc porte peut-être déjà les ferments d'une certaine forme de modernité. En tout cas, les difficultés qu'il rencontre alors lui permettent de faire "l'économie" de la crise à venir.

S'il échoue face à la révolution industrielle, le Midi réussit néanmoins et dans le même temps une révolution agricole qui lui assurera près d'un siècle de prospérité. La longévité du dynamisme économique induit par la viticulture apparaît, à bien des égards, remarquable. Cette agriculture moderne et intensive, une des premières à se mettre en place en France, connaîtra en effet des crises successives de surproduction que viennent solutionner temporairement le phylloxera puis, par la suite, les deux guerres mondiales.

---

(8) R. Dugrand, *Villes et campagnes en Bas-Languedoc*, PUF, Paris, 1962.

La création et le développement extrêmement rapide de cette monoculture dans les régions méridionales et surtout en Languedoc-Roussillon, s'inscrivent dans un contexte national favorable. D'abord, l'urbanisation et la concentration des populations d'origine rurale dans les grandes zones industrielles du Centre, du Nord et de l'Est favorisent l'émergence et la croissance de nouveaux marchés et, par là même, de débouchés pour le vin. De plus, la création d'un réseau national de chemin de fer permet un spectaculaire abaissement des coûts de transport et un gain de temps non négligeable. Enfin, la mise en place de marchés agricoles nationaux et même internationaux des céréales, dans le courant de la première moitié du XIXe siècle, libère la contrainte de polyculture jusqu'alors de mise dans toutes les régions françaises.

Ces différents facteurs d'origine externe s'ajoutent à des spécificités locales et favorisent l'avènement d'une viticulture moderne qui saura surmonter des difficultés répétées (oïdium, phylloxera, mildiou), en ayant recours à des techniques de culture et de traitement de plus en plus élaborées.

Ce passage d'une agriculture traditionnelle à une agriculture "industrielle" modifie profondément la société méridionale. Les campagnes sortent de leur autonomie relative en abandonnant une polyculture où l'autoconsommation est largement dominante. Une intégration économique, mais plus encore sociale et culturelle, se réalise, dès le milieu du XIXe siècle, entre villes et campagnes. Le rural languedocien cesse alors d'être un paysan pour devenir un propriétaire viticole qui affiche une mentalité urbaine.

Bien que hautement spécialisée, la viticulture exige une main-d'oeuvre abondante et entraîne, par l'intermédiaire des migrations, une réorganisation spatiale du Languedoc. Ainsi, tandis que la France entière voit s'amorcer, de manière décisive, un exode agricole et rural au bénéfice des villes et de l'industrie, la plaine viticole connaît un accroissement de sa population rurale. Ces mouvements démographiques auront une grande importance dans l'évolution future de l'occupation de l'espace méridional et, comme le note F. Braudel, *lorsque finalement, très tard, ses campagnes [du Sud] se videront de leurs hommes, ce sera au profit du tertiaire, des services, des professions libérales, du fonctionnariat, pas ou peu de l'industrie* (9).

---

(9) F. Braudel, *L'identité de la France*, op. cit., p. 306.

Selon Hervé Le Bras (10), le Sud ne sera pas le perdant de son *refus de l'industrialisation*. En effet, d'une part, son paysage ne se trouve pas, aujourd'hui, affecté par l'industrie lourde de la fin du siècle dernier et par l'urbanisation ouvrière qui l'accompagne. De plus, dès le XIXe siècle, l'Etat va s'attaquer aux disparités Nord-Sud, au nom de l'indispensable unité nationale et surtout en vertu du principe d'égalité qui, depuis la révolution de 1789, marque profondément les discours et les actes des gouvernements français successifs.

Par le biais de l'Etat et des équipements publics, une partie de la richesse créée par le Nord industrieux sera transférée à destination du Midi, offrant à ce dernier les moyens financiers de son développement. L'extension des axes de communication, en particulier ferroviaires, la mise en place d'un quadrillage administratif efficace, avec un enseignement public, généralisé et obligatoire, permettront d'éviter l'instauration d'une coupure aussi nette que celle que l'industrialisation réalisera en Italie ou en Espagne.

II - L'IMPULSION DES GRANDS AMENAGEMENTS

Au début des années cinquante, lorsque le potentiel productif français aura été reconstitué, la géographie économique de la France est quasiment semblable à celle des années antérieures à la guerre. L'industrie lourde reposant toujours sur le charbon et l'acier, les régions méridionales, exception faite toutefois de l'agglomération marseillaise, ne connaissent encore qu'une faible industrialisation.

Elles subissent en outre, au cours des années cinquante et soixante, le contrecoup de la modernisation rapide de l'agriculture. La croissance de productivité remarquable que connaît alors ce secteur se répercute négativement sur le niveau de l'emploi. Soumises à une accélération de l'exode agricole, à une érosion des prix et des revenus agricoles, ces régions apparaissent sous-développées, détenant des recors de chômage, des niveaux de revenus bien inférieurs à la moyenne nationale, des taux d'activité particulièrement faibles.

---

(10) H. Le Bras, *Les trois France*, Editions Odile Jacob, 1986, p. 228-229.

A partir de 1950, la prise de conscience de l'intensité des disparités régionales débouchera sur une volonté politique et centralisée de rééquilibrage économique et social de l'espace national. Cette intention se concrétisera à travers les politiques d'aménagement du territoire, la régionalisation des plans nationaux de développement et la création d'un organisme spécialisé dans la réflexion prospective et l'action : la DATAR. Dans le but de réduire les écarts entre une France riche et une France pauvre, de contrer la concentration parisienne et de favoriser une relocalisation de l'industrie, des politiques diverses vont donc être successivement enclenchées. Les unes, souvent peu efficaces, en tout cas peu structurantes, s'appuieront sur un ensemble de mesures d'aide à l'investissement, de primes à la création d'emploi, d'exonérations fiscales... D'autres, plus lourdes, s'inspireront de la théorie des pôles de croissance et des exemples américains ou hollandais d'aménagement du territoire.

Si l'on observe aujourd'hui la localisation des grandes opérations d'aménagement du territoire réalisées en France, force est de constater qu'elles se situent presque exclusivement dans le Midi. Pour les cinq plus importantes (11), il est question soit de vastes aménagements hydrauliques dont la finalité première, en tout cas annoncée, est agricole, soit d'aménagements touristiques de littoraux jusqu'alors peu exploités, soit, pour la dernière et sans doute la plus discutable quant aux résultats obtenus, de la création d'un pôle industriel, sidérurgique, chimique et pétrolier au bord de la Méditerranée.

Sans apporter de diagnostic économique rigoureux sur ces grandes actions d'aménagement lancées en tant que telles, il est cependant possible de considérer l'influence qu'elles ont eue sur la dynamique qui se met en place dans le sud de la France. Nous limiterons notre réflexion au cas des deux expériences réalisées en Languedoc-Roussillon.

---

(11) Il s'agit respectivement :
- de l'aménagement hydraulique du Bas-Rhône-Languedoc réalisé par la CNABRL,
- de l'action de la Société du Canal de Provence et d'Aménagement de la Région Provençale,
- des aménagements touristiques du littoral Languedoc-Roussillon et du littoral aquitain,
- de la création de la zone industrielle de Fos-sur-Mer sur le littoral provençal.

La création du canal du Bas-Rhône-Languedoc répond à la volonté première d'amener à cette région au climat méditerranéen une maîtrise de l'eau. Diversifier l'agriculture, favoriser une industrialisation à partir de nouvelles productions agricoles, tels sont les objectifs hautement affirmés par les responsables de l'époque.

Dans le cas de l'aménagement du littoral languedocien, l'intention essentielle est, par des investissements publics mais aussi privés, de retenir sur les plages du Midi, une partie du flot croissant de touristes venus du Nord et qui se dirigent en direction du sud de l'Europe et surtout de l'Espagne.

Ces deux opérations, bien que très éloignées en apparence, permettent l'une comme l'autre de susciter une autre image du Languedoc, tant en France qu'à l'étranger. Cette région n'est plus seulement assimilée à de vastes plaines viticoles produisant un vin ordinaire. Dans le premier cas, elle correspond à la future Californie française que viennent visiter, en 1960, le président De Gaulle et son invité Nikita Kroutchev. Dans le second, une spectaculaire campagne d'affichage pratiquée en hiver dans le métro parisien l'identifiera à une Floride hexagonale, synonyme de vacances.

L'aménagement hydraulique, malgré la diversification des productions agricoles qu'il permettra, n'amènera pas pour autant de solution directe à la crise viticole et ne favorisera guère les créations industrielles. Cependant, il aura le mérite d'apporter des solutions efficaces, quoique parfois contestées, aux problèmes d'approvisionnement en eau des villes et plus encore des nouvelles stations touristiques du littoral.

En revanche, l'aménagement du littoral rencontrera avec les nouvelles stations, les ports de plaisance, les axes modernes de communication, une réponse très favorable de la part des touristes. C'est par centaine de milliers que les familles du centre et du nord de la France, comme des autres régions de l'Europe septentrionale découvriront le Languedoc au cours de séjours estivaux. Ces populations seront d'autant plus séduites qu'elles ne connaissent cette région qu'en été, dans un contexte de vacances et de loisirs. Effectuée dans des conditions optimales, cette première rencontre entre les hommes et l'espace d'accueil aura un impact déterminant sur leur décision de migration définitive. Le formidable matraquage publicitaire, organisé autour de Montpellier et savamment orchestré par le maire, G. Frèche, fera le reste.

Cependant, si une image attire, elle ne retient pas forcément et le Sud, épargné par les soubresauts conjoncturels et mis sur orbite par les actions et la bienveillance gouvernementales, dispose aussi de potentialités propres susceptibles de fixer, pour longtemps, les populations qui l'on rejoint. C'est donc à ces caractéristiques actuelles que nous allons nous intéresser dès à présent. Nous verrons toutefois que le passé ne s'efface pas d'un revers de la main et qu'il réapparaît à tout instant comme un élément décisif de la dynamique en oeuvre.

CHAPITRE II

LES TRANSFORMATIONS DE LA RELATION HOMME, ECONOMIE ET ESPACE

Les spécificités actuelles propres aux régions repérées comme étant les plus dynamiques, vont être décrites selon deux éclairages successifs.

La structuration de cet "espace singulier" s'opère en effet par rapport à deux logiques complémentaires. La première concerne plus particulièrement l'organisation des systèmes productifs en région, et se réfère à ce que nous avons qualifié précédemment d'"effet régional". La seconde, indissociable de la précédente, rend compte de l'inscription spatiale des activités et plus largement des hommes dont les choix de localisation viennent éclairer le renversement des dynamiques régionales.

I - A PROPOS DE COMPOSANTES SOCIO-ECONOMIQUES DE LA REALITE MERIDIONALE

L'analyse statistique de type "shift-share" présentée précédemment dans le domaine de l'industrie, nous a montré que les régions dont la vitalité apparaît la plus affirmée sont précisément celles qui bénéficient d'une dynamique interne déterminante pour leur efficacité.

Ce comportement, propre à chaque région, reflète en quelque sorte la qualité du contexte dans lequel le système productif local, doté de structures données, va être amené à s'épanouir.

Il s'agit donc de rendre compte d'un "environnement" où les relations, passées et présentes, nouées entre les différents partenaires de la vie économique en région, jouent un rôle de tout premier plan. De nombreux acteurs vont être amenés à intervenir, et tous vont être en relation les uns avec les autres. Si leur rencontre peut apparaître évidente dans bon nombre de cas, elle peut aussi se réaliser de manière plus ou moins consciente.

Parmi ces différents protagonistes, nous avons déjà vu combien l'Etat qui, mû par un souci de cohésion et d'unité, pèse sur le développement des régions, par le biais notamment des politiques d'aménagement et de développement régional. De même, les autorités européennes ont *élaboré puis appliqué une politique de correction des déséquilibres régionaux* (12).

A un niveau infranational ensuite, les collectivités locales agissent sur leur prospérité économique et rivalisent aujourd'hui dans la mise en valeur de leurs spécificités (13). Elles visent en cela à répondre à une demande émanant des entreprises, une demande qui n'est d'ailleurs par toujours clairement exprimée (14) et qui peut varier selon la taille des entreprises (grandes firmes, PME...) ou leurs caractéristiques de production.

Enfin la population à travers ses particularités (âge, formation, qualification...) participe activement au développement local, constituant de ce fait un enjeu de l'expansion.

Nous entrevoyons ici toute la complexité des liaisons entretenues en région et qui sont susceptibles d'assurer sa promotion économique. Vouloir en faire une description exhaustive apparaît à l'évidence hors de notre portée. En outre, si certaines d'entre elles sont aisément repérables et sont traduites par le biais de statistiques existantes, d'autres s'avèrent d'une mesurabilité contestable (15). Enfin, il est bien délicat de mettre en évidence leur degré de contribution respectif au sein de l'effet régional .

---

(12) R. Uhrich, *Pour une nouvelle politique de développement en Europe*, 2e édition 1985, Economica, p. 19.

(13) Un dossier publié par la DATAR en 1986 montre en effet comment ces dernières se sont emparées de ce que les Anglo-Saxons définissent sous le terme de "marketing" et qui vise, au-delà des incitations financières, à faire valoir un "produit" à travers une image gratifiante porteuse de potentialités diverses telles que :
- l'environnement économique (présence et proximité d'un marché),
- l'environnement technologique (centres fournisseurs de technologie, sous-traitants...),
- l'environnement scientifique (recherche),
- l'environnement formation (bassin de compétences, universités...),
- l'environnement naturel (agrément du site de la région...),
- l'environnement "logistique" (services divers offerts tels que l'immobilier, les facilités de procédure, l'accueil logistique...).

Espaces prospectifs, groupe Espaces-DATAR, Paris, 1986, p. 46 à 49.

(14) Cette demande inclut en effet ce qu'il convient d'appeler des "atouts psychologiques" difficilement mesurables. Notons pour exemple la réponse exprimée par un chef d'entreprise interviewé pour les besoins du rapport *Espaces prospectifs* de la DATAR, p. 7, *Comme pour être reçu à Polytechnique, on a tous des notes équivalentes en mathématiques et en physique, c'est le français et la gymnastique qui font la différence.*

(15) Voir les *atouts psychologiques*, note (9).

C'est pourquoi, plutôt que de dresser une liste des potentialités dont le Sud se prévaut, il nous est apparu plus adroit de traiter de quelques points particuliers, à même de nous éclairer sur la logique en oeuvre. Parmi eux, nous retiendrons plus particulièrement le rôle de l'artisanat et la taille des entreprises qui forment les appareils productifs méridionaux, les qualifications en région, la relation entre emploi-chômage et migration, pour revenir enfin sur le rôle de l'Etat à travers les transferts distribués.

Un tissu actif de PME

Nul n'ignore aujourd'hui le rôle prépondérant joué par les PME au sein de notre tissu économique. L'action menée par les gouvernements successifs en leur faveur en témoigne. Il n'est point de discours où l'on ne vante les mérites de ces entreprises dont le dynamisme correspond à une meilleure utilisation des ressources locales, à une mobilisation du potentiel de développement spatialisé et, par voie de conséquence, à une meilleure distribution des activités sur notre territoire.

Le *small is beautiful* est toujours à l'ordre du jour, et ces entreprises se distinguent en ce qu'*elles contribuent à la quasi-totalité des créations d'emploi*. Xavier Greffe note en outre qu'*à l'inverse, toutes les autres catégories d'entreprises contribuent en moyenne à supprimer des emplois* (16). La part des PME dans le total des effectifs industriels est passée de 37 % en 1973 à 46 % en 1985, et ce sont les plus petites (moins de 20 salariés) qui s'avèrent être les plus efficaces (17).

Cette efficacité ne concerne d'ailleurs pas seulement le mouvement de création d'emploi qui ne constitue en aucune sorte *la contrepartie de la faiblesse des gains de productivité mais qui est plutôt associé à une meilleure résistance à la diminution du taux de croissance, au moins dans le cas de la France* (18). Leurs performances se concrétisent aussi par un effort d'investissement, et

---

(16) X. Greffe, *Décentraliser pour l'emploi*, Economica, 1988, p. 6.

(17) Ces chiffres sont extraits de *Réorganisation des entreprises et de leurs relations à l'environnement*, par V. Peyrache, recherche effectuée dans le cadre de la Convention conclue entre l'Institut de Recherches Economiques et Sociales (IRES) et la CFE-CGC, octobre 1989, p. 43.

(18) X. Greffe, *Territoires en France*, op. cit., p. 72.

par une percée à l'exportation qui ont été supérieurs en proportion à ceux des grandes entreprises (19).

La belle époque des économies d'échelle est aujourd'hui remise en cause et le principe selon lequel l'efficacité technique et économique augmenterait avec la taille de l'entreprise perd peu à peu de son pouvoir explicatif. V. Peyrache note à ce propos que *lorsque la taille de l'entreprise s'accroît, des effets de complexification des formes de coordination tendent à un sur-développement de la structure administrative et diminuent la capacité d'adaptation aux fluctuations de l'environnement* (20).

Ce manque de flexibilité organisationnelle des grandes entreprises place celles de moindre taille en bonne position face au problème de l'"incertitude" qui marque une conjoncture heurtée où prédomine l'impossibilité de prévoir de manière fiable, dans un contexte où s'accroît la concurrence internationale. Les PME peuvent en effet tenter de diversifier ou de transformer leur production sans avoir besoin de procéder à des investissements aussi massifs que les grandes entreprises. De plus, leur intensité capitalistique est plus faible et elles recourent le plus souvent à des modes de gestion de la main-d'oeuvre beaucoup plus flexibles. Aussi sont-elles en mesure de modifier l'utilisation des facteurs en fonction de l'évolution courante de la production. A la limite, la disparition d'une de ces petites structures de production, qu'il s'agisse d'une PME ou d'un atelier relevant d'une structure productive plus importante, pose moins de problèmes que celle d'une plus grosse unité.

Plus ouvertes aux changements et aux risques, les PME sont porteuses de projets novateurs (21) et connaissent un nouvel essor qui leur vaut aujourd'hui de ne plus être considérées comme un mode de production passé ou comme *des auxiliaires de l'activité des grandes firmes, cantonnées dans les fonctions de maintenance, de sous-traitance, de spécialité, de service après-vente...* (22).

Il faut bien voir toutefois que *Small is difficult* (23) et que la prolifération de ce type d'entreprises n'est pas étrangère à la

---

(19) *Les PME créent-elles des emplois*, ouvrage publié sous la direction de X. Greffe, Economica, Paris, 1983.

(20) V. Peyrache, op. cit., p. 44.

(21) Voir R. Rothwell, "Innovation and firm size : a case for dynamic complementarity or is small really so beautiful ?", *Journal of Management*, p. 5 à 25, n° 3, Londres, 1983.

(22) V. Peyrache, op. cit., p. 47.

(23) M. Marchesnay, "Is small so beautiful ?", *Revue d'Economie Industrielle*, 1er trimestre 1982, n° 19, p. 110.

croissance du secteur tertiaire, ainsi qu'au contexte chaotique auquel sont soumises nos économies. Néanmoins la vitalité de ces PME contribue largement à vivifier les régions où elles sont implantées et, à ce jeu, le Sud est assurément gagnant.

Le classement suivant, portant la répartition des effectifs industriels en 1986 selon la taille des établissements employeurs, souligne toute l'importance prise par les entreprises de petite taille dans les appareils productifs méridionaux.

Tableau 8
Part des effectifs industriels selon la région et la taille des établissements (en %) - 1986

	Moins de 50 personnes
Corse	64,02
Languedoc	23,19
Midi-Pyrénées	23,15
Provence	20,88
Ile-de-France	20,88
Aquitaine	20,58
Rhône-Alpes	19,41
Limousin	17,88
Poitou-Charentes	16,89
Bretagne	16,44
Pays de la Loire	14,19
Champagne	14,01
Auvergne	13,95
Picardie	13,91
Basse-Normandie	13,84
Centre	13,77
Bourgogne	13,38
Nord	13,11
Haute-Normandie	12,26
Lorraine	10,69
Alsace	10,60
Franche-Comté	10,13
France	16,36

Sources : SESSI - 1986, p. 15, Enquête Annuelle d'Entreprise.

Pour R. Uhrich, il est question d'un *mariage fécond* entre régions naguère pauvres et PME. *Les unes, les régions, deviennent riches du dynamisme des autres, les entreprises. Face aux régions de vieille tradition industrielle, elles retrouvent une nouvelle jeunesse* (24). La présence des PME constitue donc un atout essentiel pour la résistance à la crise et le dynamisme de ces espaces, et contribue largement à la croissance de l'emploi régional. L'absence de création de grands sites industriels, lors de la révolution industrielle, n'a laissé, dans le Midi, qu'un tissu léger de petites entreprises, longtemps considéré comme une faiblesse économique. Aujourd'hui, ce qui fut une lacune devient, en apparence, un facteur positif.

Une récente publication de l'INSEE (25) situe, en 1985, les régions méridionales et, de façon plus marquée, celles du Sud-Est (Languedoc-Roussillon et Provence-Alpes-Côte d'Azur) en fort bonne position, qu'il s'agisse des créations d'entreprises ou des créations d'emplois, qui plus est d'emplois durables. Les implantations qui ont lieu dans la zone méditerranéenne concernent des entreprises de petite taille (2 à 2,2 actifs en moyenne contre 2,3 en France) qui ne sont, certes, guère amenées à se développer (les survivantes à 5 ans emploient 2,5 à 2,7 personnes contre 3,8 en moyenne nationale à ce stade).

Malgré de nombreuses défaillances (26), une telle "créativité" est néanmoins porteuse d'avenir et souligne, si besoin était, la persistance à venir du phénomène mis en évidence. La petite industrie ouvre les portes à un *renouveau* (27) qui, gageons-le, n'est en rien éphémère.

Nous ne saurions évoquer la petite entreprise sans porter attention au monde de l'artisanat, un système de production qui semblait hier condamné ou voué à la dépendance, et qui aujourd'hui reprend vigueur.

Un artisanat spécifique

Aujourd'hui valorisée parce qu'elle semble offrir une meilleure résistance à la crise et s'adapter au contexte d'incertitude des marchés, aux aléas des transformations technologiques, la petite entreprise est à la base même des tissus productifs régionaux. Le

---

(24) R. Uhrich, *La France inverse*, op. cit., p. 124.
(25) H. Viennet, "Les régions françaises, berceaux d'entreprises", *INSEE Première*, n° 161, septembre 1991.
(26) C. Laguzet, V. Maillard, D. Picavet, "Les défaillances d'entreprises en 1990 : des disparités régionales fortes", *INSEE Première*, n° 163, septembre 1991.
(27) Selon les propres termes de P. Aydalot, "A la recherche de nouveaux dynamismes spatiaux", in *Crise et Espace*, Economica, 1984, p. 49.

poids de l'artisanat en région participe à ce processus et reflète la capacité des "milieux" à secréter des initiatives porteuses.

Si l'artisanat est généralement perçu comme enraciné à l'aube du siècle, il regroupe en fait, de nos jours, des mondes pour le moins éloignés, où passé et présent sont mêlés, où complexité et paradoxe sont immanents. Ainsi, *le vieil artisan, garant des traditions ancestrales, côtoie le jeune tenté par l'indépendance de la position de chef d'entreprise ou le chômeur rebuté par une offre d'emploi quasi inexistante* (28). Lieu de rencontre de la tradition et de la créativité, les régions méridionales, autrefois ignorées par la vague d'industrialisation, bénéficient désormais d'une structure productive atomisée devenue performante.

La carte proposée, portant la densité artisanale en région en 1986, caractérise une France du Sud accueillant une large part d'artisans, affichant même une sur-représentation en la matière, et qui s'oppose à une France du Nord, peu ouverte à ce mode de production.

Il est hélas bien difficile d'appréhender l'artisanat méridional et de rendre compte de la complexité de cet appareil productif (29). Toutefois, on peut remarquer que ce mode de production s'inscrit préférentiellement sur un espace qui peut lui apparaître propice en raison notamment d'un contexte productif où l'histoire a laissé son empreinte. Le cas du Languedoc-Roussillon est, à ce titre, explicite. En 1985, cette région, qui ne pèse guère plus de 3 % au sein de l'économie nationale, reçoit 8 % des entreprises nouvelles qui sont créées cette année-là en France métropolitaine.

Si, comme dans le cas plus général des petites entreprises, les radiations sont importantes (30), le solde net demeure élevé (31)

---

(28) J. Rouzier et C. Viala, *Les artisans en Languedoc-Roussillon*, Etude effectuée pour le compte du Service Economique des Chambres des Métiers en Languedoc-Roussillon, juin 1988, p. 2.
Voir aussi J. Rouzier, "Les artisans en Languedoc-Roussillon", in *REM*, vol. 37, n° 145-146, 1er et 2e trimestres 1989, p. 3 à 20.
J.D. Fornairon et J. Rouzier, *L'artisanat en perspective*, rapport réalisé pour le compte de la Chambre Régionale des Métiers du Languedoc-Roussillon, CRPEE, janvier 1992.

(29) J. Rouzier et C. Viala, *L'information structurée sur la base des nomenclatures officielles n'apporte guère d'aide satisfaisante. Le luxe de détail accompagne les métiers anciens et les métiers nouveaux n'atteignent pratiquement pas l'émancipation*, op. cit., p. 2.

(30) 13 % du stock languedocien contre 7 % en France, voir note (25), p. 74.

(31) 26 % des créations contre 22 % en France, voir note (25), p. 76.

Carte 22
Densité artisanale
(nombre d'entreprises artisanales pour 10 000 habitants)

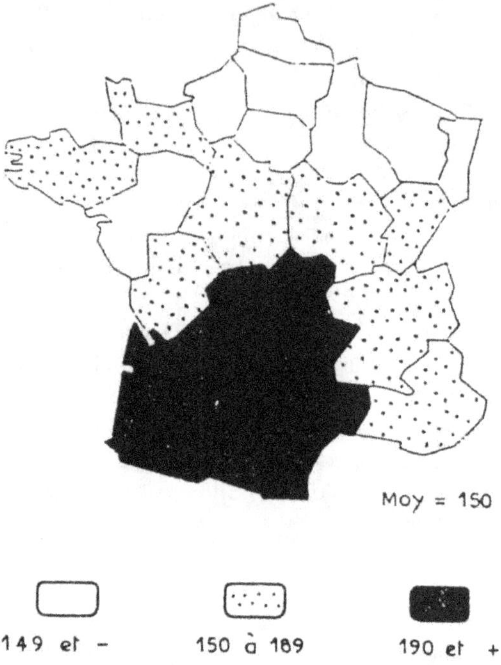

Sources : J. Rouzier et C. Viala, *Les artisans en Languedoc-Roussillon*, op. cit.

soulignant l'aptitude manifestée par le Languedoc-Roussillon à bénéficier de ce type d'implantation.

Une dimension régionale propre semble donc se dessiner par rapport à l'ensemble national, une dimension spatialisée qui favorise à l'évidence l'enracinement local de ces entreprises. Nous sommes loin de l'espace isotrope, dépourvu d'histoire, de finalité et d'autonomie (32), assimilé par nécessité à une distance génératrice de coûts, en vue d'une formalisation théorique où *l'économie devient la théorie d'agents regroupés en un point* (33). L'espace est à l'évidence plus que cela, et la sédimentation historique dont il est l'objet, à travers l'intervention des sociétés qui l'ont modelé, lui donne une consistance particulière qui va le différencier ici de ce qu'il peut être là-bas.

En outre, le domaine des métiers est doté d'une dimension humaine qui, plus que dans tout autre domaine, est déterminante. La jeunesse des artisans languedociens (34) souligne l'adéquation qui peut exister entre la recherche du statut d'artisan et les valeurs dominantes véhiculées par la société régionale. Cette particularité, tout comme la proportion d'entreprises sans salariés, est révélatrice de l'existence d'un désir d'aventure individuelle et plus encore indépendante. L'attractivité des espaces concernés trouve peut-être là son origine, faisant des régions méridionales un espace du "possible" où chacun peut avoir prise sur son devenir, tout au moins professionnel. La complexité structurelle de l'artisanat se double donc d'une complexité humaine où l'âge et la formation jouent un rôle essentiel.

La montée artisanale à laquelle nous assistons est significative des nouveaux rapports entretenus entre les hommes, l'économie et l'espace. Les mouvements migratoires interfèrent en ce domaine et plus largement sur l'ensemble de l'économie et sur ses performances. L'analyse de la liaison entre emploi-chômage et migration devrait nous éclairer plus complètement sur cette logique où le social, à travers certains individus, paraît parfois devancer l'économique.

L'ambiguïté de la relation emploi-chômage-migration

Ces régions dont nous dépeignons le dynamisme, où les créations d'entreprises sont sources de créations d'emploi, sont aussi de celles qui détiennent des records de chômage.

Les régions méridionales, et plus encore celles du littoral méditerranéen, rejoignent, à ce propos, un second groupe situé à l'autre extrémité de la France.

---

(32) C. Lacour, J. Lajugie et P. Delfaud, op. cit., p. 757 à 759.
(33) J.M. Ayer, "Progrès technique et sciences économiques", *Documents Economiques*, n° 53, Editions Universitaires, Fribourg (Suisse), 1990, p. 104.
(34) J. Rouzier, C. Viala, op. cit., p. 11.

Tableau 9
Taux de chômage régionaux de 1986 à 1989 (en %)

	1986	1987	1988	1989
Aquitaine	11,2	11,4	11,0	10,6
Midi-Pyrénées	9,5	9,7	9,6	9,4
Languedoc	13,7	13,9	13,7	13,5
PACA	12,3	12,2	12,0	11,6
France	10,4	10,5	10,1	9,5
Nord-Pas-de-Calais	13,5	14,0	13,7	13,1
Champagne-Ardenne	11,4	11,4	10,9	10,1
Picardie	11,2	11,3	11,0	10,4

Sources : *INSEE Première*, n° 71, mai 1990, *INSEE Première*, n° 10, mars 1989.

L'existence de ce paramètre commun à des régions qu'a priori tout oppose, que ce soit leur position géographique, leur structure socio-économique et les dynamiques qui en découlent, montre toute la difficulté rencontrée dès lors qu'on tente de saisir les origines de cet indicateur funeste. *L'évaluation de la situation socio-économique d'une zone géographique ne saurait se résumer à la seule prise en compte de son taux de chômage. Le classement des régions ou des départements que dégage cet indicateur n'est donc qu'un élément parmi d'autres dans une étude comparative des différentes situations du marché du travail* (35).

Le taux de chômage qui obscurcit l'horizon méridional n'a que peu de rapport avec celui qui frappe les régions aux spécificités industrielles les plus affirmées. Pour preuve, si l'on s'intéresse à l'intensité du chômage en région, c'est-à-dire à sa durée moyenne mesurée en jours, des différences significatives se manifestent entre ces deux ensembles.

La France du Sud, à l'instar de Rhône-Alpes, de l'Alsace et de l'Ile-de-France (36) fait état d'un chômage d'une durée moyenne inférieure à celle de l'ensemble métropolitain. Inversement, les chômeurs des régions du Nord subissent plus longuement cette inactivité forcée.

(35) T. Lacroix et N. Marc, "Où frappe le chômage", *INSEE Première*, n° 10, mars 1989.
(36) Ces trois régions ayant des taux de chômage relativement faibles voisins de 8 % en 1986 pour une moyenne de 10,4 % en France.

L'ampleur du mouvement de création-destruction d'entreprises observé dans les régions méridionales explique pour partie la moindre intensité de la suspension d'activité subie par ces actifs. Ces derniers vont, de ce fait, connaître une succession de situations, où des périodes d'activité sont interrompues par des phases de cessation de travail. La rotation des entreprises pèse à l'évidence sur l'équilibre du marché du travail imposant à la main-d'oeuvre un mouvement alternatif où la sécurité de l'emploi n'a évidemment plus cours.

Carte 23
Durée moyenne de chômage en 1986 (en nombre de jours)

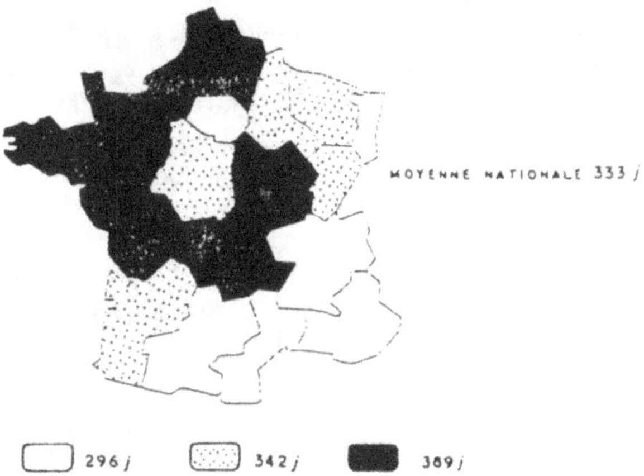

Sources : Statistiques et Indicateurs des Régions Françaises - 1988, p. 229.

Au-delà de ces comportements relatifs à l'activité économique, les évolutions démographiques, et plus précisément les mouvements migratoires, font que les régions les plus créatrices d'emploi sont aussi celles où le nombre d'actifs s'élève le plus rapidement (37).

Nous avons en effet pu constater (chapitre I, section I) que nombreux sont les actifs au sein des courants massifs de population qui rejoignent le Sud. Précisons une fois encore que si les chômeurs ne sont pas absents de ce mouvement, suivant (ou suivis) en cela (par) les actifs, ils ne constituent pas l'essentiel des arrivants et les

---

(37) *INSEE Première*, n° 71, mai 1990.

migrants, contrairement à une idée reçue, ne sont pas des chômeurs (38). D'ailleurs le taux d'activité effectif des entrants est, entre 1975 et 1982, exception faite de l'Aquitaine, plus élevé que celui de la population sédentaire.

Cet apport d'une population susceptible de s'employer ne va pas manquer d'exercer une pression importante sur les marchés du travail en région.

Une étude des immigrants, effectuée en 1984 par le CRPEE (39) pour les seules régions du Languedoc-Roussillon et de Provence-Alpes-Côte d'Azur est, à ce propos, riche d'enseignements. Fondée sur une enquête directe auprès d'un échantillon de nouveaux installés, cette recherche s'attache à décrire de manière plus précise ce flux, dans le but de cerner ses fondements sociaux et économiques.

Il faut bien voir que les statistiques disponibles et officielles sont construites à partir de l'individu, celui-ci étant extrait de sa cellule familiale pourtant déterminante quant à ses choix de localisation. Le recensement, malgré l'étendue du registre couvert, atteint rapidement ses limites et l'enquête socio-économique menée auprès des migrants eux-mêmes trouve là sa justification. Si la littérature anglo-saxonne est foisonnante de ce genre d'initiatives (40), la France accuse à cet égard, et à quelques exceptions près (41), un certain retard. L'intérêt du travail précité n'est donc pas à démontrer (42).

---

(38) A. Berger, J. Rouzier, *Homme, espace, économie*, op. cit., p. 88.

(39) J. Rouzier et J.D. Fornairon, *Migrations interrégionales. Essai d'explication de la relation migration-emploi-chômage*, op. cit. J. Catanzano, *Retour vers l'arrière-pays*, op. cit.

A. Berger et J. Catanzano, *Socio-économie de la reconquête de l'espace rural, les migrations interrégionales dans l'arrière-pays de Provence-Alpes-Côte d'Azur*, Etude effectuée pour le Conseil Régional de PACA, CRPEE, mai 1985.

(40) M.J. Greenwood, "Research on Internal Migration in the USA. A Survey", *Journal of Economic Litterature*, juin 1975.

R. Mac Nabb, "A Socio-economic Model of Migration", *Regional Studies*, 1979, vol. 13.

A. Ogilvy, "Population Migration between the Regions of Great-Britain, 1971-1979", *Regional Studies*, vol. 16, juin 1982.

J. Dijk (Van), H. Folmer, H. W. Herzog jr et A.M. Schlottmann (sous la direction de), *Migrations and labor market adjustment*, Kluwer Academic Publishers, Dordrecht/Boston/Londres, 1989.

(41) D. Courgeau, "Migrations et urbanisation", *Population*, n° 2, 1982.

Voir aussi l'enquête entreprise conjointement par l'Institut d'Aménagement et d'Urbanisme de la Région Ile-de-France (IAURIF) et l'INSEE.

(42) Les détails relatifs à l'élaboration du questionnaire figurent p. 11 à 19 in *Migrations interrégionales*.

A travers cette étude, dont le parti pris est donc de répondre à l'un des nombreux paradoxes méridionaux qui ici associe un taux de chômage élevé à un fort taux d'immigration, il ressort que la migration est généralement déclenchée par l'obtention d'un emploi. Fort d'un premier emploi obtenu dans le Sud grâce à une formation élevée, le migrant concerné emmène dans son sillage sa cellule de vie familiale. Cette affirmation est en effet compatible avec le portrait du migrant "attiré" dressé précédemment, où celui-ci apparaît certes jeune, mais déjà installé . Le second adulte va, à l'occasion du déplacement, perdre son propre emploi. Le chômage, généralement tenu pour cause de la migration, devient en fait une conséquence de celle-ci.

Les motivations qui poussent à entreprendre le voyage sont multiples et, si le travail intervient dans ce choix (notamment pour celui qui va avoir un emploi), des raisons familiales y participent aussi (notamment pour le conjoint), de même que s'exprime un désir affirmé d'améliorer le mode et le cadre de vie du ménage.

Le chômage, induit par les courants migratoires, va donner lieu soit à une cessation d'activité pour la femme qui décide alors de se consacrer à sa famille, soit à une réinsertion que le conjoint réalise, statistiquement parlant, dans un délai bref, par la création de son propre emploi dans le secteur tertiaire.

Nous entrevoyons ici le lien qui peut exister entre, d'une part, l'attractivité des régions méridionales et le dynamisme des PME qui s'y implantent. Selon X. Greffe (43), la force des PME peut être attribuée, entre autres, au développement du chômage. D'après lui, si cette hypothèse est surtout avancée dans des pays étrangers tels que la Grande-Bretagne (44) ou l'Italie, l'élargissement constant du soutien financier aux chômeurs créateurs d'entreprises montre que la législation française tient compte d'une possibilité devenue, dans bien des cas, une réalité.

Une certaine pression de la démographie, et à travers elle de la société, semble donc peser sur l'économie. Les mécanismes qui sont mis à jour ici renvoient aux différentes liaisons qui peuvent unir, par exemple, les individus, les structures de production, le législateur et l'espace, plus propice ici ou là à répondre à telle ou telle attente. Le chômage constitue l'une de ces connexions pour lesquelles il devient

---

(43) *Territoires en France*, op. cit., p. 73.

(44) D. Keeble, J. Bryson, P. Wood, "Small Firms, Business Services Growth and Regional Development in the United Kingdom. Some Empirical Findings", in *Regional Studies*, vol. 25.5, octobre 1991, p. 439-457.

hasardeux de fournir une explication unique et automatique. C'est au contraire en reconnaissant la richesse et la diversité des situations qui le génèrent qu'il nous sera donné de le comprendre.

Des solidarités, perçues hier comme raisonnables, se réorganisent aujourd'hui dans un contexte définissable et l'on peut d'ores et déjà s'interroger sur la représentation adéquate qu'il conviendrait de proposer pour rendre compte de cette complexité.

L'une des réponses souvent avancées face à l'épineux problème du chômage passe par la formation. La "ressource humaine" porte en son nom tout le mérite qu'on peut lui attribuer, elle constitue, pour nous, l'un des maillons, certes vital, du développement localisé.

Si nous avons été fréquemment amenés à évoquer la dimension humaine du phénomène méridional à travers l'âge des acteurs, reste pour nous à l'envisager grâce à un second paramètre : leur niveau de formation, de qualification.

Des niveaux de formation contrastés

L'étude réalisée par J. Rouzier et C. Viala sur *Les artisans en Languedoc-Roussillon* (45) nous révèle que les chefs d'entreprises immatriculés au registre des métiers de cette région, au cours de l'année 1985, ne disposent que d'une moindre formation, qu'elle soit générale ou professionnelle : *L'absence de diplôme caractérise cette population pour près des deux tiers en matière de formation générale, alors qu'en France on reste dans les deux cas dans la zone des 50 %*. Inversement nous avons déjà souligné que les migrants accueillis dans les régions méridionales bénéficiaient le plus souvent d'un solide bagage en la matière. Ces deux exemples témoignent d'un dualisme observable dans ces régions quant au niveau d'éducation de leurs résidants, que ceux-ci soient anciens ou plus récemment implantés. Les cartes proposées confirment d'ailleurs cette dualité.

D'une part, la France du Sud se distingue par une proportion élevée de population dénuée de tout diplôme. Elle est comparable en cela à l'extrémité septentrionale de notre pays (Picardie, Nord-Pas-de-Calais, Champagne-Ardenne, Alsace, Haute-Normandie, Basse-Normandie). Dans les deux cas, la part des individus sans aucun diplôme déclaré est supérieure à la référence nationale moyenne.

---

(45) Op. cit., p. 12.

Carte 24
Population de 15 ans et plus par niveau de diplôme (1982)
(en %)

Sans diplôme — Diplôme supérieur au baccalauréat

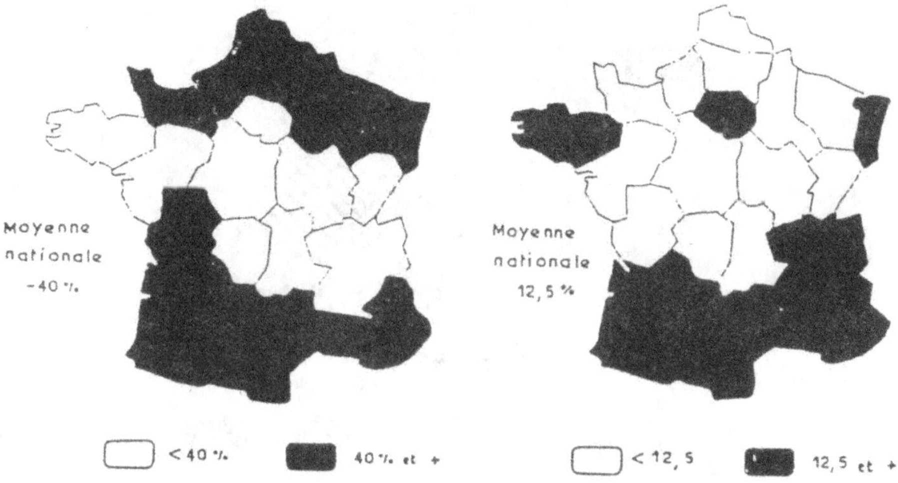

Sources : Statistiques et Indicateurs des Régions Françaises 1988, p. 403.

Toutefois les régions méridionales se démarquent de celles du Nord en ce qu'elles comptent aussi en leur sein une part élevée d'individus disposant d'un diplôme supérieur au baccalauréat. A ce propos, elles rejoignent des régions "pilotes" de notre paysage socio-économique telles que l'Ile-de-France, Rhône-Alpes et l'Alsace.

Carte 25
Taux d'accès au niveau du baccalauréat par académie - Rentrée 1987* (en %)

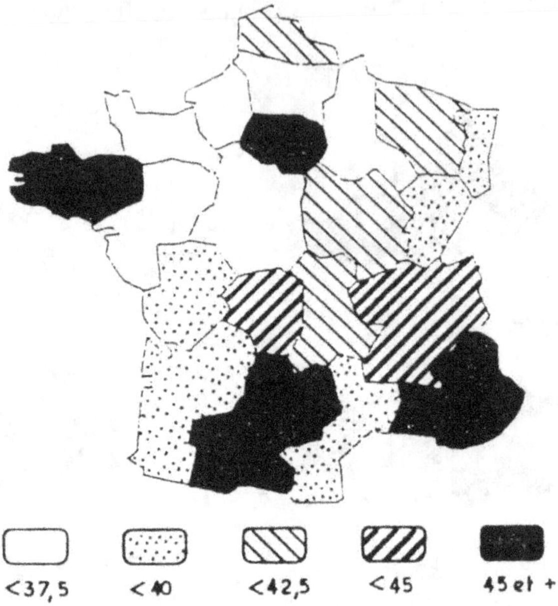

* Entrées en classe terminale ou en 2e année de baccalauréat professionnel rapportées aux générations correspondantes.

Sources : Données sociales 1990, INSEE, p. 324.

Il serait tentant face à cette situation qui regroupe deux extrêmes dans la hiérarchie éducative, d'attribuer à la population autochtone la part des sans diplôme, tandis que l'ensemble issu de l'enseignement supérieur serait importé d'autres régions. Pourtant la réalité est tout autre. Il semblerait en effet que des différences de scolarisation anciennes entre le Nord et le Sud puissent être à l'origine de cette *différenciation de l'espace* (46).

Les régions du Sud bénéficient en effet traditionnellement d'une forte proportion de bacheliers par générations et celle-ci induit

---

(46) A. Charlot et L. Chevalier, "La mobilité géographique à l'issue de l'enseignement supérieur", in *Formation-Emploi*, n° 33, janvier-mars 1991, p. 18.

logiquement une importante "production" de diplômés de l'enseignement supérieur.

En revanche, les régions du Nord, et plus particulièrement celles du bassin parisien, disposent d'un taux de scolarisation dans l'enseignement secondaire long et général plus faible qu'ailleurs (47). Corrélativement l'enseignement supérieur universitaire y est moins développé.

Il faut bien voir que l'origine sociale pèse fortement sur la réussite scolaire des enfants (48). Or, parmi les catégories socio-professionnelles les plus défavorisées, il convient de noter la présence des ouvriers. La tradition industrielle des régions septentrionales n'est donc pas étrangère au moindre accès de leurs jeunes à l'enseignement supérieur. Inversement, la vocation agricole du Sud semble moins pénaliser ses enfants, puisque les agriculteurs relèvent des catégories socio-professionnelles considérées comme "moyennes".

Pourtant, au-delà de ce déterminisme social, il apparaît que l'opposition entre la France du Nord et la *France de l'école* (49) trouve en ce domaine une dimension plus largement culturelle. Les disparités d'éducation ne s'expliquent pas uniquement par l'opposition citadins-paysans ou enfants d'ouvriers-enfants d'enseignants, et c'est ainsi que *les paysans du Languedoc sont plus scolarisés que les citadins en Lorraine sidérurgique [et] les fils d'ouvriers qualifiés de l'Ariège et de la Loire demeurent plus longtemps à l'école que les enfants de cadres moyens en Moselle, dans le Bas-Rhin ou dans l'Yonne* (50).

Cette donnée culturelle forgée par l'histoire a été relayée par les "revendications régionalistes" et aujourd'hui par la "régionalisation" et se traduit concrètement par un équipement scolaire et une offre d'éducation plus appropriés : si des différenciations spatiales sont particulièrement fortes en ce qui concerne le nombre de lycées et

---

(47) L'écart dans les taux d'accès au niveau baccalauréat (entrées en terminales) par génération entre les académies de Toulouse et de Rouen est de 12 % en faveur de la première (voir *Données Sociales*, INSEE, 1990, p. 324).
(48) Cette mesure prend en compte le taux d'accès en seconde par catégorie socio-professionnelle, voir *Données Sociales*, INSEE, p. 324.
(49) A. et J. Gallot, *Réussir l'école*, Editions Sociales, Messiaor, Paris, 1991, 233 pages, p. 47.
(50) X. Browaeys et P. Chatelain, *Les France du travail*, PUF, 1984, cité in *Réussir l'école*, op. cit., p. 55.

d'universités (51), l'inégalité géographique de l'offre scolaire touche l'enfant dès son plus jeune âge (52). Toutefois, les données les plus récentes quant à l'investissement de l'Etat et des collectivités locales en matière de formation laissent à penser qu'un réel effort est entrepris en direction des régions les moins favorisées (53).

Une fois encore, il nous est donné de percevoir qu'un handicap ou un avantage ne sera pas seulement structurel, mais plus largement spatial, culturel et historique, et son évolution est subordonnée aux choix institutionnels (aujourd'hui émanant de l'Etat et de la Région) qui sont mis en oeuvre.

Les marchés du travail des régions du Midi vont donc devoir faire face à un afflux de diplômés universitaires, que ceux-ci soient "produits" sur place ou qu'ils soient importés, les excédents migratoires perçus par ces espaces relevant, nous l'avons souligné, d'un double mouvement scandé, certes, par des arrivées qui s'affirment, mais aussi par des départs désormais freinés.

On peut supposer que la capacité d'absorption des personnes issues de l'enseignement supérieur par le marché régional va dépendre du volume et de la structure de l'emploi régional. Or, les académies de Bordeaux, Toulouse et Montpellier, qui bénéficient pourtant d'une structure d'emploi particulièrement favorable (54), se trouvent en situation d'excédent, rejoignant en cela l'académie de Lyon, ainsi que celle de Strasbourg. Une difficulté d'emploi va donc se faire jour dans ce cas, d'autant plus que ces nouveaux diplômés vont devoir entrer en concurrence avec d'autres déjà en activité. Ce phénomène est accentué dans les régions méridionales qui *constituent la destination privilégiée des migrations d'actifs déjà en emploi* (55). L'exemple des salariés de l'Etat est à ce titre explicite (56).

Le poids des modes d'évaluation et de formation rejaillit donc sur la structuration socio-économique des espaces et le dynamisme méridional puise, en ce domaine, une part de sa singularité. De la

---

(51) A. Prost, *Les lycées et leurs études au sein du XIXe siècle*, novembre 1983, cité in *Réussir l'école*, op. cit., p. 51.
(52) J.P. Renard, *Aspects de la préscolarisation en France*, "Espace, population et sociétés", 1990-1, cité in *Réussir l'école*, op. cit., p. 50.
(53) Voir SIRF, 1988, p. 505-506.
(54) Voir *La mobilité géographique à l'issue de l'enseignement supérieur*, op. cit., p. 27.
(55) Voir *La mobilité géographique à l'issue de l'enseignement supérieur*, op. cit., p. 28.
(56) M. Meron, "Les migrations des salariés de l'Etat. Plus loin de Paris, plus près du soleil", *Economie et Statistique*, n° 214, INSEE, octobre 1988, p. 25.

même façon, des travaux ont montré que les caractéristiques du tissu productif ont une incidence sur la formation dite continue, notamment à travers ces modes de financement. C'est ainsi que, dans le Midi, *le secteur public comprenant l'établissement public régional (Conseil Régional) et les diverses structures déconcentrées de l'Etat (DRFP, DRTE, ANPE...) supplée la faiblesse d'intervention du tissu privé et, de ce fait, pèse de tout son poids sur le mode d'organisation du système local de formation* (57).

Les disparités spatiales de la formation ne sont pas sans liaisons avec celles des salaires, et plus largement des revenus. Il va donc être question pour nous de traiter de la répartition des revenus dans l'espace et d'apprécier, entre autres, le rôle joué par l'Etat par le jeu des transferts.

Les deux facettes des revenus méridionaux

L'inégale vitalité des économies régionales ne peut que peser sur la répartition des richesses issues d'une croissance désormais réduite. Pour autant, les nouveaux espaces dynamiques qui se superposent avec *La France de l'école*, correspondent-ils aujourd'hui à *l'espace des fruits* évoqué par R. Uhrich (58) ?

Pendant longtemps le Sud va bénéficier, par le biais d'un système de transferts à visée compensatrice, d'une part de la richesse accumulée au Nord. Cette volonté répond alors à un souci d'harmonisation manifesté par le législateur et constitue une action nécessaire au nom de la justice et de la paix sociale.

Le "régionalisme" a beaucoup contribué à cette prise de conscience de l'existence des écarts interrégionaux et la mobilisation des populations ainsi que le caractère parfois spectaculaire de certains mouvements populaires ont révélé au pouvoir central la nécessité d'une prise en compte des décalages spatiaux (59). Depuis lors, il est devenu coutumier d'assimiler les économies méridionales à des économies "sous perfusion", où les niveaux de revenu seraient largement subordonnés à des mécanismes redistributifs. Néanmoins la situation de ces régions a considérablement évolué et les

---

(57) Z. Khelfaoui, "Espaces décentralisés et système de formation : la formation professionnelle en région", *REM*, n° 154, 1991-2, vol. 39.

(58) *La France inverse*, op. cit., p. 55.

(59) J.C. Boyer, "Les disparités régionales en France", in *Profils économiques*, n° 3, année 1983-1984, p. 12.

indicateurs de progression des différentes composantes du revenu par habitant témoignent du changement amorcé.

Cartes 26

Part des salaires dans le RDB avant impôt - 1987(en%) — **Part des prestations sociales dans le RDB avant impôt - 1987(en%)**

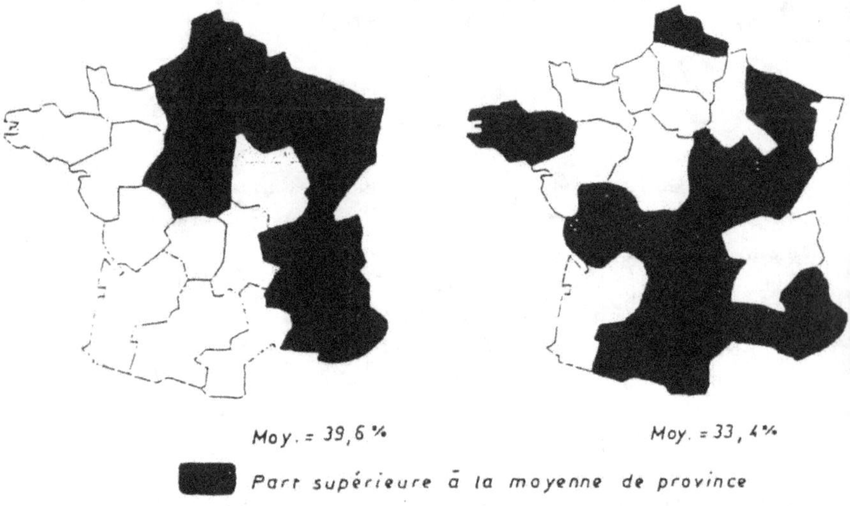

Sources : *INSEE Première*, n° 153, juin 1991.

Il est toutefois vrai, encore aujourd'hui, que les prestations sociales pèsent fortement sur le revenu des ménages de ces régions (60).

---

(60) Nous utiliserons ici la notion de revenu disponible brut avant impôt. Ce RDB comprend les salaires nets de toutes cotisations, l'excédent brut d'exploitation des entrepreneurs individuels et les transferts nets courants résultant d'opérations de redistribution entre les ménages et les autres agents économiques (Etat, assurances, banques...).

Les graphiques précédents, établis pour l'année 1987 (61) en rendent compte.

La part prise par les prestations sociales dans le RDB avant impôt des ménages localisés au Sud reste forte, en tout cas plus élevée que la moyenne de province et ceci, malgré un infléchissement général de leur rythme de croissance intervenu grâce à la mise en place, en 1987, du plan de rationalisation des dépenses maladies (Plan Seguin). Si cette mesure a permis de stabiliser le poids des prestations dans le RDB pour la plupart des régions, elle n'a eu que peu d'effets dans le Sud, *parce qu'on y perçoit surtout des prestations vieillesse*, de même qu'à l'Est où *les prestations de chômage sont importantes* (62).

Une grande prudence se doit toutefois d'être observée quant à ces interprétations qui peuvent se révéler fallacieuses et *susciter des attitudes de convoitise de la part de régions moins bénéficiaires que d'autres, ou de refus de la part des régions pourvoyeuses* (63).

M. Nègre précise en effet que l'information fournie par le compte des ménages, tout comme celle issue des comptes régionaux des régimes d'assurance sociale, est extrêmement globale. De ce fait, il est, selon lui, difficile d'interpréter et plus encore d'expliquer les différences interrégionales de niveaux de prestations et de cotisations, les différences des transferts de l'Etat aux Administrations de Sécurité Sociale (ASS) ainsi que des transferts de redistribution entre ASS régionales. On peut en effet se demander si les écarts observés résultent pour l'essentiel des disparités des structures socio-démographiques en région ou s'ils révèlent des différences de comportement en matière de recours aux services de santé et d'aide sociale.

Quoi qu'il en soit, on peut d'ores et déjà remarquer que le revenu par habitant a largement progressé au sud entre 1982 et 1987 et cette variation à la hausse n'apparaît pas imputable à une progression parallèle des prestations versées. Certes, la part des salaires dans le RDB des ménages méridionaux est encore inférieure à celle perçue

---

(61) Notons que les résultats de l'année 1987 ne sont pas définitifs, voir *INSEE Première*, n° 153, juin 1991.

(62) Voir *INSEE Première*, n° 153, juin 1991.

(63) *Des comptes régionaux des administrations de sécurité sociale aux tableaux régionaux et locaux de la protection sociale*, communication présentée par M. Nègre au 4e Colloque de Comptabilité Nationale de l'Association de Comptabilité Nationale, Paris, 4, 5 et 6 mars 1991, p. 7.

par les ménages situés au Nord, mais elle a connu, au cours de la période 1982-1987, une plus forte progression. Nous retrouvons là, une fois encore, les effets apparemment contradictoires de la conjugaison d'une évolution en voie d'amélioration et d'une situation marquée notamment par un taux d'activité encore inférieur au taux moyen national et par l'importance des activités indépendantes.

Précisons que les salaires évoluent généralement en fonction de multiples facteurs qui prennent simultanément en compte les caractéristiques structurelles de l'appareil productif régional ainsi que les particularités de la main-d'oeuvre employée (âge, sexe, qualification...). Une étude réalisée en 1983 sur les disparités régionales de salaires (64) a permis de mettre en évidence l'existence d'un effet positif des qualifications et du sexe sur les niveaux de salaire de la France du Sud tandis que, dans le même temps, l'effet de la structure par activité joue négativement, tendant à faire baisser le niveau de salaire moyen de ces mêmes régions. L'évolution des rémunérations de la main-d'oeuvre méridionale rend compte d'un double mouvement scandé, d'une part, par les traditions éducatives de ces populations et, d'autre part, par les traditions productives en région marquées, dans ce cas, d'un fort degré d'atomisation (65).

Simultanément le revenu par habitant des entrepreneurs individuels (66) a lui aussi bénéficié dans ces régions d'une croissance plus vive qu'au Nord, plaçant l'Aquitaine, le Midi-Pyrénées et Provence-Alpes-Côte d'Azur à la suite de l'Ile-de-France.

Notons au passage que cette progression est d'autant plus remarquable que la part de l'EBE a poursuivi entre ces deux dates un mouvement général à la baisse en raison notamment de la transformation juridique des entreprises individuelles en SARL.

---

(64) S. Mabile, "Les disparités régionales de salaires se réduisent", in *Economie et Statistique*, n° 153, mars 1983.

(65) "Dans un certain nombre de cas, les rémunérations des emplois créés dans les PME sont en moyenne inférieures à celles versées dans les grandes entreprises. Ces rémunérations font l'objet d'une forte dispersion et varient souvent d'une branche à l'autre. Il s'agit d'ailleurs là d'une conclusion généralement admise et assez ancienne", X. Greffe, *Territoires en France*, op. cit., p. 70.

(66) Ce revenu est mesuré par l'excédent brut d'exploitation (l'EBE) qui correspond au solde du compte d'exploitation et est essentiellement perçu par les entrepreneurs individuels (agriculteurs, artisans, professions libérales...).

Cartes 27
Taux d'évolution annuel moyen entre 1982 et 1987 (en%)

du RDB par habitant

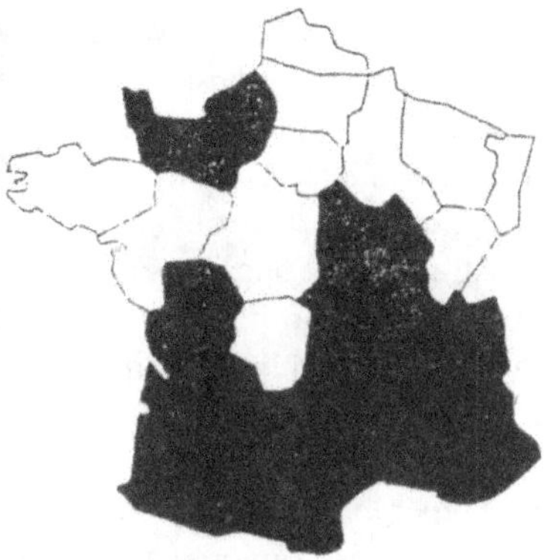

Moy. = 6,2%

des salaires par habitant

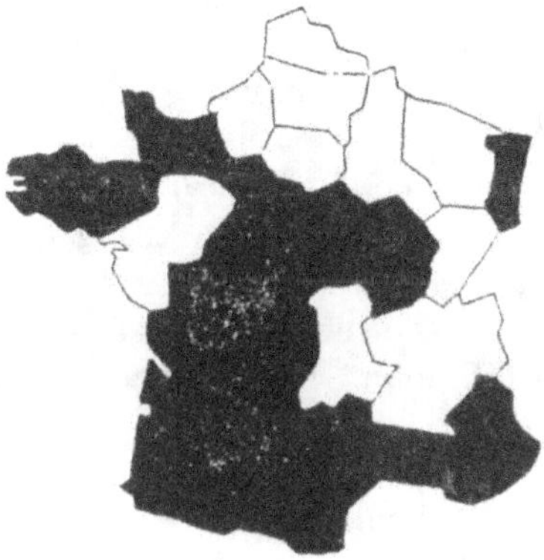

Moy. = 5%

de l'EBE des entrepreneurs par habitant

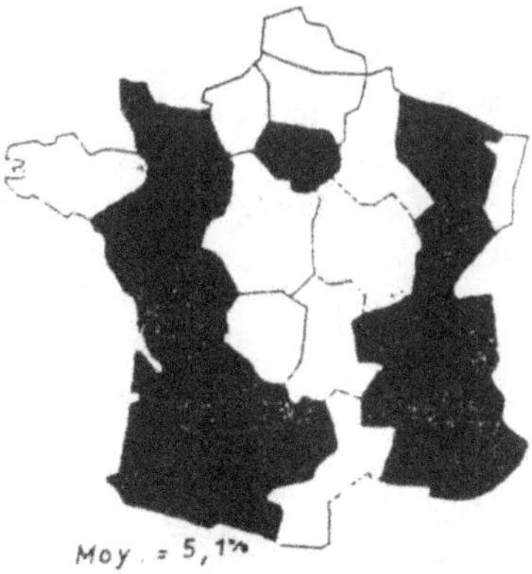

Moy. = 5,1%

des prestations par habitant

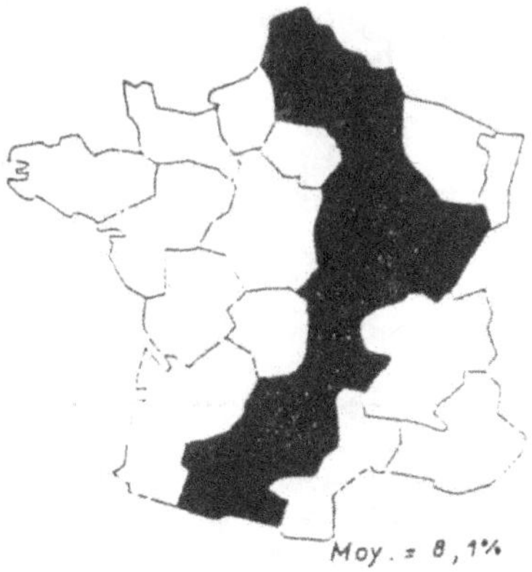

Moy. = 8,1%

Croissance plus forte que la moyenne de province

Sources : *INSEE Première*, n° 153, juin 1991.

Enfin, si Midi-Pyrénées a connu, au cours de la période, la plus forte hausse de RDB par habitant, elle ne le doit pas qu'à ses progrès en matière de salaires et d'EBE, mais également à une croissance soutenue des prestations versées au profit de ses habitants. Elle se démarque en cela des autre régions méridionales et rejoint, dans le classement suivant, les régions du Nord vers lesquelles les efforts en matière de redistribution ont été préférentiellement dirigés.
Les régions méridionales paraissent donc sur le point d'émerger enfin et le dynamisme dont nous avons fait état porte d'ores et déjà ses fruits. Les progrès de ces régions, hier encore en retard, sont d'autant plus remarquables que la richesse créée est de moins en moins subordonnée à des flux redistributifs émanant du centre ou d'autres régions. A cet égard, il faut souligner le rôle non négligeable joué par les mouvements migratoires qui ont sans nul doute contribué, de par leurs caractéristiques propres (âge, qualification...) à modifier la structure socio-démographique, ainsi que les attitudes vis-à-vis de la protection sociale des populations résidantes.

Cette vitalité nouvelle est également repérable lorsque l'on considère l'évolution du potentiel fiscal de ces régions. Cet indicateur permet en effet de rendre compte du niveau de la matière imposable par les collectivités locales, au titre des contributions directes locales (67).

Le Languedoc-Roussillon, Midi-Pyrénées et Aquitaine, parties en 1982 avec un potentiel fiscal relativement faible, sont de celles qui ont le plus progressé entre 1982 et 1989. Quant à Provence-Alpes-Côte d'Azur, malgré un niveau de départ situé parmi les plus élevés, ses bases d'imposition ont connu dans le même temps une vive croissance. *Ces résultats illustrent les efforts consentis par les particuliers seuls ou avec l'aide des pouvoirs publics (construction et amélioration de logements, déplacements vers des zones offrant de l'emploi), par les entreprises avec ou sans l'aide des pouvoirs*

---

(67) *Le potentiel fiscal correspond à la somme des produits des bases communales par les taux moyens nationaux constatés pour chaque catégorie de collectivités locales l'année précédente. Il est évalué en francs par habitant, ce qui permet d'atténuer les différences constatées dans la taille des communes (et dans celle des régions). On s'appuiera sur le potentiel fiscal communal, l'impôt communal représentant la plus grande part de l'impôt local. Le potentiel fiscal sera évalué au niveau régional à partir de l'ensemble des taxes communales existant dans chaque région*, in "La richesse fiscale locale et la répartition des transferts en faveur des collectivités locales" par G. Logie, in revue *Territoires*, février 1991.

Tableau 10
Evolution du potentiel fiscal par région entre 1982 et 1989

Régions	Potentiel fiscal 1982 (F/hab)	Régions	Potentiel fiscal 1989 (F/hab)	Régions	Evolution 1989/1982 (%)
1. Ile-de-France	1 545	1. Ile-de-France	2 713	1. Corse	253,1
2. Rhône-Alpes	1 087	2. Rhône-Alpes	1 924	2. Midi-Pyrénées	191,6
3. Alsace	1 078	3. PACA	1 807	3. Languedoc-Roussillon	189,6
4. Haute-Normandie	1 075	4. Alsace	1 785	4. Bretagne	186,8
5. PACA	995	5. Haute-Normandie	1 682	5. Limousin	182,2
6. Picardie	982	6. Centre	1 602	6. PACA	181,7
7. Franche-Comté	967	7. Bourgogne	1 590	7. Aquitaine	179,6
8. Bourgogne	944	8. Franche-Comté	1 571	8. Poitou-Charentes	179,6
9. Champagne-Ardenne	936	9. Aquitaine	1 561	9. Auvergne	177,6
10. Centre	934	10. Picardie	1 553	10. Rhône-Alpes	177,1
11. Lorraine	924	11. Languedoc-Roussillon	1 543	11. Ile-de-France	175,6
12. Aquitaine	869	12. Champagne-Ardenne	1 518	12. Pays-de-Loire	173,5
13. Pays-de-Loire	861	13. Pays-de-Loire	1 495	13. Centre	171,4
14. Nord-Pas-de-Calais	851	14. Lorraine	1 490	14. Basse-Normandie	170,3
15. Basse-Normandie	843	15. Midi-Pyrénées	1 472	15. Bourgogne	168,5
16. Auvergne	815	16. Auvergne	1 448	16. Alsace	165,3
17. Languedoc-Roussillon	815	17. Basse-Normandie	1 435	17. Franche-Comté	162,4
18. Poitou-Charentes	776	18. Limousin	1 397	18. Champagne-Ardenne	162,2
19. Limousin	771	19. Poitou-Charentes	1 393	19. Lorraine	161,2
20. Midi-Pyrénées	768	20. Corse	1 392	20. Picardie	158,2
21. Bretagne	720	21. Bretagne	1 345	21. Nord-Pas-de-Calais	155,9
22. Corse	550	22. Nord-Pas-de-Calais	1 326	22. Haute-Normandie	155,5
Moyenne	914	Moyenne	1 593		

Sources : *La richesse fiscale locale et la répartition des transferts en faveur des collectivités locales*, op. cit.

publics (implantations nouvelles ou développement d'activités existantes) (68).

A travers cette remarque, nous percevons, une fois encore, combien les facteurs qui influencent le niveau de développement régional et, au-delà de celui-ci, la richesse régionale, sont variés et multiples. Si les pouvoirs publics ont un rôle prépondérant à jouer, les entreprises, de même que la population, sont des points de passage obligés dans l'émergence d'une dynamique. En outre, la complexité de prise en compte des influences se situe à un second niveau : celui du temps, les indicateurs de situation et d'évolution rendant respectivement compte de logiques qui peuvent donner lieu à des interprétations contradictoires. Il faut bien voir en effet que dans l'un des cas (situation), le poids du passé assure la permanence des raisonnements anciens, tandis que dans l'autre (évolution), des signes annonciateurs sont à même de nous révéler certaines des transformations des modalités du développement en région.

* *

*

Reste un point sur lequel nous n'avons encore que peu insisté et qui pourtant a surgi à chaque étape de cette description : il s'agit de l'espace. A plusieurs reprises, il nous a en effet été donné d'observer combien l'espace lui-même constituait une donnée active résultant de la structuration historique, culturelle, sociale et économique à l'échelon d'analyse qui est le nôtre. Parfois il apparaît en tant qu'initiateur des transformations, parfois aussi il s'y soumet, mais à chaque fois, il est présent et sa participation conditionne les "différenciations spatiales" que nous avons pu rencontrer.

Là encore, les relations entre l'espace et les acteurs qui le modèlent ou le subissent, le choisissent ou le rejettent sont innombrables. Il nous est donc impossible de toutes les énumérer, de toutes les décrypter. C'est pourquoi nous avons choisi de ne privilégier que l'une d'entre elles : la dichotomie, hier encore admise, entre un espace rural et un autre qualifié d'urbain perd aujourd'hui de son apparente simplicité, l'un et l'autre recouvrant désormais une grande diversité de situations.

---

(68) *La richesse fiscale locale et la répartition des transferts en faveur des collectivités locales*, op. cit., p. 2.

Les nouveaux rapports entretenus entre les villes et les campagnes sont un des éléments clés du renversement des trajectoires régionales et nous éclairent sur les choix de localisation des hommes et des activités. C'est donc tout naturellement que ce questionnement relatif à l'espace vient prendre place dans une interrogation plus vaste, relative aux dynamiques territoriales.

II - LE SUD ET LE RENOUVEAU DE L'ESPACE RURAL

Episode conjoncturel pour les uns, simple phénomène d'extension de la périurbanisation pour d'autres, la renaissance rurale, bien que souvent niée, apparaît et se manifeste de façon significative et ceci, même si la dominante reste urbaine sur le plan économique et social. *Au total, et pour la première fois depuis plus d'un siècle, l'ensemble des communes rurales françaises (31 620 selon la définition de l'INSEE) dont la population s'était à peu près stabilisée entre 1968 et 1975 (- 0,12 % par an) a recommencé à croître : de + 0,86 % annuellement [entre 1975 et 1982], soit trois fois plus vite que l'ensemble des communes urbaines* (69).

Au demeurant, le recensement de 1990 vient confirmer à son tour l'avènement désormais incontestable d'une nouvelle ère de repeuplement des campagnes. L'espace rural, qu'il soit qualifié de périurbain ou de profond, voit alors, au cours de la période intercensitaire 1982-1990, sa population progresser à un rythme annuel voisin de 0,84 %. Dans le même temps, la population urbaine, toutes tailles des villes confondues, ne s'est accrue que de 0,40 % (70).

Certes, des résultats différenciés peuvent apparaître à l'intérieur de ces deux ensembles qu'arbitrairement nous opposons : la taille des zones étudiées ainsi que leur position géographique peuvent donner lieu à des interprétations contradictoires mais celles-ci n'entachent en rien le caractère dominant et global de l'évolution récente qui porte un renouveau de l'espace rural nourri cette fois par l'exode urbain.

---

(69) B. Kayser, *La renaissance rurale, sociologie des campagnes du monde occidental*, série Sociologie, Armand Colin, Paris, 1990, p. 49.
(70) Ces données sont issues de "Plus loin de la ville", J.P. Faur, *INSEE Première*, n° 119, janvier 1991.

Cette nouvelle tendance met fin aux mouvements séculaires d'exode rural et d'urbanisation jusqu'alors perçus comme inéluctables.

L'exode rural et la diffusion urbaine

Depuis le milieu du siècle dernier et jusqu'en 1975, la population urbaine a en effet connu un développement rapide et régulier (71). Quelques données chiffrées suffisent à éclairer sur l'ampleur du phénomène.

En 1851, trois Français sur quatre habitent une commune rurale (72). En 1975, plus de deux Français sur trois résident dans une commune urbaine. Entre ces deux dates, la France gagne 16 millions d'habitants. Dans le même temps, le rural perd 10,5 millions d'habitants tandis que la population urbaine est multipliée par quatre. *En un peu plus d'un siècle, on a assisté à une fracture de plus en plus marquée du territoire entre des zones urbaines qui n'ont cessé de croître et des zones rurales qui n'ont cessé de se dépeupler* (73).

Soumises à une progression vive et sans cesse croissante de leur population, les villes ne peuvent plus se limiter à leur seul territoire communal. Sous cette pression, elles vont déborder les frontières administratives (74) donnant ainsi naissance aux banlieues.

---

(71) Consulter à ce propos "Villes et campagnes" sous la direction de M. Marpsat et Z. Djider, *Contours et caractères*, INSEE, 1988.

(72) Nous expliciterons par la suite ces différents concepts de rural et d'urbain.

(73) *Villes et campagnes*, INSEE, op. cit., p. 11.

(74) Une agglomération de population est un ensemble d'habitations tel qu'aucune ne soit séparée de la plus proche de plus de 200 mètres et qui comprend au moins 50 habitants. Une même commune peut comprendre plusieurs agglomérations de population :

- l'agglomération du chef-lieu qui est l'agglomération de la population dont fait partie la mairie ;
- **l'agglomération urbaine** multicommunale est un ensemble de communes sur le territoire desquelles s'étend une agglomération de population de 2 000 habitants ou plus, la majeure partie de la population de chacune des communes doit résider dans l'agglomération de population. La délimitation des agglomérations urbaines multicommunales se fait préalablement au recensement général de la population à l'aide de cartes et de photographies aériennes ;
- d'autres agglomérations de population dénommées agglomérations secondaires.

A l'issue du recensement, toutes les communes non retenues dans le périmètre d'une agglomération urbaine et dont la population de la plus grande agglomération de population atteint 2 000 habitants sont classées comme **villes isolées** (définitions : INSEE).

Graphique 20
L'urbanisation en France

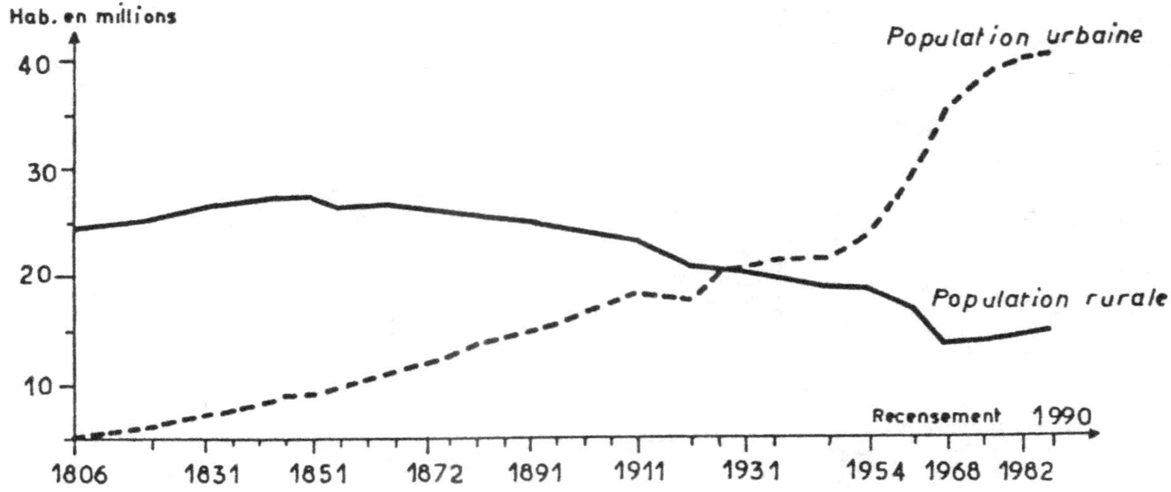

Sources : *INSEE Première*, n° 44, novembre 1989.

C'est de cette extension du territoire urbain au-delà du périmètre de la ville-centre que va naître une nouvelle notion : celle d'unité urbaine qui repose sur le seul critère de la continuité de l'habitat. Ce terme général recouvre les concepts d'agglomération urbaine et de ville isolée.

Pour l'INSEE sont réputées urbaines toutes les communes appartenant à une unité urbaine. Partant, la ruralité est définie par défaut et les communes rurales sont celles qui ne sont pas urbaines.

Ce découpage fait du territoire rural une sorte de zone interstitielle qui demeure hétérogène et son inadéquation pour rendre compte des rapports entre espace et société n'a cessé d'être décriée (75). Comment appréhender par exemple des zones intermédiaires ni foncièrement rurales et agricoles, ni tout à fait urbaines, qui regroupent une population qui ne vit pas en majorité de l'agriculture, travaille le plus souvent dans une unité urbaine voisine et occupe des logements qui se différencient nettement de ceux des agriculteurs ?

Il en va ainsi des petites communes industrielles et surtout des communes "dortoirs" que l'urbanisation n'a pas encore rattachées au centre urbain le plus proche. En outre, ces zones peuvent ne pas être situées au voisinage d'une grande ville. C'est le cas par exemple *de communes se succédant le long d'une rivière ou d'un axe de communication, ou encore disséminées sur un gisement de minerai* (76).

Afin de répondre à ce besoin, l'INSEE a défini des unités géographiques plus vastes que les villes et les agglomérations : les ZPIU (les Zones de Peuplement Industriel et Urbain). Celles-ci permettent de prendre en considération des critères supplémentaires tels que la proportion de la population vivant de l'agriculture, les niveaux des migrations alternantes (domicile-travail), les taux d'accroissement démographique. Il devient alors possible d'opérer une distinction entre les communes rurales selon qu'elles sont en ZPIU ou hors ZPIU.

Toutefois cette notion n'est pas sans limites. D'une part, compte tenu de sa définition, elle ne peut s'identifier complètement au "périurbain" et le problème de l'hétérogénéité se pose une fois encore. De plus, cette catégorie a subi au fil des recensements une véritable "inflation" englobant un nombre de plus en plus grand de communes. En 1982, 90 % de la population française est recensée en

---

(75) *La renaissance rurale*, op. cit., p. 18.
(76) *Villes et campagnes*, INSEE, op. cit., p. 6.

ZPIU et plus des trois cinquièmes de la population rurale (c'est-à-dire de la population des communes rurales) fait alors partie d'une ZPIU. L'extension géographique découlant de cette conception pose divers problèmes que B. Kayser n'a pas manqué de souligner (77).

On peut en effet se demander ce qu'il va rester de l'espace rural proprement dit si les ZPIU continuent d'intégrer un nombre de plus en plus grand de communes. Qu'adviendra-t-il alors de sa signification ?

En outre, une nouvelle forme de ruralité semble se dessiner et celle-ci participe tout à la fois des deux catégories, hors et en ZPIU, en ce qu'elle ne concerne pas nécessairement des activités agricoles et peut être située dans des zones fort éloignées géographiquement des villes. Enfin, les données de base ne sont plus comparables d'un recensement à l'autre et ceci qu'il s'agisse des surfaces, du nombre de communes ou du nombre d'habitants.

Ces difficultés de délimitation du champ d'observation vont donner lieu à des interprétations contradictoires qui ne sont pas dénuées de toute arrière-pensée politique.

La dimension "politique" de prise en compte de ce type de phénomène rejaillit d'ailleurs à un autre niveau : si le catalogue de définitions produites ici a pu nuire à la légèreté de notre exposé, il permet en tout cas de souligner *la tyrannie exercée par l'INSEE et, à travers ce producteur d'information officielle, celle de l'Etat qui par la maîtrise des concepts d'évaluation des disparités spatiales consolide en quelque sorte les assises de son pouvoir* (78).

L'observateur se doit d'être conscient que les indicateurs quantitatifs qu'il va être amené à utiliser ne sont pas neutres. De plus, ceux-ci sont insuffisants pour rendre compte de l'existence de réalités "sociologiques" qui échappent le plus souvent au domaine du quantitatif.

Les rapports "espace-société" sont mouvants et évolutifs et leur reconnaissance soulève nombre de difficultés.

D'abord, il est autant de sociétés que d'espaces (et inversement), plus encore, il est autant de représentations des sociétés qu'il est de représentations des espaces (et inversement). Il n'existe ni une société rurale, ni une société urbaine, toutes deux faisant référence à

---

(77) *La renaissance rurale*, op. cit., p. 20.
(78) C. L'Huillier, *Economie, espace, information*, Thèse, Montpellier, 1987, p. 201.

une multitude de situations marquées par la diversité des groupes humains et par la variété des localités prises en compte. De plus, ces collectivités localisées vont interagir entre elles, renvoyant d'elles-mêmes une image complexifiée des rapports qu'elles entretiennent. *Tout groupe a une forme concrète, plus ou moins stable, en relation avec celles des autres groupes qui ne sont pas seulement contigus mais qui peuvent l'englober, s'y inclure, ou même s'y superposer* (79).

Un citadin venu résider dans une ferme devient-il pour autant un rural ? Certainement pas, pas plus qu'un rural ne sera citadin s'il inclut dans ses pratiques culturelles de se rendre régulièrement à l'opéra. La frontière entre ces mondes multivariés repose sur une réalité ancienne qui a de moins en moins cours aujourd'hui.

Enfin, les rapports entretenus entre l'espace et la société se fondent dans un système de relations plus vaste, largement ouvert sur l'extérieur où viennent interférer la démographie à travers les mouvements de population, qu'ils soient naturels ou migratoires, le monde de la politique auquel nous avons déjà fait référence, ainsi que celui de l'économie, marqué notamment d'un fléchissement du nombre d'actifs relevant du secteur primaire.

R. Ledrut souligne à cet égard que *les individus ne sont pas déterminés à éprouver des sentiments d'appartenance uniquement par leurs rôles effectifs d'acteurs sociaux mais par toutes les idéologies plus ou moins dominantes qui développent les représentations des sociétés (et de l'espace) et par tous les imaginaires qui règlent leur perception du vécu. Les sociétés interfèrent et les individus sont soumis à ces interférences, aux idéologies et aux imaginaires* (80).

Le changement en cours se doit donc d'être perçu à différents niveaux, intégrant la dynamique humaine du phénomène, les soubassements économiques sur lesquels il repose et la double dimension spatiale (rural-urbain, Nord-Sud) qu'il reflète, sans oublier de garder présent à l'esprit que l'information dont nous disposons est normalisée et finalisée, se refusant à prendre en compte l'existence d'une dynamique propre au monde rural.

---

(79) R. Ledrut, "Espace et société", in *Espaces et Sociétés*, n° 34-35, juillet-décembre 1980, Editions Anthropos, p. 3 à 12.
(80) *Espace et Société*, op. cit., p. 9.

L'exode urbain ou la campagne régénérée par les citadins

C'est entre **1962 et 1968** que la situation des communes rurales commence à s'améliorer légèrement, alors même que celle des unités urbaines se stabilise. *Le déclin rural continue certes à cette époque mais il s'atténue considérablement ; les volumes sont divisés par deux tant pour la variation totale que pour l'impact du croît naturel ou celui du solde migratoire* (81). Parallèlement, l'excédent migratoire des unités urbaines, exception faite de l'agglomération parisienne, passe de 1,2 % par an entre 1954 et 1962 à 0,5 % par an entre 1962 et 1968.

Une tendance nouvelle s'amorce alors et le double mouvement naissant est d'autant plus remarquable qu'il est contrecarré par l'arrivée en métropole des rapatriés d'Algérie. Ceux-ci ont en effet contribué au maintien de la croissance urbaine entre 1962 et 1968, moins de 10 % d'entre eux s'étant installés dans une commune rurale (82).

Pourtant bien peu d'observateurs verront là matière à s'étonner. La phase de stabilisation qui va suivre n'éveillera d'ailleurs guère plus d'intérêt.

Notons en effet qu'entre **1968 et 1975**, l'ensemble des communes rurales gagne 9 816 habitants (83). Le déclin a alors pris fin malgré un solde migratoire toujours négatif et un croît naturel qui tend à s'éroder. Le mouvement naturel, quoique s'affaiblissant, parvient néanmoins à compenser un déficit de migrants devenu dérisoire (24 829 personnes) eu égard aux périodes antérieures (500 000 personnes entre 1962 et 1968).

Mais ce n'est véritablement qu'au cours de la période suivante **(1975-1982)** que l'inversion apparaît indéniable et le renversement démographique s'impose alors. Les mouvements amorcés depuis deux décennies s'accentuent. Le recensement de 1982 permet de constater l'arrêt de la croissance urbaine tandis que les communes rurales voient leur population progresser à un rythme plus rapide en

---

(81) J. Rouzier, "La mutation de l'arrière-pays méditerranéen ou un modèle pour la revitalisation des communes rurales", *Revue d'Economie Régionale et Urbaine*, n° 5, 1990, p. 695 à 713.

(82) *Villes et campagnes*, INSEE, op. cit., p. 11.

(83) Données issues de *La mutation de l'arrière-pays méditerranéen*, op. cit., p. 698.

moyenne que celle des villes. *Depuis plus d'un siècle, c'est la première fois qu'un pareil phénomène est observé* (84).

Certes, nombre de communes rurales continuent à perdre une part de leur population, il est vrai aussi que beaucoup d'autres se développent sous l'effet de l'expansion spatiale des villes et surtout des zones urbaines mais, dès à présent, des zones assimilées au "rural profond" se révèlent gagnantes. Ainsi 74 % des communes rurales en ZPIU sont en croissance contre 55 % pour les communes proches d'une ZPIU (85). Quant à celles qui font partie d'un canton entièrement hors ZPIU, elles sont 39 % à croître.

Une hétérogénéité similaire frappe l'évolution de l'espace urbain. Parmi les 111 unités urbaines qui comptaient plus de 50 000 habitants en 1975, 105 ont eu leur croissance freinée et 43 ont même vu leur population décroître, comme par exemple l'agglomération parisienne. Seules les petites villes (moins de 20 000 habitants) bénéficient d'une croissance supérieure à celle de l'ensemble métropolitain.

Cette nouvelle orientation de la distribution de la croissance démographique s'affirme au vu des premiers résultats issus du recensement de 1990 (86).

Le monde rural évalué par l'INSEE à 13,5 millions de personnes en 1975 s'étoffe peu à peu pour atteindre 15,5 millions en 1990. Compte tenu d'une relative stabilité de la population métropolitaine (0,5 % par an entre 1982 et 1990), son poids dans l'ensemble démographique national va s'accentuant régulièrement d'un recensement à l'autre. C'est ainsi qu'il regroupe 25,5 % de la population totale en 1975 puis 26,2 % en 1982 et enfin 27 % en 1990. Le graphique suivant porte confirmation des progrès démographiques enregistrés par les communes rurales.

Il permet aussi de déceler deux faits nouveaux, d'ampleur encore modeste, méritant qu'on leur porte attention. Il s'agit, d'une part, de la revitalisation désormais indiscutable des communes rurales les plus éloignées des villes. Le "rural profond" gagne 60 000 résidents nouveaux entre **1982 et 1990** alors que les mouvements migratoires le créditent de 200 000 habitants supplémentaires, soit presque autant que les banlieues (211 000). Si ces données s'inscrivent dans un

---

(84) *Villes et campagnes*, INSEE, op. cit., p. 11.

(85) C'est-à-dire les communes faisant partie d'un canton dont une commune au moins appartient à une ZPIU, voir *La renaissance rurale*, op. cit., p. 49.

(86) J.P. Faur, "Plus loin de la ville", *INSEE Première*, n° 119, janvier 1991.

Graphique 21
Evolution de la population par taille de commune de 1968 à 1990

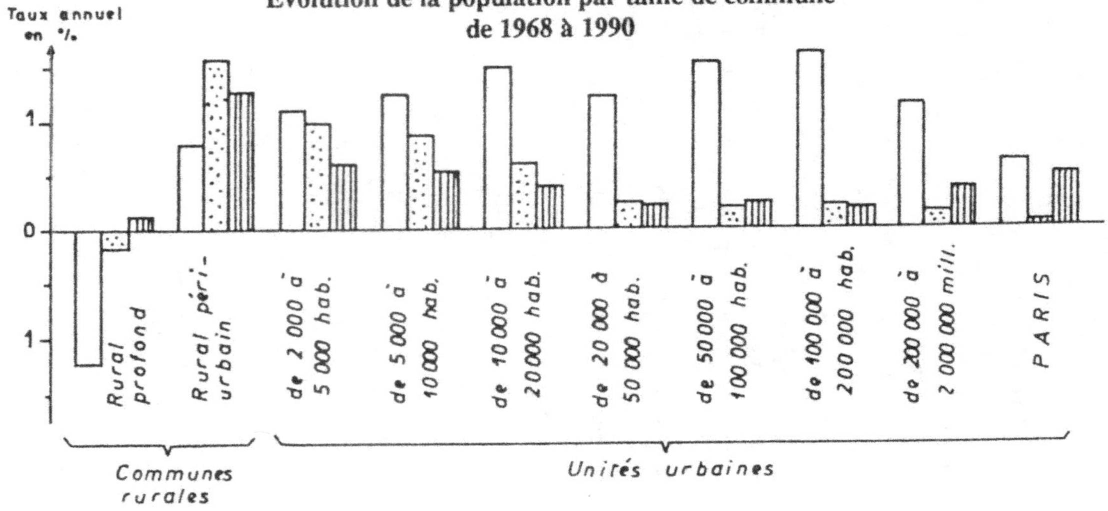

Sources : *INSEE Première*, n° 119, janvier 1991.

enchaînement tout à fait logique et en tout cas prévisible, il n'en va pas de même de l'évolution de plus grandes unités urbaines.

Situées à l'autre extrémité de la hiérarchie spatiale, les unités urbaines de plus de 200 000 habitants manifestent, entre 1982 et 1990, un regain de croissance (87). Mais, si la concentration de la population reprend à l'échelon des plus grandes agglomérations, elle ne touche pas de la même façon toutes les villes importantes. Cette sélectivité qui frappe certaines des unités urbaines se double ainsi d'une dimension spatiale supplémentaire.

Cette croissance se répartit en effet selon une logique géographique qui ne doit rien au hasard. Ainsi les villes tertiaires de la côte méditerranéenne, les capitales régionales que sont Toulouse et Montpellier, de même que les villes de la grande périphérie parisienne ont les taux de croissance les plus élevés. Dans le même temps, un mouvement analogue pénalise les ex-villes minières et sidérurgiques de Lorraine et du Nord, mais aussi certaines villes industrielles dispersées.

Pour J.P. Faur et D. Pumain, *le déterminant principal de leur évolution [des grandes villes] n'est plus dans la conjoncture nationale, mais dans la redistribution des cartes à l'échelon européen* (88). Certes, mais la dimension Nord-Sud qui transparaît ici est troublante et nous renvoie au renversement des trajectoires régionales que nous avons pu mettre en évidence. De plus, cette double dynamique est également présente au coeur de l'essor du monde rural. Ce processus désormais national obéit en effet à un modèle d'occupation de l'espace, né avant même les années 60 sur les rivages de la Méditerranée.

Le renouveau méditerranéen exporté au niveau national

Les premiers frémissements du monde rural sont perceptibles au plan national au cours de la période intercensitaire postérieure à 1962. Pourtant, lors de la décennie précédente, certains espaces parviennent déjà à échapper à la règle générale du déclin mais cela, seule une observation minutieuse peut le révéler.

---

(87) J.P. Faur et D. Pumain, "Villes et régions au rendez-vous de l'Europe", *INSEE Première*, n° 136, mai 1991.
(88) *Villes et régions au rendez-vous de l'Europe*, op. cit.

Entre **1954 et 1962**, quatre exceptions viennent en effet perturber le mouvement de décroissance de la population rurale, encore généralisé à la quasi-totalité des régions.

Pour trois d'entre elles, la Lorraine, l'Alsace et l'Ile-de-France, la population des campagnes parvient à croître grâce à une natalité élevée qui permet de compenser les départs vers d'autres zones. Pour la quatrième, la Provence, il est alors question d'un processus différent et pour le moins exceptionnel : c'est à l'excédent migratoire qu'est due, pour une large part, la progression de la population rurale provençale. Celle-ci accueille 15 073 habitants supplémentaires dont 12 116 sont issus du jeu migratoire et 2 957 du mouvement naturel.

C'est donc en ces lieux qu'apparaît une nouvelle forme d'occupation de l'espace mais il est probablement encore trop tôt pour parier sur le renversement généralisé à venir. Toutefois une analyse plus fine, décomposant les communes rurales en sous-groupes selon le nombre de leurs habitants, permet de déceler l'amorce d'une distribution spatiale des hommes qui semble ne rien devoir à la seule diffusion urbaine.

Certes, les communes de moins de 500 habitants sont encore marquées par la tendance séculaire mais, au-delà de ce seuil, les communes rurales de huit régions sont désormais bénéficiaires.

Pour certaines (six au total), c'est un croît naturel compensateur qui autorise le progrès. Il s'agit des régions contiguës à l'Ile-de-France et à l'Alsace-Lorraine. Pour d'autres, telles que l'Ile-de-France, la Provence-Alpes-Côte d'Azur et le Languedoc-Roussillon, le surplus des arrivées sur les départs vient renforcer un mouvement naturel positif. La progression démographique qui en résulte est faible mais elle existe.

La présence dans ce groupe du Languedoc-Roussillon tient en échec les visions traditionnelles qui ne voient là qu'extension des banlieues, à tout le moins les rend-elle insuffisamment explicatives. Le mouvement amorcé va s'affirmer année après année sur un plan quantitatif mais également à travers sa dimension spatiale, pour concerner en 1990 la quasi-totalité du territoire national.

Entre 1962 et 1968, le seuil de croissance des 500 habitants est abaissé à celui de 200 en Provence (par solde migratoire) et en Ile-de-France (par croît naturel). A partir de 500 habitants, la reprise concerne désormais dix régions et pour les communes rurales de plus de 1 000 habitants, c'est d'une généralisation du développement des campagnes qu'il s'agit puisque seuls le Limousin, l'Auvergne et la Bretagne s'avèrent déficitaires.

C'est aussi le moment où le Languedoc-Roussillon rejoint Provence-Alpes-Côte d'Azur au coeur d'un processus où les arrivées sont excédentaires, même si celles-ci ne suffisent à lui garantir une reprise globale. L'Ile-de-France vient alors compléter le trio.

Le modèle apparu en Provence-Alpes-Côte d'Azur ensuite étendu en Languedoc-Roussillon et retrouvé en Ile-de-France ne tarde pas à s'exporter. **Entre 1968 et 1975**, il s'applique à six autres régions : la Haute-Normandie, l'Alsace, la Franche-Comté, Rhône-Alpes, la Bretagne et le Midi-Pyrénées.

Notons que les espaces méridionaux occupent une position singulière par rapport aux autres régions progressives. Il convient en effet de préciser que la Provence et le Languedoc-Roussillon ne doivent leur évolution favorable qu'à un bilan positif des arrivées sur les départs. Ce sont en outre les pertes naturelles qui empêchent Midi-Pyrénées, bénéficiant pourtant d'un solde migratoire positif, de figurer au côté des régions en croissance. Enfin, l'Aquitaine perd dès lors moins de 300 habitants au jeu des migrations. La logique identifiée comme méditerranéenne prend à l'évidence une dimension plus largement méridionale, même si un certain décalage temporel subsiste, un retard que nous avons déjà eu l'occasion de mettre en évidence auparavant (chapitre I, section I).

A partir de 1982, il n'est plus possible de nier le renversement et les progrès des communes rurales sont perceptibles à deux niveaux. D'une part, la croissance concerne toutes les régions à trois exceptions près en 1982 (Corse, Limousin, Auvergne) et deux en 1990 (Limousin, Auvergne). D'autre part, la croissance se diffuse vers le bas. En 1982, le progrès s'établit statistiquement à partir de 200 habitants à cinq régions près (Corse, Limousin, Auvergne, Poitou-Charentes, Pays-de-la-Loire). En 1990, c'est le seuil de 100 habitants qui devient le point de séparation du déclin et de la croissance. A un tel niveau de taille de commune rurale, il ne peut plus s'agir de communes situées en zone périurbaine. L'explication, encore défendue aujourd'hui, qui voit, dans la croissance rurale, la seule poursuite de l'extension des zones urbaines, paraît ainsi largement remise en cause.

Le renouveau est d'ores et déjà généralisé. Mais au-delà de cette constatation, et dans le but de cerner plus précisément ce phénomène, on peut se demander qui sont ces nouveaux "ruraux" venus en nombre d'un milieu urbain qu'ils rejettent. Car c'est bien de mouvements migratoires qu'il s'agit et qui s'affirment en 1990, date à laquelle toutes les régions sans exception aucune (89) disposent de gains migratoires privilégiant les zones rurales.

La double dimension spatiale du processus d'inversion a été prise en compte, c'est de sa dimension humaine et, à travers les activités et les aspirations des hommes, de sa dimension socio-économique qu'il va être question maintenant.

Le cadre de vie plébiscité

Une nouvelle opposition se fait jour entre les villes et les campagnes : ce sont les villes qui fournissent l'excédent naturel alors que les communes rurales bénéficient essentiellement des migrations.

Graphique 22
L'évolution de la population entre 1982 et 1990 selon le type de commune

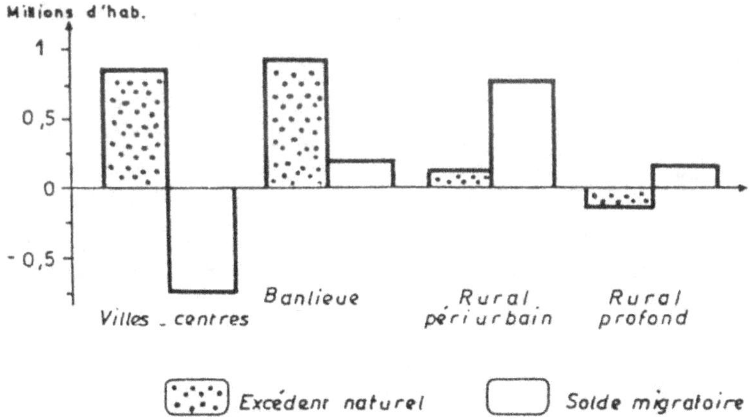

Sources : *INSEE Première*, n° 119, janvier 1991.

(89) Voir à ce propos *Chroniques du Limousin, la population du Limousin en 1990*, G. Bouet et O. Balabanian, *Norois*, n° 151, p. 333-345, 191, Poitiers, tome 38.

Graphique 23
Excédent naturel et solde migratoire selon la taille de la commune entre 1982 et 1990

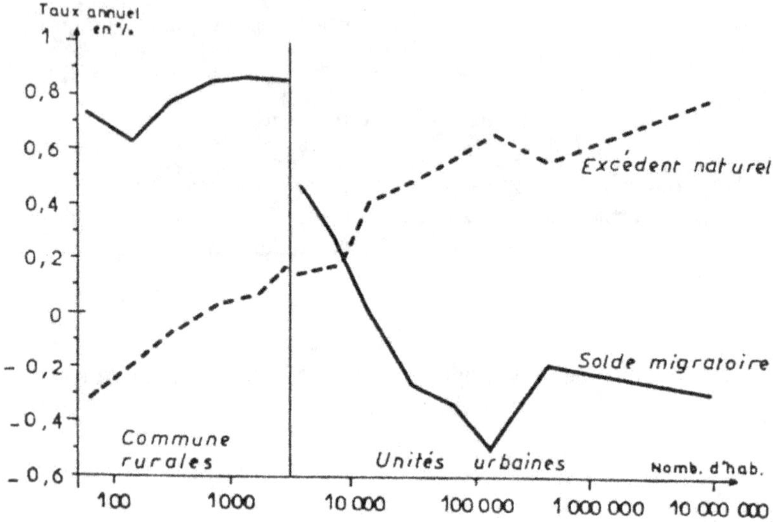

Sources : *INSEE Première*, n° 119, janvier 1991.

Lecture : Les communes rurales sont réparties en six classes d'après leur population sans doubles comptes en 1982. Les communes urbaines sont réparties en huit classes selon la population sans doubles comptes en 1982 des unités urbaines auxquelles elles appartiennent. L'abscisse de chaque point correspond à la population moyenne de chacune des classes. Le dernier point correspond à l'unité urbaine de Paris.

C'est un mouvement inverse qui avait autrefois permis le développement des villes. Gageons qu'il est de bon augure pour les campagnes en proie au vieillissement découlant des vagues successives de départ.

Le tableau suivant souligne cet état de fait.

Tableau 11
Age de la population par catégorie de communes en 1990 (en %)

	Ensemble des communes	Communes rurales	Communes urbaines
Ensemble	100,0	100,0	100,0
(en milliers)...............	*56 625*	*14 721*	*41 905*
0 à 19 ans.................	26,5	26,8	26,4
20 à 39 ans	30,3	27,2	31,3
40 à 49 ans	23,3	24,9	23,4
60 à 74 ans	12,8	14,8	12,1
75 ans et + ...	7,1	8,2	6,8

Sources : *INSEE Première*, n° 146, juin 1991.

Ainsi, le vieillissement est accentué en milieu rural où près de 23 % des habitants ont atteint ou dépassé l'âge de 60 ans. Cette tranche d'âge ne représente que moins de 20 % de la population urbaine. Toutefois on peut remarquer que les 40-59 ans, de même que les 0-19 ans sont proportionnellement plus nombreux en zone rurale. Il semblerait donc que les mouvements migratoires récents aient déjà laissé leur empreinte. Néanmoins les communes rurales présentent encore un déficit important en jeunes adultes (20-39 ans) qui résident plus fréquemment en ville.

Cette répartition par âge devrait évoluer plus favorablement à l'avenir sous l'effet des déplacements de population qui sont venus alimenter la croissance rurale.

Le graphique proposé portant les migrations par âge en direction des communes rurales nous révèle plusieurs tendances.

Les nouveaux venus en zone rurale présentent les mêmes structures par âge, que l'espace considéré soit situé hors ou en ZPIU. Bien sûr le mouvement est moins ample en rural profond car plus récent, mais il concerne une population dotée de caractéristiques analogues à celle qui se rend en ZPIU. L'hypothèse selon laquelle la reprise démographique de l'espace rural ne serait due qu'à un phénomène d'extension de la périurbanisation se trouve donc ici encore nettement infirmée. C'est bien d'une nouvelle forme d'occupation de l'espace qu'il s'agit ici. Reste toutefois à la définir.

Graphique 24
Taux annuel de migration nette par âge en fonction de la catégorie de commune rurale

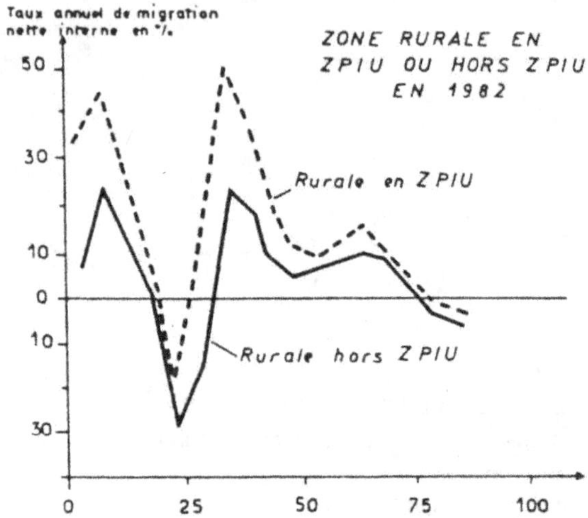

Sources : D. Courgeau, *Les migrations internes en France. Changement au cours des trente dernières années*, in C. Bonvalet, A.M. Fribourg (Dir.), *Stratégies résidentielles*, Paris, INED, Plan Construction et Architecture, MELTM, 1990, p. 37-48.

Les espaces ruraux apparaissent répulsifs pour deux catégories de population. Les campagnes perdent en effet, quoique légèrement, une part de leurs résidents âgés de 75 ans et plus. Ces départs reflètent certaines des difficultés liées à la vie rurale, notamment hors de la belle saison, et qui sont d'autant plus ressenties que le réseau médico-social est, dans ce cas, généralement moins développé qu'en ville. A un certain âge, la localisation en milieu urbain peut paraître plus sécurisante. De même, les structures collectives d'accueil des personnes âgées sont, pour la plupart d'entre elles, situées en milieu urbain ou périurbain.

Bien que les conditions de vie se soient largement améliorées en zone rurale, elles ne permettent pas de retenir une population de jeunes adultes (20 à 30 ans) qui choisissent encore de s'établir dans les unités urbaines. Cette tranche d'âge regroupe des individus soit en cours de formation, soit à la recherche d'un premier emploi, et la migration des jeunes ruraux prend son origine à ces deux sources. D'un côté, les problèmes d'insertion dans la vie active sont plus pesants en milieu rural, de l'autre, l'enseignement, et plus particulièrement l'enseignement supérieur, est dispensé dans les villes d'une certaine importance, quand il ne l'est pas, et c'est le cas des universités, dans les capitales régionales.

Mais, les études achevées et l'expérience professionnelle acquise, ces jeunes rejoignent massivement les campagnes où ils s'installent avec leur cellule de vie familiale. Cela, le graphique proposé le visualise clairement par deux pics de même amplitude aux âges de 5 et 30 ans environ. Partis célibataires, ils reviennent en famille avec de jeunes enfants.

Enfin, les espaces ruraux se révèlent attractifs pour ceux qui entrent dans l'âge de cessation d'activité. Si les jeunes retraités sont présents au coeur de ces flux dirigés en direction des zones rurales, ils ne constituent pas, comme certains aiment trop souvent à le croire, l'essentiel de ce mouvement.

Notons au passage que l'analyse par âge que nous venons d'effectuer rappelle, en bien des points, celle que nous avons établie précédemment et qui concernait alors les migrants ayant rejoint les régions méridionales. Cette similitude souligne la convergence et l'interdépendance de ces deux mouvements qui s'éclairent l'un l'autre.

Les bouleversements vécus par le monde rural depuis une vingtaine d'années retentissent sur l'évolution de ses structures socio-professionnelles.

Tableau 12
Evolution du nombre des ménages selon la CSP du chef de ménage ou de la personne de référence (au lieu de résidence) : toutes communes rurales (en %)

	1962	1982
Exploitants agricoles	37,9	21,1
Salariés agricoles	9,4	3,5
Artisans, commerçants	12,4	11,6
Prof. libérales, cadres supérieurs	1,5	5,5
Cadres moyens	3,5	10,3
Employés	3,4	5,7
Ouvriers	28,6	38,5
Autres	3,3	3,8
Total	100,0	100,0

Sources : *La renaissance rurale*, p. 158, op. cit.

Une diminution spectaculaire de la part des actifs agricoles transparaît à l'examen de ce tableau. S'il est possible de parler ici de déclin agricole exclusivement en termes d'emploi, il convient de ne pas l'assimiler trop rapidement à un quelconque déclin rural. Dans le même temps et dans ce contexte, la population non agricole a vu ses structures se modifier.

Tableau 13
Structures socio-professionnelles de la population non agricole - Toutes communes rurales (en %)

	1962	1982
Artisans, commerçants	23,5	15,4
Prof. libérales, cadres supérieurs	2,8	7,3
Cadres moyens	6,6	13,7
Employés	6,4	7,6
Ouvriers	54,4	51,0
Autres	6,3	5,0
Total	100,0	100,0

Sources : *La renaissance rurale*, p. 159, op. cit.

Cette évolution porte, sans nul doute, la marque des migrations : cadres supérieurs et moyens, professions libérales et employés, catégories urbaines s'il en est, occupent une large part de la population non agricole rurale (21 % en 1982 contre 9,4 % en 1962) et devancent ainsi, en fin de période, les patrons de l'industrie et du commerce, autrefois mieux représentés.

Il est toutefois bien difficile à partir de ces données, établies au lieu de résidence, d'évoquer un quelconque renouveau économique. Il y a fort à parier que ces résultats reflètent plus certainement la situation de communes périurbaines que celle de villages faisant référence au rural profond. Le découpage des communes en et hors ZPIU ne nous est dans ce cas d'aucun secours, l'extension de cette notion recensement après recensement ayant supprimé toute pertinence à une comparaison dans le temps.

La pauvreté des indicateurs officiels susceptibles de rendre compte de la dynamique rurale qui se met en place nous incite à nous tourner vers des travaux originaux basés sur le principe de l'enquête directe auprès des ménages participant à cette mobilité.

Nous nous référerons plus particulièrement aux recherches effectuées en 1984 par le CRPEE (90) et portant sur la reconquête de l'arrière-pays languedocien.

L'intérêt porté à ces travaux trouve sa justification à deux niveaux : d'une part, l'information construite est en parfaite adéquation avec le sujet traité et apparaît susceptible d'amener les réponses recherchées à propos du phénomène migratoire. D'autre part, la démonstration menée porte sur le Languedoc-Roussillon, une région qui s'est avérée annonciatrice sur le plan démographique et dont on peut raisonnablement penser que la structuration socio-économique de ses espaces ruraux est plus complète, plus avancée, parce que plus ancienne.

A partir d'un portrait du migrant, il est possible de dégager certaines attitudes particulières, certains désirs manifestés par ces hommes et ces femmes, et l'analyse des résultats permet de réduire à néant quelques clichés savamment entretenus.

Le premier d'entre eux associe généralement un taux de chômage élevé et une immigration soutenue. Or la population immigrante voit son taux de chômage progresser après la migration. Frappant 1 % de ces actifs en 1975, le chômage concerne 4 % d'entre eux avant leur arrivée, pour atteindre en 1984 à peine plus de 5 %.

L'enquête portant sur les ménages révèle en outre que la décision de migrer s'accompagne presque systématiquement de la perte d'un des deux emplois du couple, le plus souvent la femme. Soulignons enfin que malgré cette progression induite, la part des chômeurs dans la population "nouvellement rurale" reste bien en deçà du taux record que connaît le Languedoc-Roussillon (environ 12 % à la même époque).

Ce renoncement à l'emploi pour l'un des conjoints traduit un comportement particulier face à la vie professionnelle, à laquelle semblent être préférées des exigences familiales. D'ailleurs, il s'accompagne d'une diminution des revenus monétaires des ménages concernés (seuls 2 sur 10 connaissent une amélioration de leur revenu) sans que cette perte semble les affecter particulièrement (8 enquêtés sur 10 jugent leur situation équivalente à celle de l'avant migration). Il est vrai que les conditions de vie en milieu rural supposent des coûts réduits par rapport aux habitudes citadines, et

---

(90) J. Catanzano, *Retour vers l'arrière-pays, les migrations en Languedoc-Roussillon*, op. cit.

certaines pratiques domestiques, possibles à la campagne (jardinage...), peuvent générer des effets compensatoires directs.

L'observation des mobilités professionnelles qui accompagnent inévitablement les mobilités spatiales vient renforcer l'idée selon laquelle l'attitude caractéristique manifestée par ces migrants fait sans cesse référence au cadre spatial choisi et aux modes de vie qui en découlent.

Tableau 14
Répartition de la population active selon les secteurs d'activité (en %)

	Situation des enquêtés			Population active en Languedoc-Roussillon en 1982
	1975	moment de l'arrivée	1984	
Agriculture, pêche, forêt	5,9	8,9	15,9	12,5
Agro-alimentaire, industrie, Energie	18,6	16,4	14,7	14,2
BTP	9,1	9,1	8,6	10,0
Tertiaire marchand	43,8	45,1	43,3	43,6
Tertiaire non marchand	22,7	20,6	17,4	19,7
Total	100,0	100,0	100,0	100,0

Sources : CRPEE-enquête 1984.

Une large part de la population nouvellement implantée est issue du secteur tertiaire, celle-ci conserve d'ailleurs ce type d'activité au lendemain de la migration. Cette fidélité se manifeste plus précisément pour le tertiaire marchand, les structures d'emploi en milieu rural ne permettant pas une absorption complète de ceux qui relevaient, avant leur changement de résidence, du tertiaire non marchand.

Mais, au-delà de cette stabilité vis-à-vis du secteur des services et qui rend compte du développement d'activités nouvelles, comme le tourisme par exemple, ou d'une réapparition d'activités précédemment exportées telles que le commerce, le résultat le plus marquant concerne l'attrait exercé par le monde de l'agriculture sur ces actifs.

Ainsi, entre 1975 et le moment de l'enquête, le poids de ce secteur est multiplié par 2,5 au sein des individus enquêtés. Si cet engouement pour un autre mode de production et, à travers lui, un autre mode de vie ne compense pas les départs liés à l'exode rural, il nous révèle en tout cas l'un des ressorts de la migration.

La mobilité amène en effet cette population à épouser les caractéristiques du milieu d'accueil. Plus exactement elle les amène à épouser les représentations qu'ils se font de ce milieu qui véhicule une image rurale et une image agricole intimement mêlées. De la même façon, une certaine forme de liberté possible participe de l'imaginaire suscité par ces espaces où l'indépendance professionnelle, notamment, doit trouver sa place. Ce souci d'accéder à une plus grande maîtrise de son travail se traduit dans les faits et c'est ainsi que sous la pression du changement de résidence, la part des travailleurs indépendants progresse nettement.

Tableau 15
Statut professionnel des actifs immigrants - (en %)

	Salariés, apprentis	Travailleurs indépendants
1975	84,5	15,5
Avant l'installation	79,0	21,0
1984	60,7	39,3

Sources : CRPEE, enquête 1984.

Les différents indicateurs utilisés restituent un comportement marqué d'un désir de travailler et de vivre différemment aux antipodes du salariat et de la vie urbaine. *L'absence de fortes motivations financières, la préférence pour des emplois intégrés aux habitudes et aux moeurs rurales, l'accession à l'indépendance professionnelle, autant de facteurs qui prouvent la force de cette volonté de rompre avec le passé, de tenter un genre de vie moins commun, jugé plus gratifiant* (91).

D'ailleurs les nouveaux habitants de l'arrière-pays languedocien insistent tout particulièrement sur l'importance du cadre de vie lorsqu'on les interroge sur les raisons qui ont motivé leur changement de résidence.

(91) *Retour vers l'arrière-pays*, op. cit, p. 258.

Tableau 16
Les raisons du départ de l'ancienne commune de résidence (en %)

	1ère raison	2e raison	3e raison
Recherche d'un cadre de vie meilleur	23,7	40,4	34,1
Raison professionnelle	21,2	10,0	11,6
Raison familiale	14,2	11,0	12,0
En avaient assez de leur ancienne commune	10,0	14,7	14,9
Age ou mise à la retraite	7,8	2,7	2,7
Votre pays est ici ou proche d'ici	4,9	7,7	8,4
Raison de santé	3,3	2,3	2,0
Etude ou formation	0,1	0,2	0,4
Autres raisons	14,8	11,0	13,9
Total	100,0	100,0	100,0

Sources : CRPEE, enquête 1984.
100,0 % des personnes interrogées ont fourni au moins une raison
55,1 % ont fourni au moins deux raisons
25,4 % ont fourni trois raisons

Peu d'entre eux, moins d'un quart, évoquent une raison professionnelle, et, plus surprenant, ils sont peu nombreux à rejeter explicitement leur ancien lieu de résidence.

Au demeurant, une rapide approche des modes de vie et de consommation de ces ruraux importés démontre que, malgré un cadre de vie différent, les objets, les habitudes, les attitudes et les comportements restent imprégnés de ceux des citadins.

L'interpénétration de ces deux mondes plaide en faveur d'une remise en cause de la dichotomie rural-urbain. Plus que d'une opposition, il est désormais question d'une complémentarité. Ces deux milieux ne sont pas seulement contigus, ils entretiennent entre eux des relations étroites dont les flux de migrants ne sont que l'un des modes d'expression. Ce décloisonnement, susceptible de structurer ou de déstructurer le milieu d'accueil, peut conduire à penser que l'opposition ancienne a définitivement laissé place à une assimilation, une continuité entre villes et campagnes.

G. Duby souligne à cet égard que *de toute évidence, le très ancien partage entre la ville et la campagne s'efface sous nos yeux, et cet effacement compte parmi les plus bouleversants des changements qui affectent notre civilisation... Entre la ville et la campagne, la fusion se précipite* (92). Malgré ce, il n'est pas question pour nous d'une quelconque homogénéisation du territoire

(92) Cité par B. Kayser in *La renaissance rurale*, op. cit., p. 11.

national où le rural se transformerait pour rejoindre l'urbain. Il est un élément qui continue à différencier nettement ces deux mondes et qui est d'ailleurs largement plébiscité par les migrants : ce que l'on cache sous le terme de "cadre de vie" et qui fait référence à l'environnement, au milieu naturel ; c'est en fait l'espace dans sa dimension la plus élémentaire avec ses plaines, ses montagnes, ses vallées, ses cours d'eau, son climat, ses contraintes physiques. Certes, il est et a été en relation avec les sociétés, les économies et les modes de production, les cultures, les décisions politiques qui ont pu le modeler, le transformer mais, en instantané, il présente un visage, une forme donnant naissance à une image qui pourra le rendre attractif ou bien encore répulsif.

L'espace, façonné par l'histoire, devient alors une condition du développement au même titre que la politique, la société ou encore l'économie.

La reconnaissance d'une nouvelle dynamique rurale passe nécessairement par la prise en compte de cet acteur du développement qu'est l'espace sous de multiples facettes, rurales, urbaines, méridionales, septentrionales, frontalières, centrales, industrielles, agricoles... La question spatiale se situe aussi à un carrefour entre le repeuplement des campagnes et la nouvelle dynamique qui se met en place dans les régions méridionales. En outre, l'un et l'autre nous renvoient à une troisième dimension spatiale qui les dépasse largement. En effet, si ces deux mouvements sont concomitants en France, ils le sont aussi avec les mouvements démographiques observables dans d'autres pays industrialisés et cette triple concordance nous oblige à voir là bien plus qu'un phénomène superficiel, passager ou local.

CHAPITRE III

DIVERSITE ET PORTEE DE LA MUTATION

Aussi surprenants qu'ils soient, deux mouvements largement dépendants contribuent désormais à la métamorphose de notre espace national. Si le renouveau qui s'inscrit peu à peu dans le milieu rural paraît échapper totalement à la majorité des observateurs et plus encore au grand public, le renversement des trajectoires régionales commence à pénétrer les esprits. Cependant, lorsque ce dernier est admis, il est le plus fréquemment assimilé à un simple rattrapage, à un retour à la norme, portant les marques des actions de l'aménagement, et stigmatisé par une conjoncture internationale bousculant provisoirement l'économie des grandes régions industrielles. De cette conception, privilégiant la suprématie de l'industrie et de la ville, subordonnant les hommes à des processus qui les dominent, découle l'idée selon laquelle les transformations démographiques et économiques que nous avons pu observer ne sont que provisoires et ne survivront pas à l'issue inévitable de la crise. Alors, les équilibres anciens seront rétablis et chacun reprendra sa place au coeur d'un ordre admis une fois pour toutes et valable ici comme ailleurs.

Pourtant, bien des aspects du changement ne plaident pas en faveur de cette interprétation que l'on veut rassurante et où demain ne peut être que la répétition d'hier. Le phénomène en oeuvre apparaît, à bien des égards, remarquable. D'une part, nous avons pu constater qu'il a derrière lui une permanence qui s'étale et une intensité qui se renforce sur une période de deux à trois décennies. D'autre part, il ne concerne pas seulement l'hexagone et intéresse aussi, malgré un certain décalage dans le temps, d'autres pays européens, sans parler des Etats-Unis (93).

Parce qu'elle est durable et parce qu'elle porte en elle une dimension géographique large, la dynamique méridionale n'est, pour nous, ni superficielle, ni éphémère, ni locale. Elle révèle les perspectives de devenir d'une société en gestation, à laquelle nous ne pouvons qu'être attentifs.

Dans ce but, les évolutions régionales des pays voisins vont être interrogées et nous verrons que, malgré une primauté nationale déterminante, des analogies peuvent être perçues dans les

---

(93) Voir *Migration and labor market adjustment*, op. cit.

comportements des différents Suds européens. Enfin, il sera alors temps de mesurer la portée du renversement de tendance et de l'apprécier avec l'originalité qu'il mérite.

I - L'INSCRIPTION GEOGRAPHIQUE INTERNATIONALE

Le renversement des trajectoires régionales mis en évidence tout au long de cette réflexion n'est pas propre au seul espace français. D'autres pays connaissent eux aussi un glissement Nord-Sud (94), doté d'une double dimension : la première et la plus évidente porte sur la démographie des régions, la seconde, souvent plus contestée, concerne leur économie.

Observable dans bon nombre de pays européens, cette nouvelle logique de localisation des hommes et des activités s'est révélée plus précoce en Allemagne (95) et en Angleterre pour s'affirmer ensuite en France et se dessiner dans les pays méridionaux que sont l'Italie et l'Espagne.

Il va sans dire que les spécificités nationales pèsent fortement sur la situation et les évolutions de chacune des régions concernées. Il n'est besoin, pour s'en convaincre, que de savoir que tous les pays européens n'ont pas la même histoire en matière de découpage régional. Comment comparer en effet la République Fédérale Allemande scindée, dès sa constitution au lendemain de la guerre (96), en dix länders plus Berlin, et la France qui n'est véritablement pourvue de structures régionalisées que depuis 1982 ? De même, ces différents pays n'ont pas été amenés à répondre aux impératifs européens aux mêmes dates.

Cependant, et en dépit de ces cohésions nationales qui sont et restent primordiales, il est possible de relever, dans chacun de ces pays, les signes d'une dynamique qui ne répond plus exclusivement

---

(94) Voir notamment M. Sinz,"Le glissement Nord-Sud et le développement urbain en RFA", in *REM*, vol. 36, n° 144, 4/1988, p. 65-73.
A. Melero-Guillo et J. de Unamuno-Hierro, *El desarollo socioeconomico de España : une huida hacia el sol ?*, Ve Rencontres ARETHUSE, Montpellier, septembre 1989.
(95) Nous ferons référence ici à la RFA et non à l'Allemagne à présent réunifiée.
(96) Le 8 mai 1949 plus exactement.

aux schémas explicatifs fondés sur la prédominance métropolitaine et industrielle.

Sur le plan démographique, un simple repérage des régions dont les variations de population sont soit inférieures, soit supérieures d'un écart type à l'évolution nationale moyenne permet de confirmer que la chronologie du phénomène varie selon les Etats. Dès les années 60, un Sud progressif s'impose en Angleterre, plaçant en tête des régions britanniques l'East Anglia et le South West, tandis que les régions du Nord voient leur population stagner. Dans le même temps, le Sud allemand se distingue, d'abord et très tôt à travers le Bade-Würtemberg, rejoint ensuite par la Bavière. En Italie et en Espagne enfin, l'amorce d'un processus de renversement n'est perceptible qu'à partir des années 70 mais se renforce au cours de la décennie suivante.

Ce décalage dans le temps se double de particularités géographiques propres à chaque pays. Comment assimiler par exemple un Sud français éloigné de la capitale et considéré comme périphérique et un Sud britannique abritant Londres ? L'analyse des mouvements migratoires montre toutefois que *l'essor du Sud-Ouest [de l'Angleterre] ne se résume pas à la diffusion de la région capitale... Cela nous entraîne à voir en Grande-Bretagne la constitution d'un Sud, même s'il n'est pas aussi indépendant qu'ailleurs* (97). En effet, et tel était déjà le cas en France, le changement résulte, en grande partie, du jeu sélectif des migrations interrégionales. D'une part, le croît naturel ne peut en si peu de temps générer des évolutions diverses aussi fortes et, d'autre part, nous avons déjà souligné, à travers l'exemple français, que les comportements natalistes tendent à s'harmoniser tout en évoluant à la baisse.

La dynamique démographique, observable dans les pays européens, repose donc plus certainement sur un mouvement de relocalisation des hommes. Ainsi, des régions longtemps pourvoyeuses d'hommes affirment désormais leur attractivité, tandis que d'autres reconnues jusqu'à une période récente pour leur capacité à drainer les migrants se sont mises à en exporter de plus en plus. Cette réorientation des flux migratoires ne doit toutefois pas faire oublier l'existence d'un autre mouvement inscrit dans une tendance

(97) A. Berger et J. Rouzier, "Le modèle Sud et les économies régionales espagnoles", *REM*, vol. 38, n° 149-150, 1-2/1990, p. 7-38.

longue et, de ce fait, connu et admis, reflètant le poids des métropoles et la logique des croissances économiques comparées. Cette liaison se perpétue en Allemagne entre Brême et le Schleswig-Holstein, en France avec Paris et la région Centre, ainsi qu'en Angleterre où Londres participe à l'essor du Sud-Ouest, même si cette région prélève aujourd'hui des migrants dans la quasi-totalité des autres régions. Sans pour autant nier cette continuité dans la dynamique spatiale occidentale, le glissement qui s'opère en direction des Suds nous apparaît toutefois plus riche d'enseignements. Précisément parce qu'il est récent et qu'il pourrait donc nous renseigner sur l'avenir mais aussi parce qu'il rend compte d'un monde plus complexe, plus varié qui échappe peu à peu aux schémas d'interprétation auxquels nous sommes accoutumés.

Pour autant, les progrès démographiques des régions méridionales des pays européens s'accompagnent-ils d'une dimension économique ? Une première réponse transparaît à l'examen des caractéristiques des migrants concernés par ce mouvement. Comme dans le cas français, les nouveaux venus sont majoritairement jeunes et actifs (98) et si des retraités participent aux flux dirigés vers les Suds, leur poids relatif reste faible. Le rajeunissement importé par les ménages et leurs enfants permet donc de supposer que le renversement étudié n'est pas dénué de tout fondement économique.

Bien que les régions bénéficiaires sur le plan démographique soient toutes situées au bas des hiérarchies nationales en termes de valeur ajoutée, de revenu par habitant, de productivité par personne occupée (99), elles connaissent à l'inverse une position plus avantageuse lorsque l'on raisonne au niveau de l'évolution de ces mêmes indicateurs macro-économiques. Comme nous avons pu le constater en France, un paradoxe apparent transparaît dès que l'on se risque à comparer les régions par rapport à leur situation et en fonction de leur évolution. Mais, dans le premier cas, le passé et les structures pèsent de tout leur poids tandis que le second porte plus certainement la marque du changement en oeuvre. Ce faisant, le Sud français n'est pas seul à détenir des records en matière de création d'emploi. En Grande-Bretagne, l'East Anglia et le Sud-Ouest voient leur emploi progresser à un rythme supérieur à 10 % au cours de la

---

(98) A. Berger et J. Rouzier, *Homme, espace, économie*, rapport ronéo, novembre 1989, CRPEE.

(99) Voir *Les régions dans les années 90*, 4e rapport périodique sur "La situation et l'évolution socio-économique des régions de la Communauté", Commission des Communautés Européennes, Bruxelles-Luxembourg, 1991.

décennie 1976-1986, alors que l'emploi britannique stagne (- 1 % de 1976 à 1986) et même Londres et sa région ne gagnent que 4 %. Une évolution analogue s'inscrit entre 1960 et 1987 en République Fédérale Allemande où les progrès en la matière atteignent 3 % contre 10 % pour la Bavière et le Bade-Würtemberg.

En revanche, le phénomène apparaît moins homogène au niveau européen si l'on porte attention au chômage en région. Le Sud français se distingue en effet par des taux de chômage particulièrement élevés et dont nous avons précisé la nature. Caractérisant également l'Espagne, cet élément négatif ne concerne pas l'Angleterre ou l'Allemagne. Il est vrai que les régions méridionales de ces pays n'ont pas à "digérer" un héritage aussi pesant que celui qu'à légué l'histoire au Midi français et qui le handicape encore aujourd'hui (100).

Ces spécificités nationales se retrouvent avec netteté lorsqu'on tente de situer chacune des régions européennes en fonction de plusieurs variables représentant aussi bien des évolutions démographiques (variation de la population totale 1975-1983, solde migratoire entre 1977 et 1983 par rapport à la population en 1977), que des évolutions d'emploi (variation du taux d'activité totale 1975-1984, variation du taux d'activité féminine 1975-1984, variation du taux de chômage 1975-1985) ou des évolutions de résultats économiques (variation du PIB par habitant 1979-1982, variation du PIB par personne employée 1979-1982). A l'aide d'une analyse en composantes principales intégrant les sept variables précitées, il est en effet possible d'opérer des regroupements de régions selon le degré de ressemblance de leur dynamique au cours d'une période de dix années (101). Cette approche, réalisée pour les régions

---

(100) Voir chapitre I dans cette seconde partie.

(101) Le plan d'analyse retenu par l'auteur est le plan formé par la première composante principale (CP1) et la troisième (CP3). En effet, si les deux premières composantes principales forment un plan assurant une représentation de 60 % de l'inertie totale, la situation des variables actives sur le cercle de corrélation donne une interprétation des deux axes relativement voisine. Ainsi les variations des taux d'activité sont corrélées positivement avec CP2 et négativement avec CP1. De même, les variations des PIB sont corrélées négativement avec CP1 et CP2. La troisième composante CP3 a une signification plus interprétable que la seconde. Elle est en effet très corrélée positivement avec la variation démographique et le rôle des migrations, tout en ayant une part d'inertie équivalente à la deuxième composante.
Pour faciliter la lecture du graphique, l'auteur fait apparaître sous forme de petites lucarnes la nature des corrélations entre les variables et les composantes principales.
A. Berger, *Analyse des disparités, analyse des différences : l'affirmation des Suds européens*, Actes des 4e Rencontres ARETHUSE, IERSO, Université de Bordeaux I, 1er trimestre 1989, p. 273 à 290.

françaises, allemandes, italiennes et britanniques (102), trouve sa justification en ce qu'elle permet de considérer les régions en tant qu'entités autonomes et non en fonction d'une norme dépendante d'un champ géographique précis et du caractère structurel d'un indice unique.

La représentation synthétique des évolutions des régions européennes fait état de l'existence de Suds différents plus que d'un Sud européen unique. Si Nord et Sud de chacun des pays concernés se dissocient parfaitement, les régions en crise, historiquement dominées par l'industrie, se regroupent plus franchement dans la même portion du graphique proposé. Occupant la partie inférieure de ce dernier, les régions longtemps considérées comme les plus dynamiques connaissent désormais des difficultés analogues et profitent peu du changement démoéconomique récent qui s'exerce au bénéfice des Suds.

Les Suds anglais, allemands et français, bien que subordonnés à une réalité nationale omniprésente, se dégagent de leur ensemble de référence grâce à une très forte dynamique de leurs composantes démographiques. Quant au Sud italien, s'il connaît des transformations moins spectaculaires qu'ailleurs, il se distingue toutefois par sa dimension économique, marquée d'une croissance élevée des PIB par habitant et par personne occupée, ainsi que par une augmentation importante de ses taux d'activité.

A la lumière de cette analyse rapide privilégiant les différences plus que les disparités, il semble bien que le renversement des trajectoires régionales ne concerne pas seulement la France mais intéresse à des degrés divers d'autres pays. Certes, et la représentation graphique construite le démontre, il n'est pas possible d'évoquer une quelconque unicité du phénomène. Pourtant, qu'elles soient situées en France ou au-delà de nos frontières, les régions en cause sont toutes reconnues comme étant des espaces historiquement attardés parce que demeurés en marge du processus d'industrialisation ancien. Connaissant aujourd'hui un progrès fondé sur de nouvelles formes d'industrialisation, sur un essor tertiaire où le tourisme occupe une place déterminante, ils portent tous, et bien que de façon plus ou moins marquée, les stigmates d'un passé

(102) En raison de contraintes liées à l'information disponible, l'Espagne n'a pas été retenue pour cette analyse.

Graphique 25
Représentation synthétique des évolutions des régions européennes entre 1975 et 1984

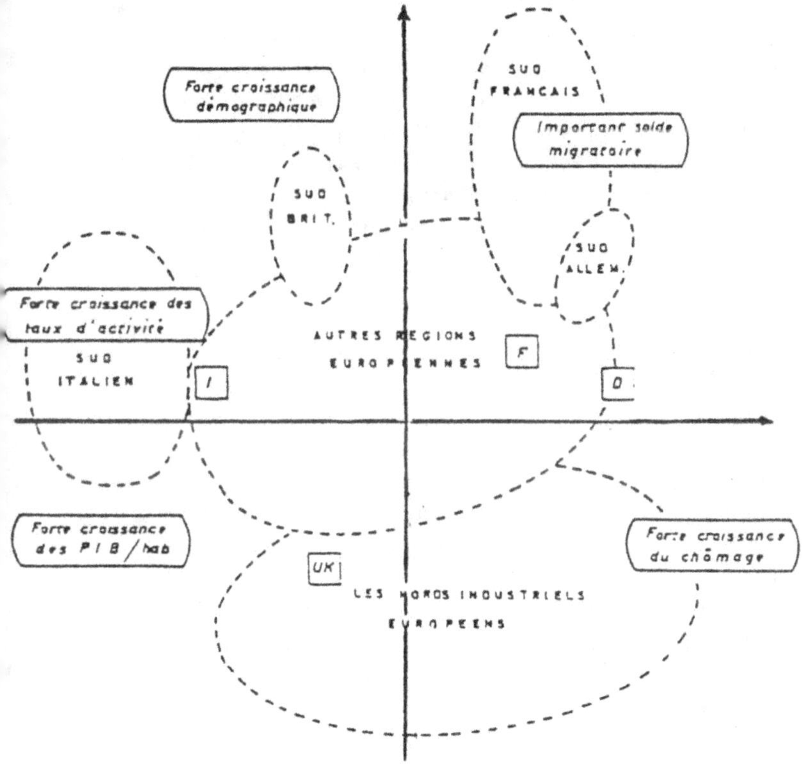

Sources : A. Berger, *Analyse des disparités, analyse des différences : l'affirmation des Suds européens*, op. cit., p. 287.

pénalisant dont le chômage est, tout particulièrement en France, l'un des aspects.

L'envergure et les caractéristiques du processus en oeuvre nous obligent, en tout cas, à ne pas négliger cette dynamique, d'autant plus qu'elle émerge de concert avec un autre bouleversement spatial induit, celui-là, par une redécouverte des campagnes. Ici encore la France n'est pas seule à connaître une expansion d'une population rurale de moins en moins agricole. Partout des voix tentent de se faire entendre, sans grand succès le plus souvent. Dès 1976, B.J.L. Berry (103) évoque à propos des Etats-Unis l'existence d'un renversement qu'il dénomme alors, par provocation sans doute, *counterurbanization*. En 1983, G. Gavignaud décrit *l'évolution discrète, sans à-coup, de la société rurale américaine au caractère non agricole accentué* (104). B. Kayser rappelle en 1990 les travaux effectués par différents auteurs qui tentent tous de montrer l'importance de ce phénomène dans leur pays respectif. Le voyage entrepris nous entraîne en France et aux Etats-Unis mais aussi au Canada, au Royaume-Uni, en Pologne et en Italie (105).

Concomitants dans le temps, ces deux mouvements dont l'un porte une recomposition des économies régionales, tandis que l'autre contribue à modifier les rapports villes-campagnes, coexistent aussi dans leur inscription géographique internationale. Au demeurant, d'autres points communs les relient l'un à l'autre, ne serait-ce que les caractéristiques des migrants qui en sont à l'origine.

De fait, il est difficile de ne voir dans ces bouleversements qu'un désordre provisoire, directement rattaché à la crise industrielle et, par voie de conséquence, réversible à plus ou moins long terme. Ne peut-on en effet envisager qu'il s'agisse là d'une véritable rupture des dynamiques spatiales antérieures, impliquant l'émergence d'un nouvel ordre spatio-économique inscrit dans une perspective durable ? L'analyse de l'évolution de certaines dispersions régionales n'infirme pas cette hypothèse et plaide, au contraire, en faveur d'une nouvelle logique de hiérarchisation des régions.

---

(103) B.J.L. Berry, "Urbanization and counterurbanization", Sage Publications, *Urban Affairs Annual Review*, n° 11, 1976, 134 pages.

(104) G. Gavignaud, *La révolution rurale, essai à partir du cas américain*, Editions Horvath, 1983, 162 pages.

(105) *La renaissance rurale*, op. cit., p. 48 à 79.

II - LES PROLONGEMENTS POSSIBLES

Resté imprévu de la plupart des travaux de prospective, le renversement des trajectoires régionales est aujourd'hui admis sans pour autant être toujours bien expliqué. Les conclusions et les interprétations qui en découlent peuvent même se révéler diamétralement opposées.

La lecture la plus fréquemment répandue ne voit dans les progrès méridionaux qu'un simple "rattrapage" et les régions dites en retard ne feraient en fait que progresser pour rejoindre celles que l'on considère volontiers comme les plus riches. Cette vision de l'évolution des économies régionales est sous-tendue par une "idéologie égalitaire" qui domine largement la pensée, et plus encore l'action, tant des responsables français de l'aménagement que des responsables européens. Pour les uns, *l'adaptation de la France ne pourrait être nationalement réussie si elle n'était pas territorialement équitable* (106), pour les autres il est nécessaire de *renforcer l'unité de leurs économies et d'en assurer le développement harmonieux en réduisant l'écart entre les différentes régions et le retard des moins favorisées* (107). Située dans le droit-fil de la pensée néo-classique (108), cette conception dont le maître mot est "l'équilibre" assimile les écarts interrégionaux à de simples retards d'ajustements.

Il faut bien voir en effet que l'économie régionale, science de l'action et de la décision, a été forgée en vertu d'une normalisation jacobine dominante et en réponse à un besoin du pouvoir central. Bien que née de prises de conscience locales ou "régionalistes", elle sera rapidement reprise en main par le centre, avec la mise en place des politiques régionales. De fait, elle se doit d'offrir un certain nombre d'éléments comparatifs entre les différentes régions permettant, au premier chef, de légitimer et de justifier l'intervention des pouvoirs publics, ainsi que les processus de répartition des aides et de toutes autres mesures incitatives ou d'accompagnement. Dans ce but, les analyses de disparités, telles qu'elles sont menées le plus souvent, consistent à situer par rapport à une référence moyenne, nationale ou européenne, les différentes régions. La position de

---

(106) Rapport Guichard, Documentation française, Paris, 1988.

(107) C. Lacour, J. Lajugie et P. Delfaud, "L'approche régionale du Traité de Rome", in *Espace régional et aménagement du territoire*, op. cit., p. 603.

(108) Cela est vrai pour le contenu, même si le principe d'une intervention étatique relève plus certainement d'une inspiration keynésienne.

celles-ci, en dessus ou en dessous, proche ou non de la norme choisie, permet de formuler un diagnostic rapide sur la situation économique et sur le devenir des régions. Ainsi, les responsables sont en mesure de pouvoir orienter leurs décisions et de vérifier, dans le temps, le bien-fondé des politiques mises en oeuvre. Ils peuvent, au besoin, médiatiser les résultats obtenus.

Logiquement, grâce à cette volonté de justice territoriale et conformément à des analyses privilégiant l'aspect structurel et durable, c'est-à-dire le passé, la dispersion des évolutions régionales devrait se réduire progressivement pour acheminer le pays vers un resserrement des régions autour de la moyenne nationale. Cependant, les évolutions régionales laissent supposer une tout autre perspective.

Les graphiques suivants montrent en effet qu'après une phase effective de rapprochement, la dynamique des régions se traduit pas une nouvelle dispersion ouvrant ainsi un autre cycle de divergence. De nouvelles disparités interrégionales sont donc en formation et elles transparaissent aussi bien dans la dimension démographique du phénomène que dans sa dimension économique. Nous retrouvons le décalage chronologique déjà observé entre les différents pays de la Communauté avec la Grande-Bretagne et l'Allemagne qui connaissent, en 1985, de fortes disparités interrégionales, tandis que la France s'éloigne peu à peu d'un seuil de convergence, non encore atteint par l'Espagne. Il convient aussi de préciser que les écarts d'évolution de population sont antérieurs dans le temps, et de ce fait plus francs, que les différences de progression des composantes économiques régionales. Il faut bien voir en effet que les mouvements des hommes ont précédé l'amorce d'un retour à une efficacité préférentiellement dirigée vers les systèmes productifs méridionaux. En outre, ces nouvelles disparités, que l'on peut qualifier de fonctionnelles, viennent se superposer à d'autres, plus anciennes, de nature structurelle. Ce faisant, cette juxtaposition peut échapper à l'observateur qui ne verra alors qu'une situation moyenne progressant dans le sens d'une harmonisation tant attendue du territoire. Ce regain de "diversité" souligne en fait une nouvelle aptitude au développement manifestée par certains espaces. Il remet en cause, du même coup, les approches mécanistes qui *supposent que pour toutes les régions, les mêmes indicateurs économiques, démographiques et sociaux ont la même signification, que les mêmes effets sont générés nécessairement par les mêmes causes*

Graphique 26
Evolution des dispersions régionales des dynamiques démographiques entre 1955 et 1985

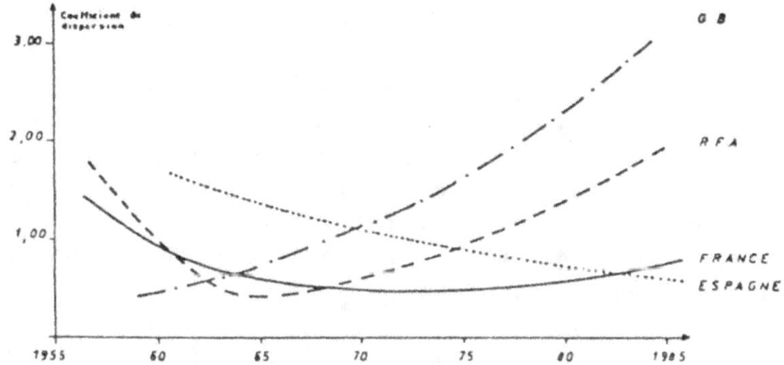

Sources : *Le modèle Sud et les économies régionales espagnoles*, op. cit., p. 21.

Graphique 27
Evolution des dispersions régionales de la productivité du travail (PIB/emploi occupé) de 1970 à 1985

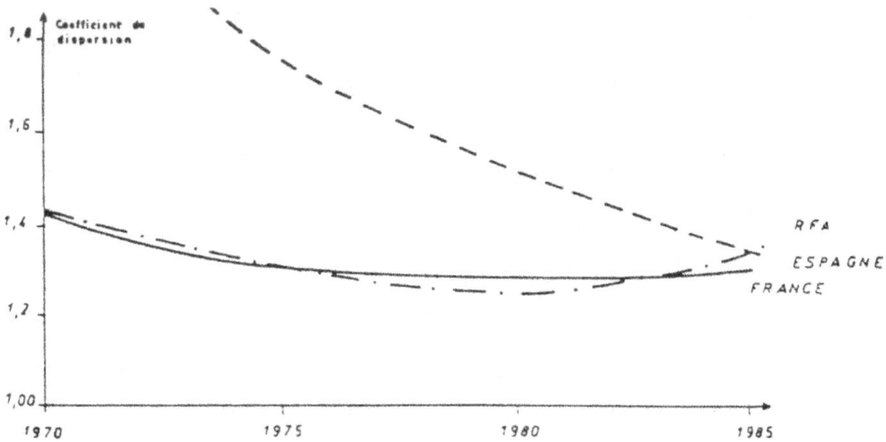

Sources : *Le modèle Sud et les économies régionales espagnoles*, op. cit., p. 35.

et enfin, que les mêmes remèdes déterminent les mêmes résultats (109).

De ce constat découle la nécessité de mettre à jour les spécificités régionales, les différences qu'elles portent en elles et qui orientent leur trajectoire respective, au lieu de retenir les seules disparités. Alors seulement, il sera possible de comprendre le fonctionnement des espaces régionaux et d'en assurer une gestion véritable et efficace. Cette exigence implique un examen approfondi des réalités locales où chaque région fait l'objet d'une attention et d'une investigation particulières interrogeant les processus qui engendrent la différence et prenant en considération leurs éléments objectifs de cohésion. C'est en effet en portant plus d'attention aux marges que l'on pourra admettre que les régions du Sud, loin de reproduire le modèle septentrional déclinant, proposent un autre processus d'épanouissement plus prompt depuis la fin des "trente glorieuses" à répondre aux exigences actuelles, économiques et plus largement sociales. Ce nouveau mode de développement est encore essentiellement l'apanage de ces régions, même si elles n'en ont pas l'exclusivité. Il repose sur une dimension qu'il semble utile à présent de prendre en compte. Il n'est plus question aujourd'hui d'aborder les problèmes nouveaux dans les mêmes termes qu'auparavant.

* *
*

Confrontées au défi de leur intégration dans l'espace communautaire, la France et ses régions sont dans l'obligation de faire le point sur leurs forces et leurs faiblesses en vue d'élaborer une stratégie active de développement. Dans cette optique, elles doivent être en mesure de se positionner par rapport à des avenirs possibles. A cet égard, différentes représentations du devenir des régions françaises sont proposées et chacune d'elles met en perspective certains risques et certains atouts et, au-delà, des choix et des alternatives envisageables.

Le scénario le plus répandu s'appuie sur la puissance de la mégalopole européenne, tissu urbain et économique de forte densité qui, et depuis fort longtemps, conditionne la structuration de l'espace européen tout entier. Les *trois images de la France dans*

---

(109) A. Berger et J. Rouzier, *Pour une prise en compte de la complexité en économie régionale*, op. cit., p. 34.

l'Europe proposées par la DATAR dans son programme *Prospective et territoires* (110) s'inspirent d'ailleurs largement de cette logique territoriale préétablie. Si elle admet que le territoire européen puisse changer, cette vision suppose que *ses lignes de force sont en place depuis un siècle* (111). Pour R. Brunet, les transformations à venir dépendent en effet des recompositions et des extensions possibles d'une nébuleuse urbaine et industrielle qui s'étend de l'Angleterre à l'Italie septentrionale en suivant, dans sa plus longue partie, le couloir rhénan. Esquissée dès le Moyen Age, cette dorsale, qu'aucune discontinuité n'affecte, rassemble près d'un tiers de la richesse européenne (112) et concentre plus d'un cinquième de sa population. Deux axes secondaires complètent cette configuration :

- l'un à l'est relie Hambourg, Berlin, Leipzig, Prague et Vienne. Malgré un tissu économique dense, celui-ci demeure cependant peu fonctionnel en raison notamment d'une situation politique instable,
- l'autre à l'ouest concerne tout particulièrement l'espace français. Il chemine de Paris, son point fort, pour rejoindre Marseille en passant par Lyon.

Quant aux régions "déprimées" caractérisées par des taux de croissance démographique élevés, des salaires et des niveaux de formation bas, elles constituent un arc unissant l'Irlande, le Portugal, les Suds de l'Espagne et de l'Italie et enfin la Grèce.

Selon son promoteur, ce schéma garde toute sa validité en dépit des modifications intervenues au cours des deux dernières décennies, marquées plus particulièrement par les difficultés des régions de tradition industrielle et par les progrès substantiels des pays méridionaux. Ce faisant, l'épine dorsale de l'Europe s'est déplacée en direction du sud et est désormais délimitée, au nord, par Londres au lieu de Manchester, au sud, par Rome au lieu de Milan. De plus, la mégalopole, ainsi décalée, paraît se ramifier, et de nouveaux axes sont en formation, plus particulièrement dans la partie méridionale de la dorsale. Parmi eux, nous retiendrons plus spécialement le trajet qualifié par R. Brunet de *boulevard de la Méditerranée*.

Celui-ci se confond, d'une part, avec un *croissant doré* regroupant des villes telles que Toulouse, Montpellier, Aix-Marseille, voire Nice, susceptibles de générer des richesses

---

(110) Voir *Prospective et territoires*, DATAR, septembre 1991.

(111) R. Brunet, "Les nouveaux avatars de l'espace européen", *Revue Pour*, "1992 : territoires en question, questions de territoires", n° 118, septembre-octobre 1988, p. 23.

(112) La Suisse et l'Autriche étant ici rattachées à l'Europe des Douze.

nouvelles. D'autre part, il se prolonge à l'ouest en direction de l'Espagne grâce au dynamisme des côtes de Catalogne et du Levant, ainsi qu'à l'est pour intéresser les zones les plus actives de l'Italie.

Cette représentation prend en compte l'émergence démoéconomique d'espaces dans lesquels, nous dit-on, *se fait depuis quelques années le meilleur du développement* (113). En cela, elle n'est pas totalement en opposition avec la conception, forgée au fil d'interrogations successives et qui est devenue la nôtre à propos des dynamiques régionales. Cependant, elle laisse peu de place à des changements drastiques, susceptibles d'échapper aux tendances lourdes qui, du poids de la ville à celui de l'industrie, ont contribué à modeler la composition spatioéconomique actuelle des espaces régionaux français.

Certes, des espaces connaissent encore aujourd'hui un parcours résolument inscrit dans la continuité. L'Ile-de-France est de ceux-ci et témoigne de cette permanence. Mais d'autres, et tel est le cas des régions méridionales, s'affranchissent des logiques anciennes pour renouer avec la croissance selon des processus complexes où l'économie, la politique, l'espace et la société sont étroitement mêlés. Grâce à cette réunion d'actions disparates, ces régions s'avèrent aujourd'hui en mesure d'évoluer en s'écartant des trajectoires qui semblaient définies une fois pour toutes.

Que le renouveau s'inscrive dans les campagnes ou dans le Midi, il porte en effet en lui d'autres exigences des hommes qui, dégagés des contraintes ancestrales de localisation, choisissent les espaces du vide pour s'y implanter. Privilégiées parce que ressenties comme disponibles, ces terres d'exode deviennent d'immigration tandis que l'inertie d'antan laisse la place à l'initiative. Une volonté conquérante se manifeste en ces lieux où se composent de nouvelles formes sociétales, de nouveaux archétypes économiques peut-être voués à s'étendre. Certes la détermination des hommes et, à travers eux, des sociétés est une condition nécessaire de ce processus, mais elle n'est pas suffisante. Le territoire d'accueil se doit d'offrir un contexte de réceptivité né d'une subtile conjonction d'actions tout à la fois sociales, spatiales, historiques, économiques et politiques. C'est de cette rencontre que naît une forme de développement dont l'avenir est conditionné par l'image qu'il renvoie, une image qui peut accélérer les progrès acquis ou au contraire y mettre un terme.

---

(113) "Les nouveaux avatars de l'espace européen", op. cit., p. 26.

Préparer l'avenir suppose donc que l'on agisse dès aujourd'hui d'autant que l'enjeu est de taille puisqu'il dépasse largement nos frontières. De plus, les différenciations spatialisées qui se font jour ne vont pas manquer de soulever nombre de difficultés. D'abord pour les espaces bénéficiaires qui, sous l'influence de flux nouveaux, portent en eux des situations contradictoires qu'il faudra prendre en compte. C'est le cas par exemple de l'économie où la superposition du passé et du présent conduit à un chômage élevé, c'est le cas aussi de la société méridionale qui doit faire face à un brassage de sa population où, le plus souvent, la jeunesse et le dynamisme sont dans un camp et le déclin et la vieillesse dans l'autre. Ensuite, il convient de ne pas abandonner les espaces qui n'ont plus les faveurs des migrants et dont l'économie perd de sa créativité passée.

L'appel lancé aux responsables de l'aménagement est clair. Leur action ne doit pas ignorer cette nouvelle tendance et, à l'heure où l'Europe se construit, c'est une concertation à cette échelle qui paraît nécessaire. Si le travail effectué permet, à ce stade, de prendre conscience des bouleversements vécus, il demeure insuffisant pour rendre compte des lois, des logiques qui sous-tendent le changement. D'ailleurs, nous avons avoué à maintes reprises notre impuissance à rendre compte de toutes les relations qui influent sur la réceptivité spatiale. Il convient donc à présent de structurer une accumulation factuelle pouvant paraître parfois désordonnée. Pour cela, nous devons adopter une grille de lecture apte à la formulation de principes d'action et intégrant le maximum de composantes de la métamorphose de notre paysage socio-économique. Il va donc être question de repenser la schématisation susceptible de nous éclairer sur la logique du phénomène en oeuvre et donc de définir une construction théorique nouvelle, en alternative à l'arsenal théorique disponible.

PARTIE III

UNE APPROCHE TERRITORIALE DU DEVELOPPEMENT

Les résultats obtenus dans un cadre concret, réel et saisissable, plaident en faveur d'une recomposition de la carte du développement économique régional. Beaucoup de régions industrielles, autrefois prospères et en parfaite adéquation avec l'ordre socio-économique dominant, ont connu de graves difficultés qui ont entraîné leur stagnation, voire leur déclin. Dans le même temps, des espaces hier encore noyés dans l'anonymat provincial, parfois marginalisés, prennent un nouveau départ et apparaissent dès à présent porteurs d'une nouvelle forme de dynamisme.

Catalysé par la crise, le processus de développement qui se fait jour se distingue du modèle en vigueur durant la période de croissance forte et régulière de l'après-guerre et déclin et progression ne se réfèrent plus désormais aux mêmes espaces que par le passé. La croissance a changé, dans sa nature et dans son inscription spatiale et, avec elle, le mode de développement qu'elle sous-tend. Au-delà de cette constatation qui, rappelons-le, dépasse largement notre cadre national, il devient nécessaire d'avancer dans la compréhension et l'explication de cette différenciation spatiale ignorée par la plupart des travaux de prospective. En cela, la science régionale se trouve stimulée et les transformations en cours l'invitent à ne plus considérer les problèmes dans les mêmes termes qu'auparavant et à envisager des pistes de réflexion originales en vue de systématiser les orientations actuelles.

A travers la multiplicité et la diversité des liens qui fondent leurs potentialités créatives, les régions méridionales ne portent-elles pas de nouvelles modalités de développement vouées à s'étendre ? C'est en tout cas de la complexité ainsi perçue des rapports entre les hommes, l'économie, l'espace et le temps qu'il convient désormais de rendre compte. Comme le souligne H. Bartoli, *ce n'est pas en procédant à une réduction abusive de la complexité des phénomènes économiques et sociaux que l'on progresse dans la connaissance scientifique, c'est en adoptant une approche qui permet de tenir compte de la multitude de leurs apports, de la diversité des relations qui courent entre eux, de leurs modifications dans le temps et de leur variété dans l'espace* (1). Cette attitude reste cependant très critiquée par une majorité de chercheurs relevant des sciences sociales et qui

(1) H. Bartoli, *Economie et création collective*, Economica, 1977, p. 307

n'admettent pour seule démarche à caractère réellement scientifique que l'approche analytique privilégiant une simplification extrême des phénomènes observés. Toutefois, il apparaît que, pour le cas qui nous intéresse, nous ne pouvons opter que pour une démarche large et diversifiée en demeurant conscients que la complexité est devenue objet d'étude en soi et ne désigne plus, comme par le passé, une difficulté de compréhension (2).

Chaque région est en effet le siège de liaisons multiples qui s'interconnectent et forment un tissu relationnel particulier. Ce dernier, par sa singularité, conditionne les chances de développement de la région où il est inscrit et déclenche une dynamique elle-même originale. Les acteurs qui entrent en lice sont variés et multiples mais tous participent, bien qu'à des degrés divers, à la mise en oeuvre d'un processus de développement.

Des architectures spatiales identifiables, tant par leur structure que par leur capacité d'évolution sont donc modelées par différents intervenants dont les influences respectives dépendent des objectifs fixés par eux et des moyens à leur disposition. Nous avons en effet pu constater que si les pouvoirs publics, de l'Europe aux collectivités locales, en passant par l'Etat, ont un rôle prépondérant à jouer, les entreprises, de même que la population sont des points de passage obligés dans l'émergence d'une dynamique. Enfin, l'espace constitue lui aussi une donnée active de la structuration historique culturelle, sociale et économique de nos régions. Ainsi, il n'est pas question pour nous de privilégier l'une ou l'autre des relations qu'ils entretiennent entre eux, mais plutôt de les reconsidérer toutes dans leur globalité, leur totalité. Désormais, il s'agit de réduire considérablement l'emploi de la clause "toutes choses égales par ailleurs" et donc de dépasser une procédure analytique pour laquelle les interactions entre les parties en présence seraient assez faibles pour être négligeables. Nous suivrons en cela H. Bartoli pour qui il est nécessaire de recourir à une méthode interdisciplinaire, c'est-à-dire finalement d'*ouvrir l'économie à la multidimensionnalité* (3).

La question de la complexité, de la diversité étant posée, toute interrogation relative au développement fait intervenir une notion sous-jacente qui a, elle aussi, son importance et nous oblige à élargir

---

(2) Voir notamment *Les théories de la complexité, autour de l'oeuvre de H. Atlan*, sous la direction de F. Fogelman Soulié, Seuil, 1991.
(3) H. Bartoli, *L'économie multidimensionnelle*, Economica, 1991, p. 75.

notre problématique : il s'agit de l'espace. Il faut bien voir en effet que derrière chaque théorie du développement se cache une définition implicite de l'espace. Tour à tour perçu comme un simple réceptacle plié aux exigences de l'entreprise ou comme détenant le rôle essentiel à la source même du développement, l'espace doit non seulement être pris en compte, mais replacé dans une logique plus vaste qui fait de lui un acteur du développement, au même titre que l'économie, la société et la gestion institutionnelle.

C'est donc la conception, les conceptions mêmes que nous avons de l'espace qu'il convient de revisiter, même s'il ne s'agit pas de nous opposer catégoriquement aux perceptions qui ont prévalu jusqu'alors. Cohérentes avec le contexte socio-économique dans lequel elles ont été élaborées, les représentations que la science économique s'est donnée de l'espace méritent en effet d'être élargies jusqu'à coïncider avec le rôle qui est le sien aujourd'hui au coeur d'un processus identifiable à même de favoriser ou de freiner la croissance économique d'une zone.

Longtemps assimilé à un décor fonctionnel banalisé, modelé par l'action des entreprises, l'espace perd peu à peu son statut de machine à intégrer, égaliser, uniformiser, pour être reconsidéré en tant que base même d'inégalités techniques, économiques et sociales. La prise de conscience de déséquilibres persistants après guerre et de la nécessité pour le politique d'aménager le territoire sera à l'origine d'une nouvelle lecture de l'espace. En outre, l'économie, bien que dotée d'une certaine autonomie marquée par l'adoption d'outils d'analyse spécifiques appropriés à ses objets et à ses stratégies d'approche, s'inscrit dans un contexte scientifique plus large qu'elle ne peut ignorer. Le concept d'espace dépasse son cadre étroit et d'autres disciplines s'en sont depuis longtemps emparées. Face à un renouveau du questionnement relatif à l'espace dans d'autres élaborations théoriques, le regard que l'économie va dès lors porter sur l'espace ne se contente plus d'un savoir existant dont les manques apparaissent chaque jour davantage.

La philosophie et la physique newtonienne ont, en leur temps, influencé une vision économique fonctionnelle évacuant l'espace (4), de la même façon, la remise en cause progressive de la neutralité de l'espace qui transparaît dans les interrogations tant de la

(4) Voir notamment C. L'Huillier, *Economie, espace, information*, Thèse, Montpellier, 21 mai 1987, p. 102 à 126.

géométrie (5), que de la physique va contribuer à enrichir la pensée régionale. Des apports schématiques nouveaux, reflétant les nécessités concrètes du moment, voient alors le jour et auront un impact prépondérant tant sur la littérature économique de cette seconde moitié du XXe siècle que sur les politiques de gestion des inégalités qui ont pu être mises en oeuvre. Qu'il s'agisse de la théorie des pôles de croissance initiée par F. Perroux, de la théorie de la base prépondérante dans la pensée anglo-saxonne, des théories dites du développement inégal (6) ou des théories faisant référence au développement endogène (7), chacune d'elles a contribué, à sa manière, à l'intégration progressive du concept d'espace dans l'analyse économique.

Sans reprendre ici des analyses et des critiques déjà formulées à leur égard dans de nombreux ouvrages et articles, il importe de préciser que si ces changements conceptuels s'inscrivent dans une

---

(5) Le renouveau du questionnement relatif à l'espace a été particulièrement influencé par l'avènement de la topologie. "C'est Listing, qui en 1847, emploie pour la première fois le mot de topologie, nom sous lequel cette nouvelle discipline se maintiendra jusqu'à nos jours. Pour Listing, la topologie doit être l'étude par des méthodes de recherche exactes, des lois quantitatives des relations de lieu. Depuis Listing, en passant par Riemann, Poincaré, etc...la topologie est devenue la forme prédominante de la pensée mathématique contemporaine", in *L'espace social, nouveau paradigme*, par A. Alvarenga et J. Maltcheff, in *Espaces et Sociétés*, n° 34-35, juillet-décembre 1980, Anthropos, p. 65.

(6) Nées de la critique des théories néoclassiques, alors dominantes en matière d'échange international et de croissance régionale, les théories du développement inégal réfutent l'idée selon laquelle les déséquilibres spatiaux ne peuvent être que transitoires et ne reflètent que des lenteurs dans les processus d'ajustement. Qu'il s'agisse de la *théorie de la causalité circulaire et cumulative* présentée par G. Myrdal en 1955, des analyses *centre-périphérie* proposées par J. Friedmann en 1972, ou encore de l'approche relative à *la division spatiale du travail* décrite par P. Aydalot à la fin des années 70, toutes mettent en accusation la thèse de la convergence chère aux néoclassiques. Voir P. Aydalot, *Economie régionale et urbaine*, Economica, 1985, 487 pages.

(7) Nous regroupons en fait sous ce vocable un ensemble différencié, varié, multiforme de travaux, de réflexions et de propositions, rassemblant des apports aux dénominations disparates telles que le *développement par le bas* (from below), le *développement autocentré*, le *développement agropolitain*, la *mobilisation des potentiels locaux* etc...mais dont les contenus respectifs s'inspirent d'une même "philosophie du local". Voir P. Aydalot, *Economie régionale et urbaine* op. cit., mais également J. Friedmann et C. Weaver *Territory and Fonction*, University of California Press, Berkeley, 1979, 233 pages, et plus récemment W. B. Stöhr (sous la direction de), *Global Challenge and Local Response*, Mansell UNU, 1990.

perspective commune susceptible de reconsidérer non plus un espace mais des espaces, ils n'impliquaient pas a priori un abandon radical d'un espace support (8). Il faut bien voir en effet que ces apports théoriques ont été élaborés à un moment particulier, au cours d'une période déterminée et en réponse à une situation précise. Ils répondaient alors aux conditions dans lesquelles ils ont été construits. Aujourd'hui encore, certaines de ces approches conservent de leur validité pour apprécier une permanence reposant sur des tendances lourdes. Mais, en revanche, et dans le même temps, elles ne permettent pas de rendre compte des volte-face de certaines régions, tenues pour périphériques et qui accèdent aujourd'hui à la croissance selon des modalités de développement originales, sans grand rapport avec le modèle septentrional aujourd'hui déclinant.

De fait, et bien qu'aucune des élaborations théoriques évoquées ne puisse être rejetée sommairement, elles ne permettent pas d'éclairer la totalité des trajectoires que connaissent désormais les régions étudiées. Notre objectif est donc de proposer une représentation cohérente des phénomènes que nous avons pu observer et dont la diversité et la multiplicité sont parties prenantes.

Repenser le développement en réintégrant un espace agissant n'aura en effet de véritable sens que si l'on consent à renoncer à envisager l'économique comme dominant et autonome, pour le considérer comme une manière d'aborder le comportement de l'homme, non isolable et reliée à toutes les autres. *Les activités de production, échange, consommation ne constituent en fait qu'une première sphère des activités humaines. Cependant, pour aussi fondamentales qu'elles soient, ces activités ne sauraient englober l'ensemble des préoccupations humaines. Par-delà le domaine du calcul, il existe tout un univers de l'inspiration, de l'affectivité, de l'esthétique, du sacré...dans lequel les hommes trouvent*

---

(8) Nous pensons notamment à *Economie régionale et urbaine* de P. Aydalot plusieurs fois cité déjà, à *Espace régional et aménagement du territoire*, par P. Delfaud, C. Lacour et J. Lajugie, 2ème édition, Dalloz, Paris, 1985, 987 pages, à *Innovation et développement régional*, par B. Planque, Economica, Paris, 1983, 184 pages, à "Economie spatiale et méso-analyse" par J. C. Perrin in *Espace et localisation*, sous la direction de J. H. P. Paelinck et A. Sallez, Economica, 1983, 340 pages, ou encore "Evolution de l'analyse de l'espace économique", par B. Pecqueur, in *Economie et humanisme*, mai-juin 1986, etc...

généralement leurs raisons de vivre (9). Un strict partage disciplinaire pose donc une fois encore problème du fait qu'il empêche de prendre en compte la multitude de facteurs qui, dans leur variété, agissent de manière conjointe sur les attitudes des individus et plus particulièrement sur les relations qu'ils entretiennent avec leur espace et leur cadre de vie. Reconsidérer les nouveaux comportements spatiaux et, avec eux, la diversité de situations localisées porteuses de projets de développement multiples, différents, susceptibles d'évoluer dans le temps et dans l'espace et qui ne s'organisent plus seulement autour d'une logique dichotomique de type "centre-périphérie", "retard-progrès", "déclin-croissance", s'avère indispensable, non seulement pour comprendre les évolutions en cours mais aussi pour agir sur le développement à venir.

C'est donc dans une optique d'interdépendance du politique, du social, de l'économique et du spatial que nous proposons un schéma explicatif d'une organisation territoriale dont la finalité est le développement et qui intègre la dimension relationnelle, et donc informationnelle, des différents pouvoirs en jeu. Ainsi pourrons-nous envisager les modes d'articulation, d'adaptation entre un potentiel local donné, comportant des aspects qualitatifs, et un environnement contraignant dont les acteurs localisés n'ont pas nécessairement la maîtrise. Les principes générateurs ou inhibiteurs de la croissance seront pris en compte dans un contexte évolutif appelant une autre interprétation du sens de l'espace, en accord avec les évolutions récentes. Nous suivrons en cela R. Barthes pour qui *nous voguons sans cesse entre l'objet et sa démystification, impuissants à rendre sa totalité...et pourtant c'est cela que nous devons chercher : une réconciliation du réel et des hommes, de la description et de l'explication, de l'objet et du savoir* (10).

---

(9) R. Passet, *L'économique et le vivant*, Collection Traces, Payot, 1979, p. 9, 10.
(10) R. Barthes, *Mythologies*, Points Civilisations, 1956, p. 247.

CHAPITRE I

LE TERRITOIRE CONÇU COMME UN SYSTEME

Le véritable enjeu de l'analyse spatiale est aujourd'hui de *concilier les impératifs d'efficacité qui renforcent le modèle économique avec ceux de la territorialité qui incorporent plus de dimensions sociales et culturelles* (11).

Parvenir à articuler une logique horizontale ou territoriale et une logique verticale ou fonctionnelle, suppose que l'on adopte une modélisation conjonctive. *Ce qu'on appelle assez vaguement "la totalité", c'est-à-dire les problèmes d'organisation, les phénomènes qui ne se réduisent pas à des événements locaux, les interactions dynamiques manifestées dans les différences de comportement des parties quand elles sont isolées ou situées dans un ensemble complexe, etc..., en bref, les "systèmes" de divers ordres* (12) ne peuvent être appréhendés par l'étude de leurs parties prises isolément.

L'image scientifique du monde a considérablement évolué au cours des dernières décennies et le schéma d'unités isolables agissant par une causalité à sens unique s'est rapidement montré insuffisant. Un réaménagement des savoirs s'est avéré nécessaire et de nouvelles théories, de nouveaux débats ont alors vu le jour. L'économie, longtemps soumise à une vision mécaniste du monde, n'échappe pas à la profonde révision épistémologique que connaissent les autres disciplines. La complexité du monde inanimé, vivant et mental s'impose à l'économiste qui doit admettre que *l'on ne peut comprendre et expliquer les phénomènes économiques que si, attentif à leur singularité, l'on multiplie les regards et les langages, joignant dans un même effort de connaissance l'observation des relations entre les variables, abstraction faite du sens, la recherche de la signification qu'elles assument en elles-mêmes, dans leurs liaisons et dans leurs variations, et l'interrogation sur leurs fonctions opératoires* (13).

Le passage d'un raisonnement analytique où la réalité est scindée en unités chaque fois plus petites, à un raisonnement en termes de

---

(11) C. Lacour, *De l'aménagement du territoire au développement des territoires*, op. cit., p. 121.
(12) L. Von Bertalanffy, *Théorie générale des systèmes*, Dunod, 1972, p. 35.
(13) H. Bartoli, *L'économie multidimensionnelle*, op. cit., p. 385.

systèmes d'éléments en interaction mutuelle s'est accompagné, pour la science, d'une prise en considération de ce que l'on appelle diversement l'adaptation, l'existence d'un but, la finalité. Longtemps considérés comme des *pseudo-problèmes intrinsèquement étrangers à la science, de simples projections déplacées de l'esprit de l'observateur dans une nature gouvernée par des lois inutiles* (14), les comportements téléologiques ont désormais acquis un statut de problèmes scientifiques légitimes.

Cette notion de téléologie, de directivité, est primordiale dans notre interrogation. Notre objectif est, rappellons-le, de définir une organisation complexe, le territoire, dirigée vers un état, un but qui n'est autre que le développement. *Ce qui intéresse l'économiste, ce sont des pratiques au service de projets, non des relations entre les choses. Structures et événements, constances et singularités, sont pour lui, s'il entend être fidèle à son objet, des réalités issues d'actions passées ou présentes, voire d'anticipations dans un milieu toujours contingent* (15).

Il s'agit donc ici de situer le cadre conceptuel adopté et de mettre en évidence la nécessité d'une approche en termes de "système". Pour cela, il nous faut définir dans un premier temps un processus, l'organisation territoriale, ainsi que son objectif propre, le développement, dont nous justifierons le choix tout en explicitant ce qu'il recouvre.

I - TERRITOIRES ET DEVELOPPEMENT : L'INTEGRATION DES DIVERSITES

Evoquer le principe d'une organisation territoriale du développement revient à faire du territoire un des éléments clés de notre analyse. Encore faut-il le définir ! Le concept de territoire n'a en effet pas d'existence en soi ou, plus exactement, il en a de multiples qui peuvent recouvrir les réalités les plus diverses. Le territoire que nous envisageons, en tant qu'observateur dénué de neutralité puisque soumis à notre propre perception et à l'interrogation que nous portons sur les choses (16), s'apparente à un

(14) L. Von Bertalanffy, *Théorie générale des systèmes*, op. cit., p. 44.
(15) *L'économie multidimensionnelle*, op. cit., p. 385.
(16) R. Passet, *L'économique et le vivant*, Payot, Paris, 1979, p. 211.

espace tout à la fois structuré, en tant que résultat de relations de pouvoir, et à son tour structurant, car partie intégrante des relations de pouvoir. Lieu d'inscription et objet de stratégie émanant de pouvoirs épars (politique, économique, social...) qui vont y laisser leurs empreintes, l'espace est, dans le même temps, une condition d'existence de ces pouvoirs. C'est donc à un espace doté d'une épaisseur organisationnelle que nous faisons référence ici sous le vocable de territoire. L'espace, façonné par l'histoire, est réhabilité comme contrainte et objet du développement. Le spatial redevient alors une condition du développement, au même titre que le politique, le social et l'économique.

Le territoire ou "espace de vie et de communication" correspond à un processus relationnel complexe qui ne s'analyse pas en soi mais eu égard à une finalité, un objectif qu'il faut tenter de définir. Ce but vers lequel il tend correspond à ce que l'on appelle communément le développement.

Pendant longtemps, *le développement était d'abord vu comme un ensemble de mutations quantitatives et de progressions mesurables des produits et des revenus moyens* (17). Mais le développement ne peut pas être envisagé dans sa seule dimension quantitative et doit incorporer des aspects qualitatifs. En cela, il n'est pas tout à fait assimilable à une quelconque croissance.

Plusieurs raisons motivent cette distinction. Peu à peu *les hommes éprouvent le sentiment que les conditions actuelles de la croissance ne pourront se poursuivre de façon indéfinie* (18). K. Boulding illustrera alors cette prise de conscience en recourant à l'image du vaisseau spatial (19), tandis que les prévisions d'épuisement des ressources du style *Club de Rome* (1972) joueront comme autant de facteurs de sensibilisation.

Le paradigme du "développement-croissance" par lequel on percevait les problèmes et on concevait les solutions sera d'autant plus critiqué que la croissance se réduit, qu'elle nous abandonne. Le pillage des ressources naturelles et la dépendance accrue de certains espaces n'en deviennent que plus intolérables. En outre, *les régions et les pays hautement développés vont dès lors être contraints de rechercher des solutions internes à leurs problèmes et à faire un*

---

(17) P. Aydalot, *Economie régionale et urbaine*, op. cit., p. 108.
(18) *L'économique et le vivant*, op. cit., p. 28.
(19) K. Boulding, *The Economics of the Spaceship Earth*, in H. Jarret Ed., *Environmental Quality in a growing Economy*, Baltimore, John Hopkins, 1966.

usage plus prudent de leurs ressources (20). Ainsi, plutôt que d'externaliser leur coût, ils vont devoir mettre au point des politiques différentes et parfois spécifiques.

Une conception théorique nouvelle du développement va faire écho à l'opinion publique, de plus en plus concernée par la nécessité de préserver son environnement et son cadre de vie, et bien décidée à agir dans ce sens.

Les idées relatives au développement endogène émergent alors et l'on ne voit plus seulement dans le développement une croissance quantitative engendrée par des mécanismes centraux tels que le marché ou les institutions centralisées. Dès lors la satisfaction la meilleure possible des besoins fondamentaux de la population devient une condition de la légitimité du développement.

Le développement tel que nous l'entendons ici se différencie nettement de la notion de croissance sans pour autant la rejeter. Il est évident que la croissance, entité mesurable, contribue à l'amélioration de la satisfaction des individus et permet une accessibilité aussi large que possible à ses fruits. Néanmoins elle induit aussi des effets négatifs et ne peut pas de fait constituer une référence, ni un objectif suffisant. La finalité d'une organisation territoriale correspond plutôt à une certaine forme d'arbitrage entre "la croissance" et la dégradation induite du niveau de satisfaction des populations locales. Pour B. Planque (21), *la croissance n'est qu'une augmentation de taille, ou de poids, ne présentant en elle-même qu'un intérêt mineur et qu'une faible valeur informative sur l'état d'un système : la multiplication des cellules cancéreuses non organisées vers un objectif est une forme de croissance.* Il compare alors l'économiste qui ne raisonnerait qu'en termes de croissance du produit, de l'emploi ou de la population, au médecin qui porterait un diagnostic sur l'état de son patient, en ne se fondant que sur le seul critère du poids.

Cet exemple, emprunté au domaine du vivant, souligne la nécessité d'accorder une dimension qualitative au développement *qui étend alors ses conséquences au-delà de la sphère économique proprement dite* (22). Il ne s'agit donc plus de produire à tout prix

---

(20) W.B. Stöhr, *La crise économique demande-t-elle de nouvelles stratégies de développement régional ?*, op. cit., p. 191.
(21) B. Planque, *Innovation et développement régional*, Economica, Paris, 1983, p. 11.
(22) *L'économique et le vivant*, op. cit., p. 32.

mais de répondre aux besoins de la population localisée tout en respectant les contraintes de conservation, de survie du territoire.

Une telle conception du développement fait référence à une éthique qui nous éloigne de la rationalité économique à laquelle toute activité finalisée est censée répondre. Or, les activités économiques comportent des dimensions non économiques. Au demeurant, les hommes sont à la recherche de perspectives gratifiantes dont l'expérience économique n'est que l'une des facettes, l'un des moyens de réalisation. Il n'est évidemment pas question de nier toute rationalité mais celle-ci s'inscrit dans un contexte social, culturel, spatial et ne peut de fait n'être qu'économique. Si *la théorie économique a résolu le problème de la rationalité en restreignant son champ d'analyse au niveau d'individus indépendants ne possédant que des objectifs d'ordre économique* (23), elle y est parvenue en pratiquant une réduction considérable du domaine balayé par elle. En ne se préoccupant que de comportements qu'elle voulait absolument formalisables, la théorie était empreinte d'une partialité qui l'a conduite à nier la multiplicité et la complexité des attitudes possibles et des critères qui les déterminent. C'est ainsi que *tandis que l'activité économique réelle, depuis le commencement de la révolution industrielle, est passée du simple au complexe, la pensée économique a suivi un processus inverse* (24). A cet égard, R. Passet n'hésite pas à qualifier l'évolution de la pensée de *régression* (25).

Appréhender le développement en lui supposant une valeur qui ne se traduit pas nécessairement par un accroissement de richesse, une contrepartie monétaire, est un pas fait en vue de lever cette contradiction. Cette démarche ne permet certes pas de décrire de manière exhaustive toute les formes de développement possibles, ni de définir quelle serait la meilleure, d'ailleurs tel n'est pas notre propos, mais elle nous fournit une référence utile quant à la compréhension des dynamiques spatialisées et de leur logique d'organisation.

---

(23) C. L'Huillier, *Economie, espace, information*, op. cit., p. 116.
(24) O. Giarini, "Les conséquences de la complexité en économie : vulnérabilité, risque et rigidité de l'offre", in *Science et pratique de la complexité*, Actes du colloque de Montpellier, mai 1984, Université des Nations Unies, IDATE, La Documentation Française, 1986, p. 164.
(25) *L'économique et le vivant*, op. cit., p. 32.

L'homme récupère ici une part de sa totalité perdue et ses actions, qu'elles soient conscientes ou inconscientes, sont replacées dans un environnement qui va bien au-delà de l'univers marchand. Il agit au coeur d'un territoire ou "espace de vie" dont la consistance, les propriétés de transformation et les potentialités d'évolution dépendent de relations multiples qui s'interconnectent et reflètent la conjugaison ou la confrontation d'un ensemble de valeurs sociales, spatiales, politiques et économiques.

Cette situation d'interdépendance introduit des difficultés théoriques et méthodologiques indéniables quant à sa perception. Elle exige en effet une approche globale et un éclairage multidisciplinaire. Elle suppose de recourir à une méthode conjonctive mais aussi projective qui interroge le monde en privilégiant les relations entre des éléments et non les éléments eux-mêmes. Dans cette perspective de prise en compte de la complexité, seule une approche de type systémique peut nous autoriser à proposer une représentation cohérente de l'organisation territoriale et de ses projets de développement.

Ayant posé les problèmes et dégagé les enjeux, il importe maintenant de préciser la méthode d'analyse adoptée en justifiant son utilisation, en soulignant sa pertinence mais aussi en posant ses limites.

II - LE SYSTEME : COMPLEMENT ET DEPASSEMENT DE L'ANALYSE

Il n'y a pas de problèmes "économiques", "sociologiques" ou "psychologiques", mais seulement des problèmes et ils sont tous complexes (26). De nombreux domaines du savoir admettent aujourd'hui qu'ils doivent affronter le problème de la complexité et donc se diriger vers une connaissance multidimensionnelle dialoguant avec l'incertitude. Toute action, toute activité économique supposent des stratégies qui doivent tenir compte de conditions aléatoires, favorables ou adverses, c'est-à-dire finalement de la complexité (27). Cette difficulté qu'a l'économiste de délimiter

(26) G. Myrdal, *Procès de la croissance*, PUF, Paris, 1978, p. 148.
(27) J.L. Seurin, *Le paradigme de la complexité pour une étude des interactions de l'économie et du politique*, in Mélanges offerts au Doyen Lajugie, op. cit., p. 610 à 623.

rigoureusement ce qui est économique de ce qui ne l'est pas, de concilier la recherche d'exactitude avec le monde incertain de ses investigations, lui impose aussi une réflexion relative à cette notion, elle-même complexe.

Pour E. Morin, *la complexité s'impose comme impossibilité de simplifier ; elle surgit là où l'unité complexe produit ses émergences, là où se perdent les distinctions et clartés dans les identités et les causalités, là où les désordres et les incertitudes perturbent les phénomènes, là où le sujet observateur surprend son propre visage dans l'objet de son observation, là où les antinomies font divaguer le cours du raisonnement. La complexité n'est pas la complication. Ce qui est compliqué peut se réduire à un principe simple comme un écheveau embrouillé ou un noeud de marin... le vrai problème n'est donc pas de ramener la complication des développements à des règles de base simple. La complexité est à la base* (28).

Si la physique quantique a permis de révéler la complexité préalablement non soupçonnée de l'univers, c'est à la biologie que l'on doit d'avoir, la première, mis en cause les schémas analytiques réducteurs empruntés à la physique classique.

Issue de la pensée de Descartes et de Newton, la science classique identifie le monde comme raisonnable, mécanique, descriptible et prévisible. *Tout ce qui se passe et se passera a une cause et un effet précis et l'on peut déterminer avec précision l'avenir d'une partie, pour autant que l'on connaisse l'état de l'élément à tout instant et dans toute sa précision* (29). De nombreuses disciplines, dont l'économie, vont alors se former à cette image. Les sciences sont censées se distinguer par leur objet et non par leur méthode respective, dont le principe commun consiste à réduire le complexe en éléments aussi fins que possible afin de le comprendre.

Cette approche analytique, dominante dans la pensée occidentale depuis trois siècles, est présentée dans le *Discours de la méthode* publié en 1637 (30). Pour Descartes, il s'agit notamment de :

- *diviser chacune des difficultés en autant de parcelles qu'il se pourrait et qu'il serait requis pour les mieux résoudre ;*

---

(28) *La méthode : la nature de la nature*, Tome I, 1977, Seuil, Collection Points, Paris, p. 377.
(29) J.M. Ayer, *Progrès technique et science économique*, op. cit., p. 44.
(30) R. Descartes, *Discours de la méthode*, (1637), Collection 10/18, 1963, p. 37 à 39.

- conduire par ordre ses pensées en commençant par les objets les plus simples et les plus aisés à connaître pour monter peu à peu, comme par degrés, jusqu'à la connaissance des plus composés.

A l'origine du cloisonnement des savoirs, cette démarche, qui s'est imposée en tant que mode d'investigation privilégié des scientifiques, a fait la preuve de son efficacité. Toutefois, de nombreuses découvertes vont infirmer le principe de séparabilité d'objets isolés aux limites spatiales bien définies, tandis que l'on assiste à une émergence d'effets disproportionnés avec leur cause. Ainsi, et comme le souligne H. Atlan, la complexité a, depuis peu, cessé d'être une invocation et est devenue un problème, un objet d'étude en soi et de recherche systématique. *Ce changement de statut est remarquable et constitue un fait important dans l'histoire récente des sciences de la nature, de la biologie d'abord, puis, plus récemment, de la physique* (31). En outre, le développement concomitant des sciences de l'information, dont W. Weaver est le père fondateur, va fournir les moyens à la fois de poser la question de la complexité et de tenter d'y répondre.

Appréhender le global, le complexe, suppose alors de partir de la finalité du tout, et de comprendre comment celle-ci commande l'organisation des parties et des éléments qui le constituent. *Plus que l'identité des éléments, c'est la façon dont ils sont agencés, la nature des relations qui s'établissent entre eux, qui nous apportent quelques lueurs sur ce sujet* (32). Cette méthodologie ou "approche systémique" va donc à l'encontre de la démarche précédente et vise à combler les lacunes d'une pensée atomisée, parcellaire et réductrice, qu'E. Morin qualifie de mutilée/mutilante. Avec R. Passet nous considérerons que l'approche systémique est *avant tout... une approche, c'est-à-dire un moyen d'appréhender les faits. Son objet n'est pas d'exprimer l'essence profonde des choses - que la science contemporaine sait lui être inaccessible - mais aboutit à des modes de représentation permettant une meilleure compréhension du réel et une action plus efficace sur les phénomènes* (33).

Cette méthode s'articule sur la notion de système, ce dernier faisant référence à une construction intelligible et finalisée d'actions

---

(31) H. Atlan, *L'intuition du complexe et ses théorisations*, in "Les théories de la complexité, autour de l'oeuvre de H. Atlan", Seuil, Paris, janvier 1991, p. 9.
(32) *L'économique et le vivant*, op. cit., p. 211.
(33) *L'économique et le vivant*, op. cit., p. 210.

interdépendantes. Si le concept même de système est très ancien, il ne dépassera l'acception générale et ne sera véritablement étudié en tant que tel qu'à partir des années 50. L'idée d'une théorie générale des systèmes fut introduite par L. Von Bertalanffy dès 1937. Toutefois, ce biologiste précise lui-même (34) qu'il dut attendre un changement de climat intellectuel pour faire connaître ses travaux et ce n'est qu'après guerre, qu'un contexte scientifique original, porté par des voies nouvelles telles que la cybernétique, les théories de l'information, des jeux, de la décision, la topologie..., s'avérera alors favorable à ce type de publication.

Défini par E. Morin (35) comme *une unité globale organisée d'interrelations entre éléments, actions ou individus*, le système contient deux idées jointes, la relation et la globalité, desquelles émerge une troisième idée : l'organisation. Celle-ci correspond à *l'agencement de relations entre composants ou individus qui produit une unité complexe ou système, dotée de qualités inconnues au niveau des composants ou individus. L'organisation lie de façon interrelationnelle des éléments ou événements ou individus divers qui dès lors deviennent les composants d'un tout. Elle assure solidarité et solidité relative à ces liaisons, donc assure au système une certaine durée en dépit de perturbations aléatoires. L'organisation donc : transforme, produit, relie, maintient* (36). Elle ne se confond pas avec ce que l'on appelle communément la structure, résultat instantané et invariant de l'action d'organiser. Un squelette, par exemple, est une structure, pas une organisation. L'organisation, elle, exprime tout à la fois l'action en elle-même et le résultat obtenu. En cela, elle suppose l'éventualité d'une transformation, d'un changement. Toutefois, elle doit être suffisamment stable pour pouvoir être perçue en tant que telle. Pour J.L. Lemoigne, l'organisation est *inséparable de cet environnement dans lequel elle agit, auquel elle appartient et en même temps susceptible d'en être distinguée, différenciée, reconnue par l'acte de perception du modélisateur* (37). L'approche systémique permet donc la description d'un processus dynamique, inscrit dans le temps irréversible de l'action.

---

(34) *Théorie générale des systèmes*, op. cit., p. 94.
(35) *La méthode, la nature de la nature*, op. cit., p. 102. D'autres définitions du système existent mais celle d'E. Morin nous est apparue la plus pertinente pour illustrer le cas qui nous intéresse.
(36) *La méthode, la nature de la nature*, op. cit., p. 103 et 104.
(37) *La modélisation des systèmes complexes*, op. cit., p. 76.

La modélisation systémique, en tant qu'approche opérationnelle, apparaît ainsi comme un mode de représentation adéquat des organisations territoriales, perçues comme complexes. Elle permet de rendre compte simultanément du comportement de chacun des niveaux identifiés et attribués au territoire (le politique, le spatial, l'économique, le sociétal) et de l'articulation entre ces niveaux, sans pour autant les séparer.

Il ne s'agit pas pour nous de rejeter sommairement la méthode analytique, mais bien de choisir entre deux approches dont l'une met en évidence des causalités partielles isolées de leur contexte, tandis que l'autre dégage l'articulation de grandes fonctions d'où émerge une finalité globale, en interdépendance avec un environnement. Si aucune des deux n'est moins indispensable que l'autre, à l'évidence la seconde est plus appropriée à notre souci de compréhension des dynamiques spatialisées.

Avant de procéder à la description de notre système territoire par repérage de ses traits caractéristiques, donc des relations qui unissent les différents éléments actifs en vue de le produire, il convient de préciser, une fois encore, que la vision systémique que nous proposons de l'organisation territoriale est un système conceptuel et donc abstrait. Il n'est pas le monde réel et ne constitue qu'une manière de le regarder. Un système n'a en effet pas d'existence en soi, il est élaboré par un observateur, lui-même influencé par un environnement culturel et subjectif, et qui le définit en mettant l'accent sur des variables considérées par lui comme stratégiques et sur les relations qui les unissent. Il est donc nécessaire de rester conscients que *le réel obéit toujours apparemment à la pensée, mais sachez qu'en fait cela veut dire qu'il lui échappe toujours en son fond, c'est-à-dire qu'il y a plus de choses dans le réel que ne peut concevoir l'esprit humain* (38).

---

(38) E. Morin, "Sur la définition de la complexité", in *Science et pratique de la complexité*, op. cit., p. 85.

CHAPITRE II

INFORMATIONS ET POUVOIRS, PRINCIPES ORGANISATEURS DU SYSTEME TERRITOIRE

Procéder à la description d'un système, ici dénommé territoire, ne consiste pas à isoler un à un les ensembles actifs en vue de les définir, mais plutôt à appréhender chacun des niveaux d'organisation dans son interdépendance avec tous les autres. A. Marshall écrivait, en 1890, *une cathédrale est quelque chose de plus que les pierres dont elle est faite, de même une personne est quelque chose de plus qu'une série de pensées et de sentiments, de même la vie de la société est quelque chose de plus que la somme de la vie des individus* (39). C'est en effet par l'articulation et la combinaison des finalités, des stratégies, des différents sous-systèmes concernés que sont conditionnées l'apparition et l'existence d'un système, d'un tout cohérent. C'est donc sur l'aspect fonctionnel du territoire que nous allons insister tout particulièrement.

L'organisation est le maître mot de l'approche systémique, cependant celle-ci ne peut être envisagée sans faire référence à l'information, élément organisateur par excellence et condition nécessaire de l'opérationnalité du modèle proposé. Il importe donc de définir ce que recouvre le concept d'information, d'en apprécier les qualités, le contenu, et surtout de rendre compte de son rôle au sein de l'organisation qu'elle est susceptible de structurer, voire de déstructurer.

I - LE TERRITOIRE : OUVERTURE ET IDENTIFICATION

S'il est possible de repérer les objectifs et les finalités qui se dégagent de chacun des niveaux d'organisation participant à l'élaboration d'une forme territoriale et de son projet de développement, il est en revanche plus délicat d'identifier le ou les acteurs qui concourent à cette dynamique, ceux-ci pouvant relever tour à tour du politique, du social, de l'économique et du spatial. Dans la mesure où un protagoniste participe à l'accomplissement de plusieurs projets, on peut fort bien le retrouver dans différents stades

---

(39) A. Marshall, *Principes d'économie politique*, (1890), traduction Sauvaire-Jourdan, Giard et Bières Ed., 1906, p. 115.

de l'organisation. Ainsi le même homme peut simultanément afficher une stratégie propre à sa fonction d'élu, de gestionnaire, et manifester un comportement qui caractérise sa position de chef d'entreprise ou de ménage. Dans le même temps, il agit dans un environnement social et un contexte spatial auxquels il est soumis, même s'il peut, dans une certaine mesure, participer à leur transformation.

Cette impossibilité d'isoler des acteurs selon leur fonction propre nous oblige à mettre l'accent, non pas sur la structure même du système, mais sur son aspect fonctionnel et donc sur les relations qu'entretiennent entre eux les acteurs, matérialisées par les stratégies qu'ils déploient.

Le schéma suivant va nous permettre de visualiser les différents niveaux d'organisation, retenus selon la nature de notre interrogation, ainsi, et surtout, que leur mode d'articulation, de conjonction.

Précisons que si le terme de région peut apparaître çà et là dans notre exposé, il s'apparente au territoire régional, donc à la région prise au sens large et non en tant qu'entité délimitée administrativement et pouvant être assimilée au territoire du seul politique. Nous privilégierons, autant que faire se peut, le vocable de territoire plus approprié à notre investigation. La nature et le rôle des sphères seront analysés par la suite, cependant nous pouvons dire rapidement que chacune d'elles est définie en fonction de la dynamique relationnelle des acteurs qui en sont parties prenantes, et non en fonction des acteurs eux-mêmes. Ce parti pris est en accord avec le mode d'investigation choisi en vue, rappelons-le, de rendre compte d'un mode de fonctionnement particulier et non d'une structure singulière. La sphère politique regroupe les responsables élus ou administrateurs et a pour fonction spécifique d'assurer la cohésion de la société et la cohérence de l'ordre social. La sphère productive réunit les acteurs participant à la formation et à l'accroissement des richesses. La sphère sociale acquiert une spécificité par le fait qu'elle s'attache à l'individu, au comportement individuel, à ce qui fait l'individu en tant qu'être unique. Enfin, ce que nous dénommons sphère spatiale correspond à l'union de la nature et de l'histoire et donne au territoire sa dimension spatio-temporelle.

La représentation proposée suggère plusieurs remarques : rappelons que *chaque système est en même temps un sous-système*

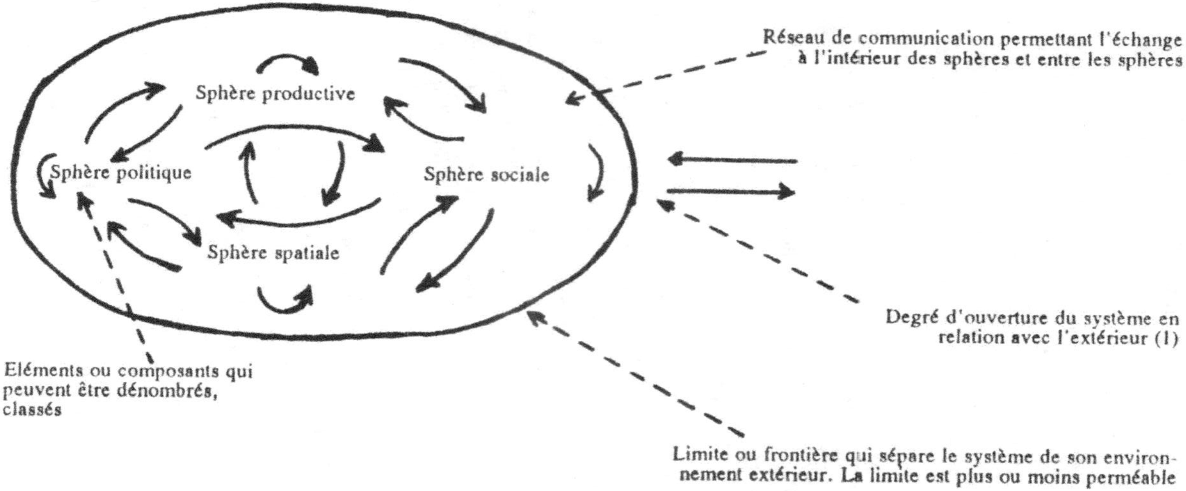

(1) "Les entrées résultent de l'influence de l'environnement sur le système et les sorties de l'action du système sur l'environnement", J.L. Lemoigne, *Théorie du système général*, PUF, 1977.

d'un système, donc un système de systèmes (40). Le territoire est donc doté de qualités inconnues au niveau des composantes, ici dénommées sphères, mais ne possède pas toutes les qualités de celles-ci. Les sphères s'imbriquent mutuellement mais chacune dispose de qualités et de propriétés distinctives. Notre territoire (par exemple un territoire régional) est ouvert sur un environnement plus vaste (par exemple la nation) avec lequel il pratique des échanges multiples qui sont nécessaires à sa survie et à son évolution. La reconnaissance de l'ouverture de tout système sur son environnement est fondamentale car c'est elle qui autorise le changement, l'adaptation du territoire, et conditionne ses perspectives dynamiques.

La physique conventionnelle n'a longtemps traité que de systèmes fermés, c'est-à-dire de systèmes considérés comme isolés de leur environnement. Ainsi *la thermodynamique déclare expressément que ses lois ne s'appliquent qu'aux systèmes fermés. En particulier, le second principe de la thermodynamique établit que dans un système fermé, une certaine quantité appelée entropie doit croître jusqu'à un maximum, et qu'éventuellement le processus s'arrête en un état d'équilibre* (41). L'entropie, ou dégradation de l'énergie et plus largement défaut d'information, est alors apparentée au désordre (42), considéré comme l'état le plus probable d'un système clos.

Généralisé par Clausius (1850) à un univers conçu comme un tout, disposant d'une énergie finie, donc comme un système fermé, ce principe suppose dès lors que *l'entropie de l'univers tend vers un maximum c'est-à-dire vers une "mort thermique" inéluctable, ce qui signifierait, selon la perspective ouverte par Boltzmann, vers la désorganisation et le désordre* (43). Cette vision du monde pour le moins effrayante, et de fait difficilement acceptable, sera démentie par l'observation des organismes vivants et de l'organisation de plus en plus complexe des sociétés. Ainsi, grâce à la biologie, et plus particulièrement aux travaux de L. Von Bertalanffy, on admet l'existence de systèmes ouverts et la contradiction apparente entre l'entropie et l'évolution disparaît. L. Von Bertalanffy précise en effet que *dans les systèmes ouverts, il n'y a pas seulement production d'entropie par des processus irréversibles mais aussi une importation*

(40) *La méthode, la nature de la nature*, op. cit., p. 99.
(41) L. Von Bertalanffy, *Théorie générale des systèmes*, op. cit., p. 37.
(42) Voir Prigogine I, *La nouvelle alliance*, Gallimard, 1979, p. 140.
(43) *La méthode, la nature de la nature*, op. cit., p. 36.

d'entropie qui peut très bien être négative. C'est le cas de l'organisme vivant qui reçoit des molécules complexes chargées d'énergie libre. Ainsi les systèmes vivants maintenus en état stable peuvent-ils éviter l'accroissement d'entropie ; ils peuvent même évoluer vers des états d'ordre et d'organisation accrus (44).

Dans le sillage de la biologie, la physique va chercher à s'étendre pour inclure les systèmes ouverts. Toutefois, il ne s'agit encore là que d'une étape, et l'on sait désormais, comme l'indique E. Morin, que *tout système fermé a quelque chose d'ouvert et que tout système ouvert à quelque chose de fermé* (45). L'approche systémique, que nous avons évoquée précédemment, va en effet introduire un nouveau concept explicatif de la régénération des systèmes : la néguentropie. Cette dernière correspond en fait à un apport extérieur d'information, s'accompagnant souvent d'organisation et de différenciation à l'intérieur du système. Cette *importation d'entropie qui peut très bien être négative*, comme la qualifie L. Von Bertalanffy, permet de contrecarrer la perte informationnelle générée par l'entropie, ainsi que le désordre qui en découle. Entropie et néguentropie apparaissent donc comme deux principes antagonistes au niveau de l'organisation, mais paradoxalement, tous deux sont nécessaires à l'existence de celle-ci. L'accent sera mis, tantôt sur l'une, tantôt sur l'autre, selon la lecture des systèmes que l'on désire privilégier. De telle sorte que *tout système macroscopique peut donc être lu selon son entropie S ou sa néguentropie -S, selon qu'on considère son désordre ou son ordre* (46).

Ainsi, en ce qui concerne plus particulièrement le territoire, celui-ci doit être suffisamment ouvert en vue d'éviter toute sclérose, toute perte d'adaptation. A cet égard, il doit, par exemple, être en mesure d'accueillir des migrants ou des entreprises susceptibles de stimuler son propre fonctionnement. Il peut même, et il doit, susciter ce mouvement en diffusant une information symbolique apte à donner de lui une image attractive à son environnement . *L'objectif est de déterminer une base consensuelle d'inspiration moderniste, progressiste, esthétique...en un mot "positivante". Tant que cette "vectorisation" des esprits vers une finalité unique n'est pas réalisée,*

---

(44) *Théorie générale des systèmes*, op. cit., p. 39.
(45) *La méthode, la nature de la nature*, op. cit., p. 119. Voir aussi H. Laborit, *La nouvelle grille*, Laffont, Paris, 1974, p. 196.
(46) *La méthode, la nature de la nature*, op. cit., p. 291.

toute autre démarche restera hasardeuse voire inefficace (47). Dans le même temps, le territoire est, par construction, un système manifestant une certaine autonomie car, si ses comportements devaient être complètement dépendants d'interventions extérieures ou exogènes sur lesquelles il n'a aucun contrôle, il deviendrait alors parfaitement prévisible et nous n'observerions pas de différences d'évolution. Au demeurant, la pratique de l'aménagement du ou plutôt des territoires serait particulièrement aisée, ce que les disparités persistantes, non seulement à l'intérieur des nations, mais également entre les nations elles-mêmes, infirment nettement.

C'est par ce degré de fermeture que le territoire peut être appréhendé comme tel et qu'il acquiert sa spécificité, ainsi *ses comportements sont élaborés par le système lui-même, de façon endogène ; ouvert sur ses environnements qui le sollicitent et le contraignent (lui interdisant certaines formes d'action a priori possibles), et en transaction avec eux, il n'en est pas pour autant complètement dépendant : ayant ses projets propres, il est capable d'intelligence* (48). Par exemple, ce n'est pas parce que les grandes firmes multinationales ignorent, de par leur stratégie, la dimension territoriale que celle-ci n'a pas d'existence en tant qu'organisation. Elles peuvent l'affecter, la déformer mais pas nécessairement la détruire. L'organisation territoriale est en quelque sorte "agressée" par des stratégies exogènes mais elle demeure une organisation, même si elle est amenée à changer, à se transformer, selon des capacités adaptatives, des ressources et des réponses qui lui sont propres. Pour B. Planque, *la région est tout autre chose que l'espace de la firme auquel elle préexiste, résiste et l'on peut dire "postexiste"* (49). Le développement territorial reste donc soumis à des injonctions externes mais il puise aussi des forces en lui-même. De fait il apparaît comme un subtil mélange, une combinaison singulière, de composantes endogènes mais également exogènes.

Si l'analyse systémique fait de l'information son élément organisateur privilégié, elle ne la prend en compte trop souvent que sous un angle quantitatif, l'appréciant généralement comme un tout

---

(47) Voir à ce propos A. Noy, "Approche informationnelle du concept de technologie, in *Revue de l'Economie Méridionale*, vol. 37, n° 148, 4/1989, p. 3-15.
(48) J.L. Lemoigne, *La modélisation des systèmes complexes*, op. cit., p. 81.
(49) B. Planque, *Innovation et développement régional*, op. cit., p. 14.

indifférencié. De fait elle néglige l'aspect désorganisateur dont est dotée toute information.

On peut en effet constater que l'apport d'information dans un système ouvert est considéré comme un apport de néguentropie, s'accompagnant d'organisation. C'est grâce à son ouverture, et malgré un certain degré de dépendance à l'égard de son environnement, que le système existe. La néguentropie est l'information potentielle. A contrario, l'absence d'information caractérise l'entropie. Par conséquent, tout manque d'information suppose une méconnaissance qui peut conduire à l'entropie du système. La quantité de désordre est alors considérée comme inversement proportionnelle à la quantité d'information. Dans ce contexte, l'information est une grandeur abstraite qui n'a de valeur que quantitative et n'est appréhendée que comme une variable globale et unique.

Or, l'ouverture qui autorise l'existence du système, grâce à l'échange, a pour autre conséquence de le fragiliser. Elle permet en effet soit l'invasion du système par l'environnement, soit l'hémorragie du système dans l'environnement. Le système doit alors pouvoir lutter contre ces évolutions destructrices qui peuvent lui être fatales. Des travaux effectués dans le domaine du vivant (50) ont permis de montrer que le système est en mesure de réagir en s'auto-organisant de manière spontanée sous l'impulsion d'un processus néguentropique interne.

Ce paradoxe qu'E. Morin résume par la formule suivante, *toute existence se nourrit de ce qui la ronge* (51) montre à quel point l'information a de multiples facettes et qu'elle porte en elle un aspect tout à la fois organisateur et désorganisateur.

Envisagée en tant que mesure et programme par la théorie de l'information élaborée, en 1949, par C. Shannon et W. Weaver et dont l'objet était de résoudre les problèmes de rendement des lignes de transmission, l'information constitue aussi un problème social et ne peut être évacuée d'un environnement humain qu'elle contribue à structurer. Evoquer les stratégies des sphères en présence (politique, économique, spatiale, sociale), ainsi que l'objectif dont est porteuse l'organisation territoriale, suppose implicitement que l'information

---

(50) Voir à ce propos H. Atlan, *Entre le cristal et la fumée : essai sur l'organisation du vivant*, Points Seuil, 1979.
H. Laborit, *La nouvelle grille*, op. cit., ainsi que I. Progogine et I. Stengers, *Entre le temps et l'éternité*, Fayard, 1988.
(51) *La méthode, la nature de la nature*, op. cit., p. 206.

est plus qu'une quantité homogène mesurable et qu'elle est douée de qualités qu'il est nécessaire de réhabiliter.

C'est dans cet objectif qu'il convient de définir l'information, tour à tour organisant et désorganisant le territoire et donc intégrant le caractère contraint et autonome de toute décision, de toute action.

II - PROPOSITIONS METHODOLOGIQUES POUR UN SYSTEME TERRITORIAL

Lorsqu'on désigne ou identifie le système complexe auquel on s'intéresse, il importe d'expliciter le complexe de projets par lequel on le connaît ou le reconnaît (52). Chaque sphère est capable d'actions, selon des critères façonnés en elle-même et participe activement à l'organisation du territoire, voire à sa désorganisation. Néanmoins, elle est, en même temps, contrainte dans ses marges de manoeuvre par les influences que vont déployer toutes les autres. Des relations d'autorité, d'influence, de domination, de conflit, de négociation... bref de pouvoir, vont se manifester tant entre les sphères qu'à l'intérieur d'elles-mêmes, et c'est de la confrontation de ces forces en présence que naîtra le territoire doté d'un développement qui lui est propre.

Le pouvoir dont il est question ici ne s'apparente pas à une autorité établie, à un ordre institué. Il ne correspond pas au seul pouvoir autoritaire généralement connoté d'un sens négatif. *Qui dit pouvoir ou autorité ne dit pas Etat... Il faut dissiper la fréquente confusion entre l'Etat et le pouvoir. Le pouvoir naît très tôt, dès l'histoire qu'il contribue à faire. Si le pouvoir personnel contribue à engendrer (à produire) l'Etat, celui-ci ajoute beaucoup à ce pouvoir comme tel* (53). Il ne s'agit donc pas ici du Pouvoir, identifié à l'autorité, donc doté d'une dimension unique, mais des pouvoirs, multidimensionnels puisque du domaine de la relation. Comme le qualifie M. Foucault, *le pouvoir est partout ; ce n'est pas qu'il englobe tout, c'est qu'il vient de partout* (54).

---

(52) J.L. Lemoigne, *La modélisation des systèmes complexes*, op. cit., p. 73.
(53) H. Lefebvre, *De l'Etat*, Tome I, Collection 10/18.
(54) M. Foucault, *Histoire de la sexualité. La volonté de savoir*, Gallimard, 1976, Tome I, p. 122.

Le pouvoir, tel que nous l'entendons, qu'il soit extérieur ou intérieur au système, est *une relation d'échanges réciproques et déséquilibrés dans laquelle une des parties en présence a l'avantage sur l'autre* (55). Il implique donc la possibilité qu'a tout groupe d'agir sur un autre groupe, compte tenu des moyens dont il dispose et de ses capacités de négociation propres. Il est présent dans toute relation, tout acte de communication, et ceci de façon consciente ou inconsciente.

C'est grâce à l'information, relation ultime définissant tout élément par rapport aux autres et moteur du changement, qu'est reflété le pouvoir, comme les pouvoirs différentiels véhiculés par les sphères et entre les sphères qui participent à la formation ou à la déformation, voire à la destruction du système territorial.

La complexité, déjà évoquée, rejaillit ici, nous imposant non seulement de redonner à l'information le contenu qualitatif qui est le sien mais, plus encore, de porter nos efforts sur une tentative de synthèse et de formalisation. Il nous faut à présent proposer une clé de lecture des énergies en présence, susceptibles de structurer ou de déstructurer le territoire et son mode de développement.

Un modèle fondé sur le binôme régulation-équilibration, complété d'une typologie des informations fondées sur les pouvoirs en exergue, va s'avérer opportun pour percevoir la gamme de relations et donc de stratégies qui unissent les différentes sphères et façonnent chacune d'elles. Il se révélera en effet opérationnel en ce qu'il permet de pratiquer une distinction entre les informations produites et véhiculées par le pouvoir dominant et celles créées par des acteurs individuels ou agrégés en groupes et désireux de promouvoir d'autres référentiels.

Un cadre d'interprétation général : le modèle équilibration-régulation

Inspiré largement des préceptes dégagés par l'économiste français F. Perroux (56), le modèle proposé érige l'information ou, plus exactement, les rapports d'information au rang de principe organisateur privilégié.

---

(55) C. L'Huillier, *Economie, espace, information*, op. cit., p. 212.
(56) F. Perroux, *Unités actives et mathématiques nouvelles. Rénovation de la théorie de l'équilibre général*, Dunod, 1975.

Formidable précurseur, F. Perroux souligne, dès le début des années 60, le rôle fondamental joué par l'information dans la société moderne et le pouvoir différentiel des individus, firmes, organisations ou sociétés, selon leur capacité de recevoir, de créer et d'émettre l'information. *Aux inégalités résultant des différences entre les dimensions, les natures d'activité et les pouvoirs de négociation des entreprises, des groupements économiques, des syndicats, des collectivités publiques, des Etats, s'ajoutent celles qui découlent des inégalités touchant les moyens d'obtenir, de créer, de répandre l'information économique* (57).

L'information, tout comme le pouvoir, ne peut pas, toutefois, être qu'économique. Elle s'inscrit dans un environnement plus vaste où le politique, le spatial et le sociétal sont largement présents. De fait elle est, elle aussi, une notion complexe. A l'instar de G. Bateson (58), nous la concevons comme *une différence qui crée une différence*. Elle ne s'apparente pas avec un phénomène purement technique, quantitativement mesurable selon une grandeur unique, mais constitue plutôt une démarche spécifique d'appréhension du réel, dépendante du tissu relationnel dans lequel elle est produite, diffusée, consommée. Elle n'est pas le réel mais l'une de ses représentations, assurant la mise en relation de l'homme et du monde. Comme telle, elle devient alors l'enjeu et la source du changement de toute organisation, à laquelle elle permet de se renouveler, de répondre aux "agressions" d'autres organisations également *in-formées* (59).

Raisonner en termes de régulation et d'équilibration constitue un moyen, bien que n'étant pas unique, de percevoir la différence, ou plutôt les différences, que les informations supposent, et donc d'appréhender les multiples pouvoirs et les stratégies variées qui s'affrontent ou se conjuguent au coeur du territoire en vue de sa structuration. Le modèle régulation-équilibration fournit d'ailleurs un cadre d'interprétation général de toute dynamique organisationnelle, que celle-ci soit de nature sociale, politique, spatiale et plus largement territoriale.

---

(57) F. Perroux, *L'économie du XXe siècle*, PUF, 1964, p. 400-401.
(58) G. Bateson, *Vers une écologie de l'esprit*, 2 volumes, traduit de l'américain, Ed. du Seuil, Paris, 1972-1980, p. 210, cité par J.L. Lemoigne, *La modélisation des systèmes complexes*, op. cit., p. 97.
(59) Ce terme est emprunté à J.L. Lemoigne, in *Modélisation des systèmes complexes*, op. cit., p. 97.

Les principes généraux du modèle définissant les concepts de régulation et d'équilibration ainsi que les éléments méthodologiques s'y référant vont être rappelés ici. Ils s'inspirent des travaux de C. L'Huillier, auxquels nous avons déjà fait référence, ainsi qu'à ceux de J. Rouzier et A. Noy (60).

Les concepts de régulation et d'équilibration permettent, l'un et l'autre, de rendre compte du double principe d'ordre et de désordre, au coeur de tout système organisé. Ces deux termes sont fréquemment employés, non seulement en sciences économiques, mais également dans d'autres disciplines. De ce fait, ils peuvent refléter des réalités diverses, subordonnées à la perception propre du modélisateur, de l'observateur, qui s'empare d'elles à des fins précises. Il importe donc de proposer une définition éclairant la compréhension que nous avons de chacun d'eux. En outre, bien que le terme de régulation soit relativement ancien, celui d'équilibration est d'un usage plus récent auprès du monde scientifique. Dans l'acception que nous en retenons, ces deux principes sont indissociables l'un de l'autre, s'intégrant l'un à l'autre, même s'ils se combattent, se forment et se déforment mutuellement. La distinction essentielle entre équilibration et régulation est fondée sur le pouvoir respectif de chacune.

Pour G. Canghilhem, *la régulation, c'est l'ajustement conformément à quelques règles ou normes, d'une pluralité de mouvements ou d'actes, et de leurs effets ou produits, que leur diversité et leur succession rendent d'abord étrangers les uns aux autres* (61). En d'autres termes, **la régulation** se définit comme la capacité d'un système qui, de lui-même ou sous l'influence de paramètres exogènes, s'avère en mesure d'effectuer une sélection parmi la très grande variété de trajectoires possibles. Elle émane de groupes et d'organisations, donc d'un niveau macrocosmique. Elle

---

(60) C. L'Huillier, *Economie, espace, information*, op. cit. ; "L'espace construit informationnel, un regard nouveau sur les questions centre-périphérie", *Revue de l'Economie Méridionale*, n° 151, 3/1990, CRPEE, Montpellier.
A. Noy et J. Rouzier, "Informations et structuration de l'espace, *Revue de l'Economie Méridionale*, n° 116, 1981.
A. Noy, *Approche informationnelle du concept de technopole : le cas de Montpellier*, op. cit.
(61) G. Canguilhem, "Régulation", *Encyclopedia Universalis*, vol. 14, p. 1, cité in *Espace, territoire et régulation : développement décentralisé et crise de l'espace français*, par E. Julla, thèse, soutenue à Toulouse, février 1991, 341 pages.

vise à instituer un principe d'ordre, d'unité et de cohésion, finalisé par rapport à un désordre existant, et va donc définir le "normal" et l'"anormal" au coeur du système qu'elle tend à maîtriser. La régulation n'est pas la finalité du système mais reflète en quelque sorte les moyens qui permettent d'y parvenir et les réactions de l'organisation face à toute perturbation des programmes fixés.

L'instauration d'un mode de régulation à l'échelle globale est le résultat de luttes, conflits et alliances entre différents niveaux de régulation, eux-mêmes issus d'un jeu relationnel complexe porteur d'affrontements ou de coopération. Ainsi, chacun des niveaux de l'organisation, comme par exemple les sphères que nous avons mises en évidence précédemment, est soumis à un pouvoir régulateur qui tente de s'imposer au niveau global, de sorte à contraindre, selon des conditions d'actions inégales, l'ensemble du territoire et permettre ainsi la réalisation de ses objectifs propres.

L'efficacité de toute régulation dépend de sa capacité à canaliser et à gérer les comportements des acteurs qui visent à la déstabiliser, en transgressant l'ordre qu'elle défend. Les règles du jeu instaurées par le pouvoir régulateur pèsent sur les attitudes, actions et décisions des individus. Ceux-ci, malgré un certain degré de dépendance, disposent d'une autonomie relative par rapport aux milieux structurés dans lesquels ils opèrent. *L'agent n'est pas un objet inerte soumis à une constellation de forces auxquelles il n'aurait aucune part et dont il subirait passivement l'effet ; il est, sous contrainte, acteur et pas simplement agi* (62). La régulation, aussi efficace soit-elle, ne peut toutefois astreindre la totalité des acteurs à sa logique. La capacité du pouvoir régulateur apparaît comme forcément insuffisante pour accomplir son action de manière exhaustive. Restent donc des vides, des interstices, des lacunes, au sein desquels les acteurs vont tenter de s'affranchir des contraintes qui leur sont imposées.

C'est par les limites de la régulation que nous pénétrons dans le monde des équilibrations. Par **équilibration**, nous entendons un principe de désordre qui est le fait d'éléments atomisés, disparates, organisés ou non, intégrant peu ou prou la régulation et porteurs de déviance partielle, voire totale. Les équilibrations supposent donc une remise en cause de l'ordre institué et des valeurs qu'il tente de promouvoir. Elles visent à écarter le système de la trajectoire imposée et légitimée par les pratiques régulationnistes. En cela, elles

---

(62) F. Perroux, *Unités actives et mathématiques nouvelles*, op. cit., p. 34.

peuvent conduire à une réconsidération de l'ordre dominant ou plus radicalement à un remplacement de celui-ci.

Les équilibrations relèvent du domaine microcosmique car émanant d'entités individualisées. A travers elles, c'est l'individu et son pouvoir par rapport au système organisé, comme à tout niveau d'organisation, qui est pris en compte. *Les équilibrations sont le fait d'agents. Leurs actions et réactions, leurs anticipations de situation et de comportement s'opèrent dans des milieux structurés et sous des conditions inégales* (63). Toute contestation s'apparente à une équilibration. Le monde des équilibrations est vaste et peut concerner aussi bien l'individu qui rejette le code dominant élaboré et diffusé par la régulation, qu'un mouvement regroupant des acteurs décidés à infléchir les stratégies régulatrices. Les équilibrations se reflètent à travers une panoplie de comportements les plus divers, plus ou moins violents, plus ou moins radicaux, clairement exprimés ou au contraire confus. Les attentats, les grèves de la faim, les grèves organisées ou non par des syndicats, la publication de revues par des associations telles que la défense des consommateurs, de l'environnement... sont autant de manifestations porteuses de projets contrariant totalement ou partiellement les objectifs émanant de la régulation. De même, toute innovation, dès lors qu'elle n'est pas générée par les unités dominantes, pourra apparaître comme un facteur déstabilisant qu'il est nécessaire de combattre et, au besoin, de récupérer.

Leur capacité à mettre en péril la normalisation imposée par la régulation dépend non seulement de leurs poids et des armes dont les équilibrations disposent, mais également des rapports qu'elles entretiennent avec l'ordre dominant. Une interrelation complexe existe donc entre équilibrations et régulation, et ces deux mondes ne peuvent être isolés par des frontières étanches et immuables, car des influences réciproques vont garantir, au cours du temps, la qualité de leurs échanges.

Si la régulation doit limiter l'essor d'équilibrations prometteuses d'ordres différents et, a priori, facteurs de désordre, elle doit, dans le même temps, les prendre en compte, voire au besoin les récupérer, si elle veut survivre et se stabiliser. Citons pour exemple le cas des mouvements écologistes, marginaux à leur création puis relayés par l'opinion publique, et qui ont contraint tant les partis politiques que les gouvernements à intégrer dans leurs projets et leurs actions des

---

(63) F. Perroux, *Unités actives et mathématiques nouvelles*, op. cit., p. 203.

mesures visant à la protection de l'environnement. Les stratégies régulatrices sont donc amenées à évoluer en fonction des informations reçues et émises par les équilibrations. Parallèlement les équilibrations n'existent qu'en référence à un modèle dominant qui leur apparaît contraignant mais sur lequel elles peuvent agir en le contaminant. *Le système social est une structure dissipatrice qui engendre un ordre (néguentropie) au prix d'entropies variées introduites dans le milieu. La situation plus ou moins durable appelée équilibre se comprend dans le monde des équilibrations* (64).

Ainsi toute régulation peut donc être considérée à ses origines comme le fait d'équilibrations qui, parvenues à un certain stade d'influence par rapport à d'autres, imposent leur ordre pour devenir régulatrices. Si nous reprenons l'exemple précédent, il en va ainsi des partis, dits écologistes, qui parviennent peu à peu à affaiblir l'hégémonie des grands partis traditionnels. De la même façon, l'adoption et la généralisation d'une technique innovante peut conduire à modifier partiellement ou totalement un système de production ainsi que les relations qu'il entretient avec l'espace. De nombreux exemples témoignent de ces bouleversements qui, de la révolution industrielle aux progrès accomplis dans le domaine du transport, des communications et de l'informatique, ont contribué à transformer non seulement l'économie mais aussi les modes de vie et les cadres spatiaux des zones de création, de diffusion et d'implantation des technologies nouvelles.

Les rapports entre équilibrations et régulations s'inscrivent donc dans une perspective dynamique et évolutive qui autorise la prise en compte du changement. Il faut bien voir enfin que le pouvoir régulateur n'est pas unique, même s'il autorise un ordre singulier, de même les équilibrations sont multivariées et traduisent des volontés différentes. Ainsi, chacune des sphères que nous avons isolées, qu'elle soit politique, sociale, spatiale ou productive, ne peut être définie au sein du territoire comme étant régulatrice ou équilibratrice. C'est pourquoi les interactions entre équilibrations et régulations devront être perçues à deux niveaux distincts : elles interviennent à un niveau intéressant chacune des sphères prise à un

---

(64) F. Perroux, "La rénovation de la théorie de l'équilibre économique général", in *L'idée de régulation dans les sciences*, Maloine/Doin, 1977, p. 248.

stade d'organisation particulier, mais aussi à un niveau global concernant le territoire en liaison avec son environnement.

Régulations et équilibrations, ainsi définies, mettent en oeuvre des stratégies différentielles reflétant leurs objectifs respectifs. Pour ce faire, l'une comme l'autre ont recours à l'information dont nous avons souligné le rôle fondamental et qui apparaît comme source et vecteur principaux de pouvoirs. L'information acquiert donc une multitude de qualités et de dimensions, variant en fonction des pouvoirs ou contre-pouvoirs qui l'émettent, la propagent et l'utilisent à leurs fins.

Il s'agit donc ici de saisir l'information, non plus à un niveau global et en tant que grandeur unique, mais à des niveaux différenciés intégrant la dialectique équilibration-régulation, ainsi que son évolution. C'est pourquoi nous reprenons une typologie des informations fondée sur la distinction entre équilibrations et régulations et qui, bien que non exhaustive, doit nous permettre d'identifier les interactions qui contribuent à la formation et à la déformation du territoire et à l'émergence d'un mode de développement qui lui est propre.

Une typologie des informations au service du développement

Soucieuse de maintenir un ordre conforme à ses aspirations, la régulation se doit de canaliser l'évolution du système, voire du sous-système, dans lequel elle opère (par exemple le territoire) et donc d'imposer ses objectifs comme référence admise par le plus grand nombre. Pour mener à bien cette démarche qui lui est vitale et lui assure survie et reproduction, elle dispose d'une arme reflétant sa stratégie et la nourrissant : l'information.

Instrument de contrôle aux mains de tout pouvoir régulateur, l'information peut, dans ce cadre, revêtir deux formes principales (l'information normée, l'information sémiologique) dont les caractéristiques de complémentarité et de cohérence renforcent la logique de la régulation employée.

L'information normée est le principal matériau produit par la régulation centrale et véhiculée par elle. Elle est très largement codifiée (lois, règlements...), standardisée (journal officiel...) mais aussi quantifiée (statistiques, INSEE...). Elle est particulièrement coûteuse car nécessitant des moyens considérables, tant pour sa production, sa diffusion que sa circulation (recensement général de la population...). Elle apparaît aux acteurs sous forme de données ou de contraintes. Dans tous les cas, c'est la norme, la référence. Elle est structurante à la fois dans le temps, intégrant le passé (archives...), le présent (statistiques, règlements...) et l'avenir (plans...), et dans l'espace, car dépendante des réseaux de diffusion et privilégiant certains d'entre eux. Officiellement disponible pour tous, elle revêt bien souvent un caractère discriminatoire en raison des contraintes nombreuses qui s'élèvent entre la source et l'utilisateur potentiel.

L'information sémiologique, en tant qu'idéologie dominante, entre également dans le processus de contrôle de la régulation. Véhiculant un certain nombre de représentations et de modèles (la décentralisation, la délocalisation, la technopole, le dynamisme...), elle aboutit à une mythologie officielle qui tente d'accréditer une image finalisée et objective de la société utile à l'efficacité de la régulation. En valorisant un certain nombre de messages, par l'intermédiaire des médias notamment (presse, télévision, publicité...), elle renforce le pouvoir de l'information normée et justifie son existence assurant ainsi une parfaite cohésion du système porteur d'une culture homogène construite grâce à des instruments symboliques.

Les règles du jeu instaurées de la sorte, vont peser sur les comportements des individus. Ceux-ci, malgré un certain degré de dépendance dans leurs décisions et actions vont disposer d'une autonomie relative par rapport aux milieux structurés dans lesquels ils opèrent. Pouvant être considérées comme une transgression de l'ordre institué, comme un désordre menaçant le système, les équilibrations tendent à s'affranchir des contraintes qui leur sont imposées. Il existe ainsi, à côté d'une information produite et véhiculée par le pouvoir dominant, d'autres formes d'information créées par des acteurs individuels ou constitués en groupes et porteuses d'autres référentiels. L'information "équilibratrice" peut être néanmoins délicate à appréhender. En effet, si les décisions collectives (revendications...) sont aisément repérables, les décisions strictement individuelles ne sont pas toujours clairement exprimées et facilement identifiées et peuvent jouer pleinement sur des arguments non rationnels.

Outre les informations émises par l'ordre dominant qu'elles contestent, les équilibrations se nourrissent à plusieurs sources.

L'information potentiellement rentable, l'information sémiologique diffuse et l'information relationnelle forment 3 catégories distinctes.

L'information potentiellement rentable possède un fort contenu qualitatif. Elle est du ressort de l'individu qui peut profiter ou non de ce type d'information pour mieux anticiper un mouvement, pour orienter une décision. Peu formalisée, elle est très "périssable" et correspond à un indicateur d'ambiance (rumeurs, bruits de couloir, indiscrétions...) non vérifié et non vérifiable. Elle constitue en quelque sorte une information officieuse, une interprétation des schémas structurants qui peut revêtir différentes formes et conduire à de multiples utilisations. En cela, elle peut aussi susciter des projets d'acteurs attentifs tirant parti, pour leur propre stratégie, de certaines informations normalisées par la régulation.

Face à l'information sémiologique dominante, des individus vont se créer des référentiels spécifiques, qui peuvent certes intégrer une partie des valeurs véhiculées par la régulation, mais vont essentiellement se situer par rapport à d'autres valeurs, auxquelles peuvent adhérer un ou plusieurs individus. Il pourrait exister autant de référentiels que d'individus mais, dans la réalité, ceux-ci sont le plus souvent réunis au sein de sous-groupes par un sentiment d'appartenance et de reconnaissance en des valeurs communes. On parle, dans ce cas, d'**information sémiologique diffuse**. On la retrouve à travers les connotations diverses qui font, par exemple, que l'espace sera perçu comme valorisant ou non, moderne ou ancien, désirable ou non. Ainsi l'espace rural peut être envisagé, selon les groupes et leur stratégie, comme un désert, un vide, un territoire du déclin ou, au contraire, un territoire du possible, de la recomposition, de la renaissance. De la même façon, certaines régions apparaissent comme plus attirantes que d'autres, offrant un cadre de vie agréable ou pas, une main-d'oeuvre qualifiée ou peu formée...

L'information relationnelle symbolise la simple relation entre deux individus (65). Personne ne peut disséquer cette composante de la décision qui se situe le plus souvent dans le domaine du non-dit, mais son existence irréfutable oblige à sa reconnaissance. Présente dans toute relation, toute décision, elle ne s'analyse pas en termes de construction intellectuelle pensée mais en termes de ressenti, de

---

(65) On pourrait la rapprocher de l'information inconditionnelle de J. Attali, mais sans qu'elle débouche nécessairement sur une communication. Voir, *La parole et l'outil*, PUF, 1977, p. 78 et suivantes.

vécu, d'inexplicable. C'est par ce niveau d'information que les hommes et les organisations atteignent à l'irrationnel. Relevant le plus souvent de l'inconscient, c'est elle qui apparaît au coeur des liens qu'entretiennent l'homme et l'espace, tels qu'A. Frémont nous les décrit : *Mais voici bien l'homme écartelé entre les deux grandes pulsions qui moduleront les dimensions de son espace et de sa vie. L'une le retient près de la maison de sa naissance, de ses proches et particulièrement de sa mère ; elle chante des jouissances cachées, une connaissance limitée, une sécurité assurée dans la chaleur du repli. C'est l'enracinement. L'autre exige une rupture, le meurtre du père, la sortie du cadre familial, la découverte de l'inconnu, l'affirmation de soi face au monde, et par conséquent la conquête du monde ; elle exalte le risque, les plaisirs du dépassement, l'aventure. C'est le voyage. Alternative simple à laquelle nul n'échappe et dont tout procède* (66).

L'information relationnelle n'est pas a priori porteuse de pouvoir ou finalisée mais, comme le soulignent M. Crozier et E. Friedberg : *Le pouvoir est une dimension fondamentale et inéluctable de toute relation sociale (...). Car le pouvoir constitue un mécanisme quotidien de notre existence sociale que nous utilisons sans cesse dans nos rapports avec nos amis, nos collègues, notre famille...* (67).

Il est clair que les équilibrations n'ont pas toutes la même dimension informationnelle et disposent donc, de ce fait, de capacités d'actions, voire de réactions pour le moins inégales. Certains acteurs considérés à un niveau global comme appartenant au monde des équilibrations peuvent même être situés à un niveau différencié (sphères) dans l'orbite de la régulation. Tel est par exemple le cas, pour ce qui nous concerne, des collectivités locales. De plus, si les équilibrations, bien que contraintes dans leur stratégie, utilisent les informations régulatrices pour modifier les normes émises, la régulation est, elle aussi, influencée par les sphères équilibratrices avec lesquelles elle doit composer. Rappelons que toute régulation peut être considérée à ses origines comme le fait d'équilibrations qui, parvenues à un certain stade d'influence par rapport à d'autres, imposent leur ordre pour devenir régulatrices. Equilibrations et régulations ne peuvent se concevoir les unes sans les autres et c'est

---

(66) A. Frémont, *La région, espace vécu*, op. cit., p. 45-46.
(67) M. Crozier et E. Friedberg, *L'acteur et le système*, Editions du Seuil, 1977, p. 27.

précisément en repérant la qualité et l'intensité de leurs échanges toujours en mouvement que nous pourrons refléter la dynamique qu'elles entretiennent entre elles.

Ainsi munis de cette grille de lecture, il va être question d'identifier les interactions permanentes qui contribuent à la formation ou à la déformation d'un territoire et à l'émergence d'un mode de développement qui lui est propre. Avant de procéder à cet effort d'application, il convient de préciser que la dialectique équilibration-régulation suppose que leurs interactions soient perçues à deux niveaux distincts : l'un reflétant le processus d'auto-organisation du territoire et donc intéressant les relations qu'entretiennent les sphères entre elles (68), l'autre plus globalisant concernant l'ensemble du territoire et son inscription dans un environnement plus vaste. Néanmoins, la difficulté qui peut se faire jour pour préciser concrètement les limites d'un territoire ne permet pas toujours d'opérer clairement cette distinction.

---

(68) "Si la complexité est indissociable de la notion de système, il faut comprendre l'autonomie de chaque niveau d'organisation", R. Passet, *L'économique et le vivant*, op. cit., p. 213.

CHAPITRE III

L'AFFRONTEMENT DES STRATEGIES ET LA VIE DU TERRITOIRE

Et l'homme se mit à crier dès les premiers âges : espace, c'est en ton sein que je veux construire, c'est en ton sein que je veux toucher et sentir. C'est en toi que je dois vivre ! Bacchus, Eros, dieux du vin et de l'amour, donnez-moi la grappe et le sein que j'écraserai sous mes doigts, le sexe et le vin, le plaisir et la joie. Et si quelqu'un d'autre veut profiter avec moi des biens de cet espace, que Mars me soit favorable et me donne la victoire ! Espace, c'est encore en toi que mon bras se détendra pour assaillir mon frère et m'assurer la dominance. Espace, en naissant je ne te connaissais pas. Mais mes mains et mes lèvres, à tâtons, ont découvert le sein maternel qui a comblé de son lait ma faim et ma soif. Dans l'apaisement du plaisir retrouvé, mon oreille a entendu le son de la voix calme de ma mère et j'ai senti l'odeur fraîche et le contact de sa peau. Ce fut elle le premier objet de mon désir, la première source qui m'abreuva. Et quand mes yeux étonnés ont découvert autour d'elle, que je ne croyais qu'à moi, que je croyais être moi, le monde, j'en ai voulu au monde qui semblait pouvoir me la prendre, la crainte de perdre la cause de mon plaisir me fit découvrir avec l'amour, la jalousie, la possession, la haine et l'angoisse. Voilà ce que dit l'homme en son langage (69). A l'aide d'une phraséologie provocante qui lui est familière, H. Laborit nous propose, dans ce texte, sa propre vision du territoire. Espace vécu, perçu, représenté, approprié, informé, le territoire n'est, en effet, ni unique, ni homogène mais multiple et éclaté.

De l'Etat à l'individu, tous les acteurs vont être susceptibles de produire du territoire et, pour ce faire, chacun va déployer une stratégie distinctive. *En s'appropriant concrètement ou abstraitement un espace, l'acteur territorialise l'espace (...). Tout projet dans l'espace qui s'exprime par une représentation révèle l'image souhaitée d'un territoire, lieu de relation* (70). C'est donc à travers sa dynamique informationnelle que nous allons repérer la dynamique spatiale du territoire en recourant au cadre d'interprétation général issu du modèle "équilibration-régulation". Il ne s'agit pas ici

---

(69) H. Laborit, *L'éloge de la fuite*, Gallimard, 1976, p. 183-184.
(70) C. Raffestin, *Pour une géographie du pouvoir*, Litec, 1980, p. 129 et 130.

d'identifier de façon exhaustive les multiples liaisons qui concourent à la structuration territoriale, mais d'explorer celles qui sont susceptibles de nous éclairer sur les nouveaux rapports pressentis entre les hommes et les espaces, et dont les nouveaux espaces dynamiques qu'il nous a été donné d'identifier portent l'illustration. Le territoire sera envisagé dans une optique révélant les interrelations entre les différents niveaux d'organisation, de même, les liens qui l'unissent avec l'extérieur donneront lieu à une investigation particulière.

I - LES ENJEUX CONSTITUTIFS DU TERRITOIRE

Le système territorial proposé est doté de quatre niveaux d'organisation qu'il est nécessaire de définir. Pour ce faire et compte tenu du mode d'investigation retenu, chacun d'eux sera caractérisé, non pas en fonction des éléments mêmes qui le composent mais eu égard aux liens qui lient les uns aux autres ces éléments "inférieurs", même les plus éloignés ou les plus différents, et contribuent, dans un climat de conflit ou de coopération, à façonner chacune des sphères susceptibles de participer à l'organisation du développement. Celles-ci, qu'elles fassent référence à l'économie, la gestion institutionnelle, la société ou l'espace, seront donc restituées par rapport à l'enjeu qui contribue à les former ou à les déformer et qui s'impose, à un moment donné, à l'ensemble du territoire.

S'il est bien difficile de préciser les limites d'un territoire en raison de la complexité des éléments qui le composent, les analyses concrètes qu'on peut y pratiquer sont le plus souvent subordonnées aux divisions administratives existantes, celles-ci constituant le *cadre le plus pratique et souvent le seul possible pour le rassemblement de données statistiques* (71). Ainsi avons-nous raisonné tout au long de notre démonstration empirique sur la région, telle qu'elle peut être perçue à travers les statistiques disponibles, même si elle ne coïncide pas nécessairement avec l'idée que nous nous faisons du territoire. L'importance évidente prise par l'administration, relais de l'Etat, dans la codification territoriale et donc dans la perception "chiffrée"

---

(71) Lacour, Lajugie, Delfaud, *Espace régional et aménagement du territoire*, op. cit., p. 104.

que chaque acteur peut se forger d'un territoire, nous amène tout naturellement à nous pencher en premier lieu sur la sphère que nous avons dénommée politique, compte tenu de la finalité organisatrice, ouverte, qui est la sienne.

L'enjeu politique

La sphère politique regroupe les responsables élus ou administrateurs et peut être étendue jusqu'à englober les acteurs relevant de la formation et de la culture. Elle a pour fonction spécifique d'assurer la cohésion de la société et la cohérence de l'ordre social. Si l'Etat, en tant que coeur du système politique, est un point de passage obligé de l'analyse des stratégies politiques territorialisées, il n'est pas l'unique pouvoir à tenter d'asseoir son emprise territoriale : les collectivités locales, les syndicats, les partis politiques, les associations, les groupes de pression les plus divers, sont autant de relais qui vont participer au jeu relationnel complexe de la sphère politique. Il en va de même de la Communauté Européenne dont l'un des objectifs est, rappelons-le, de *promouvoir et renforcer la cohésion économique et sociale dans la Communauté en introduisant un certain nombre d'actions à mettre en oeuvre dans le cadre d'un partenariat entre les Etats membres et les régions, ayant pour objet d'encourager le développement et la reconversion des régions les plus faibles* (72). Le monde de la formation et de la recherche, ainsi que celui de la culture, entrent, pour nous, dans cette sphère, même si tous trois revendiquent des modes de structuration et de fonctionnement fort différenciés.

Longtemps considéré comme l'acteur suprême de la régulation, l'Etat cristallise les représentations sociales dominantes. Ses actions visent à maintenir l'ordre et l'unité et il doit de ce fait lutter contre les inégalités, que celles-ci aient un caractère social ou spatial. Les fractures qui se font jour entre banlieues et centres-villes, les disparités entre régions, les difficultés du monde agricole, les exclusions du marché du travail sont autant de phénomènes perçus par une majorité de citoyens comme des désordres qu'il convient de canaliser sous couvert de solidarité et en accord avec le principe d'"égalité" de notre devise républicaine. L'Etat impose donc, de

---

(72) *Les régions dans les années 90*, 4e rapport périodique sur la situation et l'évolution socio-économiques des régions de la Communauté, Commission des Communautés Européennes, Direction Générale des Politiques Régionales, Luxembourg, 1991, p. 11.

façon plus ou moins autoritaire et plus ou moins volontariste selon les périodes, sa propre conception de l'aménagement et du développement du territoire national, qui constitue son espace de référence. *L'Etat a en effet, par ses compétences propres (infrastructures, logement, environnement), une légitimité incontestable à participer aux débats locaux sur l'aménagement. Il est aussi dans son rôle de veiller à une certaine cohérence des choix d'aménagement sur le territoire national et d'apporter un éclairage à long terme et une vision nationale, voire européenne, dans certains enjeux de ses partenaires locaux* (73). Ces interventions, qui peuvent revêtir diverses formes, fondent son existence et lui assurent pérennité et survie.

Censé représenter l'intérêt général, il dispose de moyens de normalisation privilégiés qui lui permettent de propager efficacement les valeurs dominantes. Informations normées et sémiologiques entrent à l'évidence dans ce processus de contrôle, de quantification, de codification, de programmation du territoire et les vecteurs par lesquels elles transitent sont multiples. L'analyse des rapports entretenus entre les villes et les campagnes nous a permis, précédemment, de souligner le rôle particulièrement structurant de l'INSEE. Grâce à la maîtrise des concepts d'évaluation des disparités spatiales dont il dispose, ce producteur d'information officielle, détenteur du monopole en la matière, permet à l'Etat de consolider les assises de son pouvoir. C'est ainsi que le cliché du "déclin rural" est savamment entretenu, d'autant plus qu'il est largement relayé par les médias et par les organismes agricoles (74).

Cette imagerie officielle, qui n'est qu'un exemple parmi d'autres, permet à l'Etat tout à la fois de justifier son action en tant qu'aménageur en chef, mais aussi de déplacer un problème essentiellement agricole vers un problème plus largement rural, dont certes les spécificités sont pour une bonne part déterminées par la culture paysanne, mais qui revêt alors un caractère inéluctable où la fatalité joue un rôle de tout premier plan. En cela, l'Etat parvient en quelque sorte à déguiser, à masquer les choix qui sont les siens et qui reflètent d'ailleurs sa volonté de s'insérer au sein de la Communauté Européenne en répondant aux exigences censées y prévaloir.

---

(73) P. Tequeneau, "Les territoires après la décentralisation : le dessous des cartes", in *Hérodote*, n° 62, 3e trimestre 1991, p. 54.
(74) B. Kayser, "Campagnes sinistrées ou renaissantes ? De l'état des lieux à la prospective", in *Prospective et territoires*, DATAR, décembre 1991.

La DATAR, créée en 1963, apparaît elle-aussi comme un organe stratégique propre à renforcer le pouvoir étatique notamment en matière d'aménagement. A tel point, et comme le souligne J.P. Gaudin, qu'elle *reprend l'argument dominateur traditionnel, celui de la synthèse : l'objet de l'aménagement étant au carrefour de quantités d'approches sectorielles, il est normal que la compétence de la DATAR embrasse et synthétise celle de multiples ministères* (75). La DATAR alimente le discours étatique gravitant autour du qualificatif "territorial", proposant une représentation finalisée de celui-ci. R. Dulong note à ce propos que *certaines réalisations de la DATAR apparaissent comme des affaires peu importantes, eu égard à l'ensemble des problèmes socio-économiques qui forment leur contexte, mais elles donnent lieu à une telle production symbolique - exposés, affiches, dépliants, schémas, plans, etc. - qu'il est permis de penser que la réalisation de l'équipement est somme toute moins importante que le discours auquel il donne lieu, à la limite, que cette réalisation n'existe que pour que le reste devienne plausible* (76). Confortant le projet global d'organisation du territoire, la DATAR propose une lecture du réel susceptible d'évoluer en fonction des stratégies et des choix d'aménagement (77). C'est ainsi que toute modification de son langage peut apparaître comme le signe d'un infléchissement notable des conceptions dominantes en matière de politique régionale.

L'idée de technopole, notion propre à l'aménagement, et dont l'intérêt est d'être relayée dans le champ politique et sociologique, constitue un reflet des transformations en oeuvre. J.P. de Gaudemar (78) remarque en effet la place prise par les technopoles dans l'évolution récente des politiques de développement régional, notamment en ce qui concerne l'effort d'ajustement structurel, les modalités d'attribution des aides publiques, les ambitions de requalification territoriale ou l'émergence d'un nouveau partenariat. Pour lui, le redéploiement en faveur des politiques d'infrastructures routières et ferroviaires notamment, d'éducation et de formation ou encore des politiques urbaines, au détriment des

---

(75) J.P. Gaudin, *L'aménagement de la société, la production de l'espace au XIXe et XXe siècles*, Editions Anthropos, 1979, Paris, p. 291.
(76) R. Dulong, *Les régions, l'Etat et la société locale*, PUF Politiques, Paris, 1978, p. 20.
(77) Voir à ce propos *Espace, économie, information*, op. cit., p. 280-281.
(78) "Technopoles et politiques régionales : les risques d'un développement hors sol", in *Economie et Sociétés*, "Progrès et croissance", F, n° 32, 1991, p. 127-147.

aides directes à finalité régionale réservées aux entreprises, porte la marque d'un nouveau consensus en matière de politique régionale. Celui-ci s'affirme autour de l'idée selon laquelle il convient de laisser les entreprises faire elles-mêmes la preuve de leur efficacité interne, tout en organisant les conditions externes de cette efficacité. *Les technopoles s'inscrivent clairement dans cette inflexion stratégique* qui vise à créer pour les entreprises un environnement constitué de laboratoires, de centres de services, d'infrastructures.

A travers la technopole dont l'originalité est de transiter par divers ressorts du symbolique (79), il s'agit de promouvoir *une proximité organisée en laquelle la théorie économique pourrait facilement se reconnaître des externalités positives et probablement les formaliser* (80). A cet égard, on voit combien les pouvoirs publics peuvent puiser dans les travaux des chercheurs une caution "scientifique" qui vient renforcer le caractère normalisateur de leur approche du territoire.

Soucieux de diversifier ses sources d'information afin de discipliner les flux périphériques et d'intégrer leurs revendications dans son propre discours, l'Etat peut aussi modifier son appareil administratif. C'est ainsi que l'on assiste à une recrudescence, aux côtés d'administrations traditionnelles, d'administrations de mission ayant une compétence transversale, généralement directement rattachées au premier ministre, composées d'un faible nombre de fonctionnaires ou de chargés de mission et qui ont plus un rôle d'animation, de concertation, de montage de projets que de suivi de l'action. Parmi elles, on peut citer la commission nationale de développement social des quartiers ou la mission "banlieues 89" (81). Par crainte de débordements, le pouvoir régulateur investit donc le "terrain" de la contestation et répond en cela à une volonté de participation d'individus qui remettent en cause ses formes traditionnelles d'exercice.

De plus, le pouvoir de l'Etat s'exerce par médiation sur des points d'ancrage territoriaux qui lui sont nécessaires au contrôle des populations, de leur mobilité, de l'émergence de contre-pouvoirs.

---

(79) Voir A. Noy, *Approche informationnelle du concept de technopole*, op. cit., p. 4, mais aussi P.Y. Tesse, "Du sexe des technopoles", *Autrement*, n° 74, 1987.
(80) J.P. de Gaudemar, op. cit., p. 131.
(81) F. Bailleau "Les mutations désordonnées de la société française, in "La science du désordre", *La Recherche*, n° 232, mai 1991, vol. 22, p. 682-688.

Jusqu'aux années 80, les collectivités locales pouvaient être considérées comme des relais de gestion entre l'échelon local et l'Etat, asseyant l'autorité du pouvoir central. Elles imposaient alors un code de l'espace proposant une représentation unifiée et harmonieuse de la société en recourant aux armes informationnelles de la régulation. Toutefois, et bien que soumises au principe de l'intérêt national, elles disposent désormais d'une certaine marge de manoeuvre, d'ailleurs renforcée depuis la loi du 2 mars 1982 qui leur offre la possibilité d'intervenir plus largement, dans le domaine économique notamment. Elles sont en mesure d'avoir des relations partenariales avec les services extérieurs de l'Etat, ce dont les contrats de plan Etat-Région témoignent concrètement. Ce faisant, elles rejoignent aujourd'hui le vaste monde des équilibrations, cotoyant ainsi des groupes aux intérêts moins ambigus que les leurs.

Ces transformations ont défini de nouveaux rôles tant pour les collectivités locales que pour l'Etat et visent à parvenir à un nouvel équilibre de leurs pouvoirs respectifs. A travers ce qui peut apparaître comme un partage des pouvoirs relatifs au territoire, l'Etat n'a pas fait acte de renonciation quant à ses objectifs mais a dû faire face à une conjonture mouvementée marquée tout à la fois par sa propre suffocation, liée à la crise économique et l'empêchant de résoudre tous les problèmes auxquels il se trouve confronté, par la montée irrésistible d'un désir d'autonomie locale, par un souci accru de participation directe. L'Etat possédait jusqu'en 1975 de larges pouvoirs, souvent exclusifs, s'appuyant sur des administrations solides (l'Equipement, la DATAR), suscitant un discours hégémonique sur l'aménagement (la déconcentration des activités, la planification urbaine et les schémas d'aménagement et d'urbanisme ; pour les agglomérations, les schémas d'aire métropolitaine et maintenant la délocalisation), mettant en oeuvre des politiques (les villes nouvelles, les métropoles d'équilibre, les fonds d'intervention pour l'aménagement du territoire, la limitation des bureaux dans Paris, l'aide aux villes moyennes, la création des agences d'urbanisme...) (82).

Mais l'arrivée de la crise a contribué à limiter ses capacités budgétaires et du même coup ses ambitions, de telle sorte que la décentralisation est arrivée à point nommé, lui permettant de

---

(82) *Les territoires après la décentralisation : le dessous des cartes*, op. cit., p. 45.

rétrocéder à un niveau local des problèmes qu'il ne parvient plus à assumer au niveau national. Comme le souligne J. Lesourne (83), le but de l'art politique n'est-il pas de *faire en sorte que se réalise une "bonne évolution" ou du moins que soient exclues ou peu probables les plus "mauvaises"* ? Pour D. Easton, *les systèmes politiques accumulent de larges répertoires de mécanismes grâce auxquels ils s'efforcent de s'adapter à leur environnement. Grâce à eux, ils peuvent transformer leur propre comportement, transformer leur structure interne et même remodeler leurs objectifs fondamentaux* (84).

Bien que la décentralisation soit l'oeuvre de la gauche, le souci de rapprocher l'intervention politique des citoyens, en vue de répondre au mieux à leurs besoins et par conséquent de les rendre plus concernés, est pris progressivement en compte dès la fin des années 60. C'est ainsi que C. de Gaulle, alors Président de la République, annonce le 24 mars 1968 la nécessité d'une réforme régionale : *L'évolution générale porte en effet notre pays vers un équilibre nouveau. L'effort multiséculaire de centralisation, qui fut longtemps nécessaire pour réaliser et maintenir son unité malgré les divergences des provinces qui lui étaient successivement rattachées, ne s'impose plus désormais. Au contraire, ce sont les activités régionales qui apparaissent comme les ressources de sa puissance économique* (85). Tirant les leçons de l'échec du référendum, les successeurs de C. de Gaulle continuèrent certes sur la voie de la décentralisation mais en évitant de bousculer les pouvoirs établis.

Les leaders de gauche, et en particulier M. Rocard, dénoncent alors les méfaits d'une hypercentralisation, ressentie comme étant pesante et qui *étouffait les aspirations culturelles, régionales, entravait les dynamiques économiques et aggravait les tensions politiques comme en Corse et au Pays Basque* (86). Faire de la région une collectivité territoriale à part entière apparaît alors d'autant plus indispensable que les autres pays européens sont dotés de structures régionalisées depuis plusieurs années (87) et que l'on

---

(83) J. Lesourne, *Les systèmes du destin*, Dalloz Economie, 1976, p. 10.
(84) D. Easton, *A System Analysis of Political Life*, Wiley, New York, 1965, cité in *Les systèmes du destin*, op. cit., p. 239.
(85) Cité par B. Remond et J. Blanc, *Les collectivités locales*, Dalloz, Paris, 1989, p. 108.
(86) B. Giblin, "Les territoire de la nation à l'heure de la décentralisation et de l'Europe", in *Hérodote*, n° 62, 3e trimestre 1991, p. 24.
(87) L'Italie en 1970, la Grande-Bretagne pour ce qui concerne le Pays de Galles et l'Ecosse en 1978, la Belgique en 1980.

attribue, souvent rapidement, les succès économiques de l'Allemagne à sa structure fédérale. En outre, les deux grands responsables de la régionalisation que furent G. Deferre et P. Mauroy avaient l'un et l'autre dirigé une grande région, à l'époque "Etablissement Public Régional", et donc subi la férule des préfets. De fait, ils n'avaient alors pu disposer des moyens d'action qu'ils jugeaient nécessaires pour favoriser le développement économique et social de leur territoire respectif. Ils eurent donc à coeur d'affranchir les élus locaux longtemps restés sous la tutelle de l'appareil d'Etat, tutelle préfectorale, technique et financière. Notons au passage qu'*il y eut bien quelques critiques à droite au moment du débat parlementaire sur la décentralisation, mais les élus eurent vite compris que cette réforme était un formidable outil de pouvoir, d'autant plus précieux qu'ils étaient dans l'opposition* (88). Nous avons là une parfaite illustration de la dialectique "équilibration-régulation" mêlant le pouvoir central, les partis politiques et l'élu local désireux de consolider son propre pouvoir quitte à, dans l'instant, faire le jeu de ses adversaires politiques alors aux commandes.

Désormais les collectivités locales ont en charge des secteurs stratégiques de l'action publique et ont, pour cela, reçu des moyens supplémentaires en capacités financières et en ressources humaines (89).

Détournant à leur profit les normes émises, elles agissent dans leur périmètre d'action en s'appuyant notamment sur des informations qualifiées de potentiellement rentables. La possibilité dont elles disposent de prendre des initiatives qui relèvent de l'aménagement, entrant ainsi en concurrence directe avec l'Etat, en constitue un exemple. Par ailleurs, elles utilisent également des informations dites sémiologiques diffuses suscitant des référentiels directement liés au territoire sur lequel elles exercent leur autorité. Il en va ainsi des politiques de communication mises en place par les villes, voire les régions et même les départements, à l'aide d'une production symbolique, déclinée aussi bien à l'intérieur qu'à l'extérieur du territoire sur lequel l'élu local a le pouvoir et le devoir d'agir.

---

(88) B. Giblin, op. cit., p. 25.
(89) Voir le "Panorama statistique des collectivités locales", in *Prospective et territoires*, Dossier DATAR, décembre 1991.

A un moment où toute réflexion sur le devenir de la France ne peut se faire sans référence à l'Europe, les responsables régionaux ont, de plus, rapidement compris tout l'intérêt qu'il pouvait y avoir pour eux à se faire entendre des autorités de Bruxelles, tout en étant eux-mêmes informés le plus rapidement possible des décisions qui peuvent y être prises. Les progrès de la construction communautaire ont conduit les collectivités locales à faire des choix stratégiques et organisationnels, destinés à accroître leur compétitivité et leur positionnement dans l'espace européen. Conscientes des gains procurés par des actions conjointes, les régions signent de nombreux accords de coopération avec leurs voisines de la Communauté et multiplient les initiatives pour peser sur les instances de Bruxelles.

C'est ainsi que *l'Etat n'est donc plus le seul interlocuteur des demandes d'aides localisées, et parfois l'obtention d'une aide européenne permet d'obtenir une aide de l'Etat que les représentants de celui-ci auraient eu tendance à refuser* (90). Si en 1975, les aides européennes représentaient 75,3 millions d'écus (soit 1,2 % du budget) et transitaient par le canal de l'Etat, désormais, les programmes d'aides sont intégralement décidés et octroyés directement par la CEE et une part de plus en plus importante du budget de la Communauté est allouée au fonds régional (en 1990, 4 704,5 millions d'écus sont distribués soit 10,1 % du budget).

Bien décidées à ne pas laisser échapper une telle manne, les régions, sur recommandation de Bruxelles et avec l'assentiment des gouvernements, ont commencé à rechercher des jumelages avec d'autres régions d'Europe. On assiste depuis à une véritable éclosion de structures associatives créées autour de thèmes spécifiques : les régions transfrontalières ont créé l'Association des régions frontalières européennes ; les régions de montagne se sont regroupées au sein de communautés de travail, comme la Communauté des Alpes occidentales ; les régions périphériques ont constitué une Conférence des régions périphériques maritimes, dont le siège se trouve à Rennes ; les régions en reconversion ont mis en place l'Association des régions de tradition industrielle ; les régions capitales ont fondé une Union des régions capitales de la CEE. La liste n'est pas exhaustive.

De même est-il impossible de dresser l'inventaire complet de tous les accords bilatéraux, tel celui passé en juillet 1991 entre la Corse et

---

(90) *Les territoires de la nation à l'heure de la décentralisation et de l'Europe*, op. cit., p. 37.

la Sardaigne, qui ont été signés ces dernières années par les régions. En outre, des projets beaucoup plus ambitieux ont pris forme. Dès 1986, la région Rhône-Alpes passait des accords de coopération scientifique, technique et culturelle avec trois autres grandes régions d'Europe : le Bade-Würtemberg, la Catalogne et la Lombardie. Un "arc atlantique" s'est également constitué, réunissant de Glasgow à Séville, vingt et une régions. En mars 1991, dix d'entre elles se retrouvaient à Poitiers pour créer un observatoire des formations destiné à faciliter notamment les échanges de programmes pédagogiques. Autre exemple, la naissance en juillet dernier d'Eurorégion, regroupant les cinq régions du Nord-Pas-de-Calais, du Kent, de Flandre, de Wallonie et de Bruxelles-Capitale, pour préparer le triple rendez-vous du marché unique, du tunnel sous la Manche et l'arrivée du TGV Nord européen en 1993. L'objectif de ces associations est, alors que l'Europe des régions est loin d'être reconnue dans l'édifice communautaire, d'accroître leur influence et donc leur pouvoir auprès des instances communautaires pour lesquelles les régions n'ont encore qu'un rôle strictement consultatif.

Parallèlement les élus régionaux ont de plus en plus tendance à se tourner vers Bruxelles, à y installer des représentants, des antennes, suivant en cela la politique des länders allemands qui ont sur place de véritables petites ambassades. Seize des vingt-deux régions françaises y ont désormais une antenne tandis que certaines, comme Rhône-Alpes et Nord-Pas-de-Calais, ont leur propre représentation. D'autres ont choisi de se constituer en association. Celle du Grand-Est réunit les régions d'Alsace, de Bourgogne, de Champagne-Ardenne, de Franche-Comté et de Lorraine ; celle du Grand-Sud comprend la Corse, le Languedoc-Roussillon, Midi-Pyrénées, Provence-Alpes-Côte d'Azur, Aquitaine ; la Bretagne a choisi de faire équipe avec la région des Pays-de-la-Loire ; la Picardie partage des locaux communs avec le comté anglais de l'Essex. Il s'agit là pour ces régions de récupérer une information potentiellement rentable : les bruits de couloirs bruxellois, susceptible de les renseigner sur les programmes économiques auxquels elles seraient en droit de prétendre et sur la destination des fonds structurels qui, pour la France et pour la période 1989-1993, représentent une enveloppe de près de 17 milliards de francs. Les régions ne sont d'ailleurs pas les seules à s'organiser et les villes ont également pris le parti de se regrouper, comme nous le verrons ultérieurement à propos du cas particulier de Montpellier.

A travers ces armes informationnelles diverses et dont elles sont plus ou moins pourvues, les régions visent à s'insérer dans les mécanismes de décision européens, voire à jeter les fondations d'une véritable Europe des régions. Toutefois, les Etats n'apparaissent pas prêts à se laisser déposséder de leurs prérogatives. C'est ainsi que si le projet d'union politique signé à Maastricht prévoit de substituer au comité consultatif des collectivités locales et régionales mis en place par J. Delors en juin 1989, un comité des régions qui passerait de quarante-deux à cent quatre-vingt-neuf membres, toutefois son caractère purement consultatif ne sera pas moins confirmé. Le bras de fer engagé entre l'Europe, l'Etat, les régions est caractéristique des rapports régulation-équilibration où le territoire en tant qu'enjeu suscite des luttes-concours, conflits, alliances... évoluant dans le temps, ainsi que dans l'espace.

Les collectivités locales ne sont pas seules à jouer un rôle équilibrateur et d'autres organes, généralement tournés vers la défense d'intérêts communs souvent particuliers et bien ciblés, participent à la formation de ce tissu institutionnel complexe. Dotés d'un rôle indéniable dans la dynamique même des stratégies politiques régulatrices, ils vont peser de tout leur poids, au demeurant variable, pour donner à la sphère politique une configuration, des objectifs et des moyens d'action propres au territoire concerné.

Si certains acteurs, tels que les collectivités locales, l'Etat, les partis politiques, les associations ou encore les syndicats font du territoire un enjeu politique, ils participent également à la structuration d'une autre sphère dont la logique est tout autre que la précédente et dont la finalité revêt un caractère économique. Ainsi, après l'enjeu politique que nous n'avons fait qu'effleurer, il va être question de cerner l'enjeu économique inscrit au coeur du territoire et qui participe aussi à son organisation.

L'enjeu économique

Pour F. Perroux, *l'acte économique est défini comme la lutte ou le concours (typiquement : la lutte concours) par quoi un individu ou un groupe acquiert et emploie des choses comptabilisables...*

c'est-à-dire ordonnables dans le dessein de mettre au jour un avantage net, par la comparaison du coût et du résultat (91).

Les formes d'organisation territoriale ne peuvent échapper à une logique privilégiant l'accroissement des richesses en vue d'une redistribution. *Compte tenu du niveau des connaissances techniques, de la qualité de la main-d'oeuvre, de l'efficacité de l'organisation, l'économie a des capacités plus ou moins développées à répondre aux demandes, utiliser les ressources de la collectivité, redistribuer convenablement les produits. Elle peut s'adapter bien ou moins bien aux variations de l'environnement* (92).

Longtemps compacte et dominée par les grandes unités industrielles qui véhiculaient la toute-puissance régulatrice en la matière, la sphère économique est animée de spasmes qui remettent en cause l'ordre établi jusqu'alors.

S'il y a 15 ou 20 ans les perspectives de développement local étaient associées à l'importance et à la place prise par les grandes entreprises, aujourd'hui, certaines PME font la preuve d'un dynamisme bénéfique aux territoires sur lesquels elles sont implantées. L'attitude spécifique des grandes entreprises en période de crise participe à l'affaiblissement de leur hégémonie. L'incertitude quant à l'avenir et la pression accrue de la concurrence internationale les obligent à réaménager leurs structures et leurs stratégies dans le sens d'une plus grande flexibilité. Leur perte d'efficacité, notamment en matière d'emplois, depuis le début des années 70, contraint certaines d'entre elles à intégrer des comportements qui sont l'apanage des petites et moyennes entreprises, autrefois assimilables à des forces annexes pouvant être considérées, à la limite, comme équilibratrices. Ces dernières, de par leur taille réduite, disposent en effet d'une souplesse importante qui se traduit par une meilleure utilisation des ressources locales entraînant une capacité d'innovation effective, assortie d'une dynamique forte. Comme le note X. Greffe : *il n'est plus possible de faire une prospective territoriale sans tenir compte des PME* (93). La lecture de l'économique ne passe donc plus seulement par l'analyse des grandes unités productrices, mais se doit de considérer les relations complexes entre

(91) F. Perroux, *Economie et société, contrainte-échange-don*, PUF, Paris, 1963, p. 97.

(92) J. Lesourne, *Les systèmes du destin*, op. cit., p. 197.

(93) X. Greffe, *Territoires en France, les enjeux économiques de la décentralisation*, Economica, Paris, 1984, p. 76.

grandes entreprises et PME, relations qui ne se réduisent pas nécessairement à l'archétype de la sous-traitance.

Parallèlement, *nous vivons actuellement, à l'échelle planétaire, une phase de transition structurelle profonde qui signe la fin de la révolution industrielle classique et ouvre la voie pour une nouvelle "économie des services"* (94).

Principal moteur de la richesse des nations pendant 200 ans, le processus d'industrialisation a longtemps focalisé toute l'attention des économistes. Or, depuis plusieurs décennies, l'essentiel des innovations et des possibilités d'accroître la richesse économique s'est déplacé en direction des activités de service qui se développent aujourd'hui de façon considérable. Longtemps considéré comme un secteur à basse productivité servant de réservoir pour absorber les excédents de main-d'oeuvre qui ne pouvaient trouver d'emplois dans les secteurs primaires et secondaires, le tertiaire joue désormais un rôle prépondérant et accompagne et soutient l'activité de production.

Au début de la révolution industrielle, les fonctions regroupées sous le nom d'activités de services, telles que le stockage, la recherche, la formation, le financement, la vente et le marketing, les services de sécurité, le recyclage des déchets... existaient déjà mais sous une forme relativement indifférenciée. D'importance secondaire en raison de la petite taille des unités de production, elles ne font alors pas référence à proprement parler à un "métier". La dimension et la spécialisation des unités de production augmentant, la nécessité de gérer professionnellement un nombre accru de services devient incontournable. La multiplication des étapes dans le processus de production et de distribution impose de coordonner ces activités séparées.

Dans le même temps, l'orientation prédominante de la technologie a, elle aussi, évolué. S'il s'agissait surtout, par le passé, d'approfondir et d'améliorer les stades de production et de transformation des matériaux et des produits, les nouvelles technologies ont désormais un impact au niveau des systèmes de communication et d'organisation de l'information. Ces progrès sont largement utilisés par les fonctions de service dont une partie croissante représente des fonctions de stockage, de transmission, d'élaboration et d'intégration des différentes informations. Les

---

(94) O. Giarini, *Les conséquences de la complexité en économie : vulnérabilité, risque et rigidité de l'offre*, op. cit., p. 159.

activités de service devenues indispensables, portant et soutenant la production, peuvent, dans certains cas, correspondre à des fonctions à l'intérieur même des compagnies industrielles. Elles font aussi l'objet d'une activité autonome, exercée par des firmes spécifiques et cette situation n'est pas étrangère à la prolifération des PME, ainsi qu'à leur vitalité nouvelle. Ce qui est admis pour les entreprises d'une certaine taille se retrouve également à un niveau inférieur. C'est ainsi que, sur la base d'une approche régionale, M. Laget (95) montre que les PME elles-mêmes sont de moins en moins indépendantes et font appel, pour les services dont elles ne disposent pas, à des "apports extérieurs". L'auteur précise en effet que *cette économie des interventions est très importante (...) et doit être distinguée de l'économie des services finaux. Les services (aux entreprises) deviennent incontestablement une catégorie centrale de l'économie et l'on parle de tertiarisation.*

Quoi qu'il en soit, les activités de service représentent aujourd'hui entre 70 et 80 % du coût de tous les produits finals que nous utilisons. Pour O. Giarini : *on peut donc affirmer qu'aujourd'hui l'activité économique est essentiellement une activité de service. L'importance de la production industrielle au sens strict n'est que seconde bien que naturellement toujours essentielle* (96). Fort de ce constat, il appelle de ses voeux une révision de l'analyse économique *qui puisse intégrer les flux que le système de production industrielle entretient avec les activités de service, ainsi qu'avec le système non monétarisé* (97). Situé aux confluents de stratégies de localisation différenciées, le territoire est structuré par ces activités dont la présence peut, en outre, contribuer à valoriser son image, sur un plan sémiologique notamment, et susciter un référentiel positif auprès des entrepreneurs potentiels.

Au sein de ces services devenus indispensables, la formation, dispensatrice de flux immatériels que sont le savoir ou le savoir-faire, occupe une place particulière dont témoigne la multiplication des écrits la concernant. Ainsi pour J.P. de Gaudemar (98), *il n'est*

---

(95) M. Laget "Services et transfert de technologie dans les PME", *Revue de l'économie méridionale*, n°142-143, 1988.
(96) *Les conséquences de la complexité en économie*, op. cit., p. 162.
(97) *Les conséquences de la complexité en économie*, op. cit., p. 168.
(98) Sous la direction de J.P. de Gaudemar, "Formation et développement régional en Europe, *Etudes et Recherches*, DATAR, La Documentation Française, 1991, p. 3.

plus possible de penser le développement régional sans se préoccuper de la formation des hommes.

Insistant dans ce sens, il précise en outre que *le consensus politique n'a jamais été aussi fort sur le fait que la formation est une condition du développement régional.* Tout projet économique collectif est largement subordonné aux ressources, notamment humaines, dont peuvent disposer les entreprises. Ainsi la formation apparaît bien comme l'un des enjeux économiques susceptibles de façonner le territoire. Au demeurant, le recours à des modèles économétriques permet de *valider l'hypothèse d'une meilleure insertion dans le commerce international des régions à haut niveau de formation initiale* (99). Toutefois, l'auteur précise que si le savoir-faire induit par la formation initiale constitue un élément d'offre qui permet de conserver, sinon d'accroître, les parts de marchés extérieurs, *cet effet de formation est insuffisant pour expliquer les performances d'une zone géographique à l'exportation... il agit en fait en liaison avec des effets d'infrastructure, de concentration dans les aires métropolitaines (accès aux services supérieurs) qui sont créateurs d'effets d'externalité.*

L'organisation de la formation initiale permet de différencier des territoires en fonction de leur histoire, de leur structure, voire de leur identité idéologique et culturelle. C'est ainsi que dans l'ensemble national coexistent une *France de l'Ecole* installée depuis longtemps à des niveaux élevés de scolarisation et une France des retards scolaires. Toutefois il ne faut pas oublier que la formation initiale n'est que l'un des pôles de l'offre éducative qui s'articule aussi autour de la formation interne aux entreprises et de la formation professionnelle continue (100). Ces dernières varient fortement dans le temps et dans l'espace et transitent par des canaux multiples où les échelons d'intervention sont nombreux, les acteurs impliqués sont divers et les relations nouées de plus en plus complexes. De plus, toutes deux, à la différence de la formation initiale, ont des finalités plus spatialisées et sont conditionnées par le milieu, duquel elles tirent leurs principales orientations. Pour

---

(99) J. Bourdon, "Niveau de formation et performances des régions à l'exportation", in *Formation et développement régional en Europe*, op. cit., p. 127 à 142.
(100) M. Laget, "De la notion d'éducation au questionnement décentralisé sur la formation", *Revue de l'Economie Méridionale*, vol. 39, n° 154, 2/1991, p. 7-18.

M. Laget (101), *la décentralisation renforce cet état de fait et favorise la constitution de systèmes locaux de formation où les procédures s'expérimentent dans une relative autonomie.* En fait, depuis une vingtaine d'années, précisément depuis 1971, date à laquelle *le législateur mit la bride sur le cou d'une certaine formation : celle des entreprises appelée formation continue* et, plus encore, depuis 1982, grâce aux lois de décentralisation, les collectivités locales, les entreprises, les salariés peuvent désormais s'organiser autour de cette question en vue de répondre aux besoins qui leur sont propres, donc selon la taille des entreprises situées sur le territoire, le niveau de qualification de la main-d'oeuvre locale, les formes de l'emploi et les savoir-faire existants et compte tenu des anticipations qu'ils font de leurs besoins à venir (102). Les rapports qu'ils entretiennent entre eux conditionnent à l'évidence l'émergence d'organisations territoriales spécifiques marquées par des énergies, des forces, des imaginations différenciées et au pouvoir variable.

Les collectivités locales, tout comme dans la sphère politique, jouent ici un rôle de tout premier plan. Ainsi pour X. Greffe, *les collectivités locales restent par définition le principal agent économique local. Ce fait a souvent été oublié dans le passé malgré une histoire tumultueuse, mais il ne peut plus l'être aujourd'hui, quand on voit comment ces collectivités tentent de prolonger leur image traditionnelle de gestionnaire des équipements collectifs par celle plus difficile d'animateur du développement économique et social* (103). Les collectivités locales représentent aujourd'hui un poids économique considérable dans l'économie nationale. Leurs domaines de compétence se sont enrichis, le niveau de leur budget atteint la moitié du budget de l'Etat, les investissements qu'elles réalisent sont en constante augmentation, leur implication dans l'activité du pays va croissant (104). En 1990, leurs dépenses représentent 9,6 % du produit intérieur brut contre 2,5 % en 1979.

---

(101) *De la notion d'éducation au questionnement décentralisé sur la formation*, op. cit., p. 9.
(102) Pour plus de précisions, voir Z. Khelfaoui, "Espaces décentralisés et systèmes de formation : la formation professionnelle en région" et du même auteur "Economie de la formation dans le fonctionnement de la petite entreprise", in *Revue de l'Economie Méridionale*, vol. 39, n° 154, 2/1991.
(103) *Territoires en France*, op. cit., p. 97.
(104) Voir *Panorama statistique des collectivités locales*, DATAR, op. cit.

Les collectivités locales agissent désormais sur la prospérité économique de leur territoire de compétence et rivalisent aujourd'hui dans la mise en valeur de leurs spécificités, de leurs potentialités propres. L'effort qu'elles consentent en matière de formation en fournit un exemple. Au-delà des incitations financières et fiscales (subventions, primes à l'investissement, exonérations, aides à la recherche et au développement...), elles se sont emparées de ce que les Anglo-Saxons définissent sous le terme de marketing et qui vise à faire valoir un "produit" à travers une image gratifiante porteuse de possibilités diverses telles que :

- un environnement économique (présence et proximité d'un marché...),
- un environnement technologique (centres fournisseurs de technologie, sous-traitants...),
- un environnement scientifique (recherche...),
- un environnement formation (bassin de compétences, universités...),
- un environnement naturel (agrément du site territorial, cadre de vie...),
- un environnement logistique (services divers offerts tels que l'immobilier, les facilités de procédure, l'accueil logistique...) (105),

auquel nous pouvons ajouter un environnement culturel.

Elles visent en cela à répondre à une demande émanant des entreprises dont les pratiques de localisation évoluent. Celles-ci, sans pour autant se détourner des aides financières, sont désormais de plus en plus attentives à la qualité de leur environnement physique, culturel et humain, et à l'efficacité de la logistique territoriale. La prolifération des analyses en termes de réseaux, de milieux (106) témoigne de l'intérêt grandissant porté par les chercheurs pour ces questions de synergies (107), susceptibles d'accroître la créativité, les capacités innovatrices des entreprises forgeant l'organisation industrielle d'un territoire.

---

(105) Voir *Espaces prospectifs*, DATAR, 1986, op. cit., p. 46 à 49.

(106) Consulter par exemple la *Revue d'Economie Régionale et Urbaine*, n° 3/4, 1991, rassemblant des articles sur le thème "Milieux innovateurs, réseaux d'innovation".

(107) Pour J.C. Perrin, "La synergie exprime le fait que, étant donné une combinaison de facteurs, le résultat est supérieur à la somme des effets de chacun des facteurs pris séparément ou de ceux de leurs relations deux à deux", in "Réseaux d'innovation, milieux innovateurs, développement territorial", in *RERU*, n° 3/4, 1991, p. 343 à 374.

Si les nouvelles exigences manifestées par les entreprises conduisent à un infléchissement des objectifs et des politiques d'aménagement territorial (108), elles transforment aussi les modalités du dialogue entre collectivités publiques et entreprises, une relation qui est de plus en plus à la base du dynamisme économique. Une étude sur les pratiques de localisation des activités industrielles, réalisée par J.P. Gelly pour le compte de la DATAR (109), nous apprend que les PME sont, à l'évidence, plus sensibles aux opportunités offertes par les collectivités locales, mais les dirigeants des grandes firmes, bien que mettant en avant une stratégie internationale de localisation, se montrent eux aussi très réceptifs à l'excellence des relations nouées avec les responsables locaux du développement. C'est ainsi que l'image de la région apparaît d'autant plus déterminante qu'elle connaît une certaine permanence et qu'elle peut être entretenue. Cette image a des aspects objectifs, ainsi l'entrepreneur veut se rapprocher d'agglomérations accueillantes pour les entreprises de pointe (services à l'industrie, cadre de vie pour les dirigeants ou leur famille) ; ou, à l'inverse, il recherche une ville moyenne, proche d'un espace rural espérant par exemple bénéficier de la stabilité de la main-d'oeuvre. Mais, elle s'appuie aussi sur des jugements peu argumentés et pour le moins subjectifs qui vont de l'attirance pour *les Alsaciens, travailleurs, sérieux et bilingues* à certaines réticences devant le bassin minier sidérurgique lorrain jugé *très marqué au niveau des hommes et de l'environnement par des industries anciennes en déclin* et passant par le rêve californien transposé sur certaines parties du littoral. Ainsi, pour J.P. Gelly, *la question n'est pas de savoir si une image est vraie ou fausse, mais qu'elle est : à partir de ce moment, elle constitue une réalité dont il faut tenir compte*, de telle sorte que *l'équipement d'accueil le plus sophistiqué ne peut remplacer une campagne efficace de promotion de la "région", précédée d'une bonne étude d'image*. En d'autres termes, il faut *créer un symbolisme positif à travers une iconographie et une sémantique adaptées, "précédant" l'argumentation de rentabilité* (110). Toutefois, pour donner une concrétisation durable à l'image proposée, on ne peut pas faire l'économie d'actions

---

(108) J.P. de Gaudemar, *Technopoles et politiques régionales : les risques d'un développement hors sol*, op. cit.
(109) "Localisation des entreprises : de nouveaux facteurs de décision", in *Espaces prospectifs*, n° 6, DATAR, octobre 1986, op. cit.
(110) A. Noy, *Approche informationnelle du concept de technopole, le cas de Montpellier*, op. cit.

structurantes, *il est donc nécessaire, à un moment donné, de promouvoir des effets structurels qui corroborent le discours ...sans que le discours perde de son importance. La fragilité du système se trouve certainement là* (111).

Des rapports de pouvoir, parfois teintés de connivence, s'instaurent donc non seulement au niveau des collectivités locales entre elles, en vue d'offrir l'image et les opportunités les plus attractives possibles, mais également entre les collectivités locales et les entreprises potentielles, chacune d'elles tentant d'infléchir à son avantage les stratégies de l'autre.

Par ailleurs, *l'économique n'est pas faite que de relations impersonnelles, abstraites, qui ont la recherche du gain pour unique mobile. Et il est loin d'être avéré qu'une économie qui aurait l'intérêt privé pour moteur exclusif puisse se stabiliser efficacement (...). La seule dimension formelle - ou économique - n'épuise pas la description d'une organisation productive. Celle-ci engendre forcément des liens personnels qui, assis sur la confiance, des normes d'équité, voire le don, empruntent à des socialités non exclusivement marchandes* (112). A travers ces remarques de R. Frydman, nous entrevoyons les liens qu'entretiennent entre elles la sphère économique et la sphère que nous dénommons sociale. D'ailleurs les statistiques ne révèlent-elles pas, par exemple, que de nombreuses PME sont créées par des chômeurs ? La formation ne répond-elle pas à une demande économique et tout à la fois à une demande sociale ? Les exemples sont nombreux et soulignent l'importance de s'interroger sur l'aspect social de la composition organisationnelle du territoire et de sa dynamique. L'enjeu social et les références qu'il implique en termes de valeur et de rationalité supposent donc une investigation, au même titre que l'économie.

L'enjeu social

L'acteur, l'individu, tel que le définit la théorie économique, agit hors de tout jeu social effectif ou, plus exactement, il n'est pas en mesure de manifester un comportement singulier par rapport aux règles sociales définies par le marché. *Le dispositif réel sur lequel*

---

(111) *Approche informationnelle du concept de technopole, le cas de Montpellier*, op. cit.
(112) R. Frydman, "Le territoire de l'économiste : marché et société marchande", in *Revue Economique*, n° 1, vol. 43, janvier 1992, p. 31 à 54.

opère l'économiste est des plus sommaires. Il est limité à l'existence d'un acteur logique représentatif, aux hypothèses sur les biens et les fonctions de préférence et à l'existence de prix qui, rassemblant toute l'information nécessaire à l'action, sont les seules médiations sociales (113). De fait, et bien que le principe de concurrence soit non seulement admis et plus encore promulgué, l'acteur est un élément du système mais sans en faire partie puisque n'intervenant pas sur celui-ci. C'est cette contradiction que O. Morgenstern dénonce en écrivant que *le modèle de l'équilibre général des marchés, c'est Hamlet sans Hamlet* (114).

Or, l'individu agit dans un contexte social, familial, communautaire variant dans le temps et dans l'espace, plus ou moins contraignant, plus ou moins pesant. Les prix ne sont donc pas les seuls repères de l'action et la rationalité instrumentale, calculatrice, n'est pas le seul guide des comportements. L'action, pour économique qu'elle soit, est articulée par différentes valeurs, parfois concordantes, parfois contradictoires, dont l'une ou l'autre peut émerger à un moment donné pour apparaître dominante sans pour autant être intelligible indépendamment des autres. Bien que s'inscrivant dans le marché, l'enjeu social peut trouver sa justification à l'extérieur de celui-ci. R. Frydman cite, à cet égard, en exemple les Etats qui, comme le Japon ou l'Allemagne, ont de longue date connu les performances économiques les plus hautes mais qui sont aussi de ceux où les valeurs communautaires, familiales et nationales sont les plus manifestes.

La sphère sociale acquiert sa spécificité par le fait qu'elle s'attache à l'individu, au comportement individuel, à ce que fait l'individu en tant qu'être unique. Sa prise en compte au coeur de l'organisation territoriale permet de concilier une approche globale et une approche des entités individuelles, *même si toutes deux ne sont pas directement comparables, dans la mesure où elles appartiennent à des visions différentes, voire même partiellement antagonistes du système* (115).

---

(113) R. Frydman, *Le territoire de l'économiste : marché et société marchande*, op. cit., p. 10.
(114) O. Morgenstern, "Treize points critiques de la théorie économique contemporaine, une interprétation", *Economie Appliquée*, n° 2-3, 1974.
(115) C. Schmidt, "Sur la méthode en macro-économie", *Revue d'Economie Politique*, 101(6), novembre-décembre 1991, p. 853.

Pour H.A. Simon (116), c'est la conception de la rationalité micro-économique de maximisation individuelle qui constitue un obstacle à cette articulation. Pour autant, il ne s'agit toutefois pas, pour nous, de remplacer une rationalité économique par une rationalité procédurale, fondée sur des codes collectifs (117) et tout aussi limitée, mais de replacer l'acteur dans un univers décisionnel plus vaste que le marché, où prennent place des relations d'arbitrage privées pouvant être en accord mais aussi en conflit avec des dispositifs normatifs collectifs. C'est le propre pouvoir, fût-il minime, de toute entité individualisée qui est ici reconsidéré et qui fait que *chaque être vivant est une manière plus ou moins originale de se débattre avec le milieu, de sorte que les variantes individuelles des formes d'adaptation propres au groupe d'appartenance sont nombreuses* (118).

Il va sans dire qu'il est hors de notre portée de répertorier tous les comportements individuels qui fondent une société, tant ceux-ci sont variés et multidimensionnels. Il est possible toutefois de repérer, à l'aide de certains signes, l'apparition d'un changement comportemental des individus, ou tout au moins de certains d'entre eux. Les migrations, par exemple, sont autant d'indices qui traduisent aujourd'hui la prise en compte par les individus de valeurs nouvelles, même si les anciennes ne sont pas nécessairement évincées de leur champ de décision. Les schémas théoriques traditionnels, prévalant pendant la période de forte croissance, nous ont en effet appris que les mouvements de population, généralement perçus comme des flux campagne-ville, étaient le plus souvent motivés par la recherche d'un emploi ou d'un revenu plus élevé. Ce modèle perd aujourd'hui de sa puissance explicative, les migrations s'organisant autour de motivations plus larges.

De multiples travaux remettent aujourd'hui en cause la liaison marché du travail-dynamique des migrations car faisant état de comportements peu conformes au modèle traditionnel. Il est en effet possible d'observer des déplacements, non seulement en France mais

---

(116) H.A. Simon, *Models of Bounded Rationality*, 2 volumes, Cambridge, Mit Press, 1983.
(117) Voir *Economie des règles et des conventions*, n° 2, vol. 40, 1989, numéro de la revue économique consacrée à ce thème.
(118) G. Canguilhem, *Essai sur quelques problèmes concernant le normal et le pathologique*, Strasbourg-Clermont-Ferrand, 1943, thèse de doctorat en Médecine, cité par H. Bartoli, *L'économie multidimensionnelle*, op. cit., p. 176.

plus largement en Europe (119), qui vont bénéficier à des espaces jugés peu attractifs, si l'on s'en tient à leurs caractéristiques économiques et aux spécificités de leur marché du travail. Il en va ainsi de l'espace rural qui accueille désormais des hommes et des femmes qui, à travers leur changement de résidence, manifestent des désirs, des attitudes particulières infirmant l'hypothèse stricte de rationalité économique. Peu motivés par une recherche de gain maximal, privilégiant des exigences familiales plutôt que professionnelles, préférant des emplois intégrés aux habitudes et aux moeurs rurales et un statut de travailleur indépendant, ils font preuve d'une volonté de rompre avec le passé en tentant un genre de vie moins commun qu'ils estiment plus gratifiant. A travers les risques qu'ils encourent en rejoignant un milieu d'accueil fragilisé tant sur le plan économique que social, ils manifestent leur refus d'une solution unique, collective, évidente, lui substituant des choix alternatifs qui montrent à quel point *les choix ne sont ni simples, ni unidimensionnels, ni instantanés mais complexes, multidimensionnels, séquentiels* (120).

Il faut bien voir en effet qu'il ne s'agit plus ici de mouvements marginaux de néoruraux issus de la contestation de 1968 et qui préconisaient alors une rupture avec la société et l'économie dominantes. Bien que leurs prédécesseurs aient joué un rôle précurseur et révélateur dans le changement observé aujourd'hui, *les nouveaux ruraux actuels restent dans le système économique, même s'ils modifient par leur comportement les hiérarchies de valeurs établies auparavant* (121). Ces migrants ne font pas usage de leur pouvoir décisionnel pour s'opposer et rejeter l'ordre prévalant, mais ils tentent plutôt de faire admettre au sein de celui-ci leur individualité, leur singularité, illustrée par différentes démarches telles que le passage d'un habitat collectif à un habitat individuel, l'accession à la propriété, le glissement d'une activité salariée à une activité indépendante, le développement du travail domestique et de l'économie souterraine, le passage d'un espace dense et surpeuplé à un espace large et parfois vide. Certes le prix informe ce type d'actions, les terrains éloignés des villes étant moins onéreux qu'en zone urbaine, mais il ne constitue par l'unique critère de décision. Pour H. Bartoli, *l'erreur du rationalisme économique est de ne pas*

---

(119) Voir la première partie de ce travail.
(120) H. Bartoli, *L'économie multidimensionnelle*, op. cit., p. 179.
(121) A. Berger, avant-propos de *Retour vers l'arrière-pays*, par J. Catanzano, op. cit., p. 7.

comprendre que l'économique ne possède pas à son propre niveau la totalité de son sens et de sa finalité (122). Admettre la diversité des motivations qui guident les acteurs, c'est donner une portée au postulat de singularité de l'individu, de sa situation, de son pouvoir, de sa capacité à participer aux différents enjeux qui traversent le territoire.

Ainsi, il ne s'agit pas de nier l'existence d'une certaine rationalité fondée sur le travail mais on peut désormais penser que certains déterminants plutôt qualitatifs vont orienter les stratégies individuelles de localisation. L'approche des comportements par des éléments subjectifs tels que la vie familiale, le cadre de vie (le "pays" et sa composante affective, le climat, l'environnement...) ou encore le mode de vie (les relations au travail, aux loisirs, à la culture ; l'habitat, le réseau relationnel...) peut rendre compte de rouages et de mécanismes nouveaux qui dynamisent les populations au-delà des normes et des logiques plus ou moins imposées.

Nous percevons là le rôle primordial joué par l'information relationnelle, même si elle est rarement prise en considération, de façon explicite, dans les analyses portant sur le développement territorial. Bien qu'englobant les autres types d'informations et englobée par eux, elle a, dans cette optique, un intérêt tout particulier car elle nous autorise à évoquer l'irrationnel, la pulsion, le non-dit qui sont chez tout individu et qui orientent ses choix, même les plus rationnels en apparence. L'avenir du territoire dépend, pour une large part, de la façon dont il sera perçu, tant à l'intérieur qu'à l'extérieur, à travers ce filtre symbolique individuel. Ses responsables sont donc contraints d'intégrer ce niveau de perception dans leur propre stratégie, de façonner leur concret dans ce sens et surtout d'encourager une image, un éclairage de leur territoire coïncidant avec ces aspirations nouvelles. En s'appropriant ces arcanes de l'imaginaire, a priori équilibrateurs, pour les recomposer en information sémiologique régulatrice, les décideurs servent leur propre pouvoir politique et le développement économique du territoire géré par eux.

Si la sphère sociale s'ouvre largement sur le politique, l'économique, elle prend également place dans le temps et dans l'espace : ses mouvements, donc ses déplacements et ses

---

(122) *L'économie multidimensionnelle*, op. cit., p. 183.

changements de configuration, sont là pour le démontrer. Plus largement, le territoire et les perspectives économiques, politiques et sociales qu'il suppose, reposent sur une prise en compte de sa "figure" et de sa "forme", donc de son espace. Pour R. Ledrut, *toutes les collectivités ont par nature, une forme et une figure comme n'importe quel être : animal, plante, cristal ou atome* (123). La collectivité territoriale ne fait pas exception et l'espace intervient dans la constitution de l'identité collective du territoire. L'organisation de ce dernier est alors subordonnée à un quatrième enjeu, lié aux précédents et qui, bien que souvent négligé, n'en est pas moins capital.

L'enjeu spatial

Mariage de la nature et de l'histoire, la sphère spatiale donne à l'organisation territoriale toute sa dimension spatio-temporelle : *toute forme de la matière a une histoire ou mieux encore, elle est son histoire* (124). Souvent négligé ou méconnu, l'espace joue pourtant un rôle déterminant dans la constitution de l'entité territoriale, des projets qui l'animent, et de la perception que l'on s'en fait tant à l'intérieur qu'à l'extérieur de celle-ci. Comme le souligne M. Foucault, *il y aurait à faire une critique de cette disqualification de l'espace qui a régné depuis de nombreuses générations. Est-ce que ça a commencé avec Bergson ou avant ? L'espace, c'est ce qui était mort, figé, non dialectique, immobile. En revanche le temps c'était riche, fécond, vivant, dialectique* (125).

L'espace est considéré ici comme milieu naturel doté de contraintes physiques (montagnes, cours d'eau, climat...), façonné au cours des siècles. Construit par le temps, l'espace naturel va revêtir une forme particulière suscitée par des structures politiques, économiques et sociales antérieures. Ces formes spatiales, une fois produites par les actions différentielles des individus et des groupes sur leur cadre physique, sont repérables à un niveau concret, voire quantifiable, et affichent dans le même temps une capacité à renvoyer certains éléments symboliques (représentation, image...) qui leur confèrent des possibilités d'action indéniables. Ses contours

---

(123) R. Ledrut, "Espaces et sociétés", in *Espace et Société*, n° 34-35, juillet-décembre 1980, Anthropos, p. 7.
(124) M. Castells, *La question urbaine*, FM/Fondations, Maspéro, 1972, p. 18.
(125) M. Foucault, in *Hérodote*, n° 1, 1976, Editions Maspéro.

historiques étant modelés par toute une gamme de stratégies opératoires, l'espace va à son tour s'imposer en tant qu'acteur et influer sur le champ d'intervention des autres protagonistes territorialisés. A. Rallet écrit qu'*il intervient comme un acteur, sujet actif du développement*, en reconnaissant, quelques lignes plus loin, que si l'on veut analyser son rôle *la tâche n'est pas facile, obligeant dans tous les cas l'économiste à sortir des sentiers battus de sa discipline* (126).

L'espace, c'est en quelque sorte la mémoire du territoire, des enjeux multiples qui ont contribué à le former ou le déformer. Pour H. Bartoli, *l'espace est multidimensionnel (...). En lui se combinent, ainsi qu'A. Lösch l'a montré, des éléments économiques (différences spatiales de prix, de salaires, de produits, de tarifs de transport), des éléments naturels (différences de fertilité des sols, de ressources minières, de facilités d'accès, de climat), des éléments démographiques, politiques ou culturels* (127). L'espace est un construit et non pas seulement une simple donnée d'essence géographique. L'exemple de la rue emprunté à A. Frémont est à ce titre explicite : *la rue banalement porte tous les signes de la régulation sociale : le trottoir pour marcher, la chaussée pour rouler, les lignes peintes à ne pas franchir, les feux tricolores pour s'arrêter et repartir, les vitrines pour musarder, les vespasiennes pour uriner, les murs à ne pas afficher* (128). Si d'aventure le code dominant évolue, il suppose alors la transformation ou la destruction de cet espace, maîtrisé à des fins précises, en un espace porteur d'autres valeurs symboliques, d'autres référentiels. La multiplication des zones piétonnières et des espaces verts dans nos cités témoigne de la prise en compte d'exigences nouvelles liées, en l'occurence, à la qualité de l'environnement.

L'enjeu spatial apparaît comme l'assemblage d'enjeux passés qui resurgissent au présent auquel les actions et projets du moment doivent s'accommoder ou qu'ils doivent, au besoin, intégrer au coeur de leurs stratégies. Ainsi toute opération d'aménagement ne peut s'effacer d'un revers de la main : l'irrigation d'une zone, la construction d'un barrage ont des conséquences durables. De la même façon, l'inscription de telle ou telle activité économique contribue à transformer en profondeur son espace d'accueil. Ainsi, la

---

(126) A. Rallet, "La région et l'analyse économique contemporaine", *RERU*, n° 3, 1988, p. 375.
(127) H. Bartoli, *L'économie multidimensionnelle*, op. cit., p. 27-28.
(128) A. Frémont, *La région, espace vécu*, op. cit., p. 31.

décision de réaliser des infrastructures lourdes, autoroutes, bretelles, ports de plaisance, dans le cadre de l'aménagement touristique, a entraîné une transformation quasi irréversible de l'environnement du littoral languedocien (129). Encore que ce concept même d'irréversibilité, envisagé dans son caractère spatial, ne soit jamais que relatif à un horizon temporel de l'ordre de plusieurs décennies, voire du siècle, comme le sont également les irréversibilités d'ordre institutionnel (130).

Les équipements (infrastructures, superstructures...) dont un espace dispose, le type d'habitat qu'il abrite, la qualité de son environnement, son degré d'urbanisation, sa population (jeune ou pas, qualifiée ou pas...), ses activités (tradition industrielle, vocation agricole, tourisme...) et même son nom, le plus souvent hérité d'une ancienne province, sont autant de caractéristiques nées parfois dans un passé lointain et qui s'imposent au présent à l'ensemble du territoire et contribuent à le différencier. A ce titre, il véhicule un certain nombre d'informations qui vont interférer avec celles des autres acteurs. Pour R. Ledrut, *s'interroger sur l'espace, c'est s'interroger sur l'espace sensible, sur l'espace vivace et non sur les apparences mortes de l'espace* (131). L'espace ne réagit pas mécaniquement aux sollicitations dont il est l'objet et peut offrir une certaine résistance. Les projets mettant en cause sa "perception commune", la personnalité culturelle qu'il promeut, peuvent susciter des réactions, voire même soulever des passions. Le discours relatif à l'environnement traduisant la volonté de conserver un espace perçu sous un angle qualitatif, le refus de l'aménagement d'un barrage, le rejet de l'implantation d'une entreprise pourtant créatrice d'emplois sont autant de manifestations caractéristiques de l'enjeu spatial.

La dialectique "équilibration-régulation" entre dans cet enjeu à deux niveaux : d'abord au passé où sa dynamique produit un espace original reflétant les conflits, les coopérations qui l'ont modelé, ensuite entre passé et présent où des stratégies multiples se confrontent ou se conjuguent en vue de la conservation ou de la transformation de celui-ci. Nous ne reviendrons pas sur cet aspect qui a été largement abordé puisque concernant chacun des enjeux,

---

(129) Voir à ce propos *L'impulsion des grands aménagements*, Partie II.
(130) R. Boyer, B. Chavance et O. Godard, "La dialectique réversibilité-irréversibilité : une mise en perspective" in *Les figures de l'irréversibilité en économie*, éditions de l'EHESS, Paris, 1991.
(131) R. Ledrut, *L'espace en question*, Editions Anthropos, 1976, p. 360.

mais il convient de souligner que l'enjeu spatial permet de lier tous les autres à travers le temps, la liaison dans l'instant s'opérant au niveau même du territoire.

De ces dépendances mutuelles entre le politique, l'économique, le social et le spatial ainsi décrits, naît une organisation territoriale dépassant à son tour l'échelon des simples sphères et forgeant une réalité spécifique pour chacun des territoires.

II - AU-DELA DES ENJEUX : L'INTELLIGIBILITE DE L'ORGANISATION ET DU DEVELOPPEMENT

Le territoire n'est pas, il est produit comme une représentation à l'aide de grilles de lecture complexes et dynamiques, contingentes elles-mêmes de leur genèse ; il est agi comme champ de décisions plus ou moins rationnelles et influencées par cette représentation. *La modélisation systémique, action de modéliser et son résultat, est par définition et par construction délibérée, une action complexe (...). Il s'agit de concevoir, autrement dit, de "chercher ce qui n'existe pas et pourtant le trouver"* (132). Le construit territorial non immédiatement visible émerge à l'intersection de chacune des sphères (politique, économique, sociale, spatiale), elles-mêmes traversées par des enjeux, des projets qui les caractérisent. Alors que chaque sphère s'inscrit concrètement dans un système d'échelle géographique et est repérable par un ensemble de propriétés et d'attributs, *le territoire abstrait s'inscrit lui dans un système de fréquences caractérisé par des durées* (133). C'est l'acteur, individu ou groupe, qui établit par ses choix et ses décisions, par conséquent aussi par ses non-choix et ses non-décisions, des correspondances entre le territoire matérialisable des sphères et le territoire abstrait, porteur d'un projet de développement.

Le territoire, et dialectiquement l'ailleurs et le dehors qu'il délimite, se décrit à plusieurs niveaux.

---

(132) J.L. Lemoigne, *La modélisation des systèmes complexes*, op. cit., p. 169.

(133) J.B. Racine et C. Raffestin, "L'espace et la société dans la géographie sociale francophone : pour une approche critique du quotidien", in *Espace et localisation*, op. cit., p. 325.

- **Le niveau réel** des structures existantes héritées d'un passé de décisions administratives, de choix de localisation individuels ou émanant d'entreprises. C'est le territoire du concret, du quantifiable. Il porte en lui des structures d'accueil identifiables, plus ou moins sophistiquées, susceptibles de générer des "synergies" qui ont des effets économiques spécifiques (économies et déséconomies externes, diffusion des innovations...) (134). De nombreux travaux s'accordent aujourd'hui pour souligner le rôle décisif du cadre humain mais aussi du cadre physique offerts par un territoire pour attirer les entreprises et plus particulièrement celles qui sont techniquement avancées et donc les plus créatrices de richesse. *C'est la combinaison de la valorisation du cadre spatial et d'une activité intellectuelle développée qui caractérise les transformations des zones les plus modernistes (Grenoble et Nice en France, la Californie aux Etats-Unis)* (135).

La qualité des hommes et de leurs compétences est lourde de conséquences quant aux choix d'implantation des entreprises, d'où le rôle prépondérant joué par la présence d'universités, de centres de formation et par la capacité des institutions à former et à recycler la main-d'oeuvre locale, dans le sens d'une adaptabilité croissante. Libérées des contraintes anciennes de localisation, les entreprises sont toutefois attentives à la qualité physique de leur site d'accueil en vue d'implanter durablement un potentiel humain qualifié, devenu exigeant en la matière et parfois issu d'autres lieux. J.P. de Gaudemar écrit à propos des technopoles que *le cadre de vie, cet indispensable élément d'attraction des ingénieurs, chercheurs et autres cadres de la recherche-développement ou de la haute technologie, y est en général soigné, qu'il s'agisse de l'aménagement du site ou de l'architecture des bâtiments* (136).

Ces contraintes, pour le moins tangibles, sont susceptibles d'évoluer dans le temps entraînant une plus ou moins grande pertinence du territoire. C'est ainsi que les territoires aujourd'hui en mal de développement sont parmi ceux encore performants hier. Marqués par la présence de grandes unités de production, ils souffrent d'un manque général de qualification rendant par là même

---

(134) Voir notamment J.C. Perrin, "Réseaux, districts, milieux, contribution à une définition économique des territoires", *Cahiers du CER*, Aix-en-Provence, n° 199, 1990/9, p. 6.
(135) M. Castells, *La question urbaine*, op. cit., p. 177.
(136) J.P. de Gaudemar, *Technopoles et politiques régionales : les risques d'un développement hors sol*, op. cit., p. 132.

le tissu local des entreprises peu capable de générer des initiatives porteuses. A contrario, le dynamisme rallie *la France de l'école* qui répond en outre aux critères spatiaux en vogue, dont l'héliotropisme et la qualité de l'environnement peu pollué, tant sur le plan physique que social, par une industrie ancienne sont les aspects.

- **Le niveau symbolique** d'une image dominante qui s'y attache et qui peut être favorable et attractive ou au contraire démobilisante et répulsive. C'est le territoire de l'imaginaire qui informe la décision, oriente les choix, relativise l'action. Ce niveau fait référence aux déterminants subjectifs qui fondent les choix de localisation. Qu'importe en effet une structure d'accueil favorable si les images intégrées par les décideurs s'avèrent démobilisantes ou négatives ? *Le vrai n'est pas forcément vraisemblable, à l'opposé, la fiction peut l'être* (137). Le territoire doit être en mesure de créer un climat positivant, en bref de se faire aimer, de produire des clichés valorisants. La ville de Montpellier offre un parfait exemple d'un territoire "branché", d'une réussite liée à une stratégie de communication externe et interne très offensive, orchestrée par son maire, G. Frèche, pour qui *chaque action entreprise à Montpellier comporte automatiquement une dimension médiatique* (138). A. Donzel voit en Montpellier une ville pionnière en matière de marketing urbain. *En s'appuyant sur une triple argumentation combinant performance économique, qualité de la vie et rayonnement culturel, la ville a acquis une image d'excellence qui est désormais devenue la référence dans les stratégies de communication des villes. A travers différentes campagnes publicitaires dans les médias nationaux ("Montpellier la surdouée", "Montpellier Capitale du Sud", "Montpellier Eurocité"), la ville a acquis une notoriété certaine au plan national, au point que, selon un sondage récent, les deux tiers des Français souhaitent pouvoir s'installer à Montpellier* (139).

Mais Montpellier soigne aussi son image au plan international par l'intermédiaire de relations bilatérales de ville à ville (140) et en participant à de nombreuses associations et groupements de villes tels que le réseau Eurocité qui réunit une vingtaine de villes de la CEE,

---

(137) G. Gauthier, *Vingt leçons sur l'image et le sens*, Edilig, 1968, p. 83.

(138) G. Frèche, *La France ligotée*, Paris, Belfond, 1990.

(139) A. Donzel, "Urbanisation et fonction des villes en Europe. Le cas de Montpellier", *Revue de l'Economie Méridionale*, n° 153, 1/1991, p. 9.

(140) Avec Barcelone en Espagne, Louisville, capitale du Kentucky, Cheng Du, capitale du Sichuan en Chine, Tibériade en Israël.

ou le partenariat avec l'association internationale des technopoles (International Association of Science Parks). Faisant sien le principe de T. Saussez (141) selon lequel *il est illusoire de vouloir communiquer à l'extérieur sans commencer par bien informer la population*, G. Frèche mobilise sa population en une véritable force de vente au service de la cité : *Le succès absolu de notre politique de communication est d'avoir transformé les 210 000 citoyens de la cité en 210 000 ambassadeurs de Montpellier* (142). A travers des publications, des panneaux d'information disséminés dans les lieux les plus fréquentés de la ville et portant des slogans tels que *on travaille mieux sous un ciel bleu* ou *à Montpellier, l'intelligence n'est pas seulement artificielle*, se construit une identité commune qui imprègne et sensibilise toutes les couches de la population. C'est ainsi que, comme le souligne A. Donzel, *la ville et sa région ont troqué la culture du gros rouge contre celle du Big Blue* (143). Il convient enfin de noter que la stratégie inaugurée à Montpellier fait des adeptes dans d'autres villes du sud de la France qui présentent des atouts comparables, telles qu'Aix-en-Provence, Avignon, Nîmes...

Le niveau symbolique ne concerne d'ailleurs pas seulement les villes mais peut se référer aussi à l'ensemble régional. C'est le cas par exemple de l'Aquitaine dont J. Lajugie nous précise qu'elle a été *redécouverte, dans son nom, tout au moins, et s'est, peu à peu, imposée à la conscience des habitants des cinq départements du Sud-Ouest qui la composent*, tout en réaffirmant plus loin que *la prise de conscience d'intérêts communs au Sud-Ouest aquitain et l'établissement de liens non seulement économiques mais aussi socio-culturels suscitèrent l'affirmation progressive d'une identité régionale reconnue aujourd'hui par l'ensemble de la population et, en un demi-siècle, le nom de l'Aquitaine est devenu, pour les plus jeunes récemment scolarisés, aussi familier que celui de leur département d'origine* (144).

- **Le niveau du potentiel**, souvent lié au niveau symbolique qui, réellement ou virtuellement, paraît aux décideurs politiques ou économiques, aux individus en général, comme le territoire du

(141) Voir A. Noy, op. cit., p. 7.
(142) G. Frèche, *La France ligotée*, op. cit.
(143) *Urbanisation et fonction des villes en Europe*, op. cit., p. 10.
(144) J. Lajugie, "Un demi-siècle d'évolution économique et sociale en Aquitaine (1940-1990)", in *Revue Economique du Sud-Ouest*, n° 1, 1990, p. 5-8.

possible, des opportunités, de l'avenir. Si ce territoire "des occasions" peut porter une bannière reflétant une image objective, volontariste d'un but à atteindre, comme c'est le cas dans la procédure informationnelle technopoliste, il peut aussi se référer à une production symbolique non finalisée a priori. Le territoire rural, choisi pour le mode et le cadre de vie, l'habitat, la façon de vivre qu'il suppose, fournit l'exemple d'un territoire désiré pour ce qu'il paraît être, pour les possibilités de vivre et de travailler autrement qu'il paraît offrir. Sa rentabilité n'est alors pas déclinée consciemment.

- **Le niveau relationnel**, ambigu et profond, où le vécu s'accroche à l'inconscient. C'est le territoire de l'instinct, de la pulsion. Le territoire *ne peut se comprendre dans toute sa cohérence que si l'on ajoute aux apports antérieurs cet ultime ciment de relations vécues, c'est-à-dire assimilées ou non au plus profond de l'intimité psychologique de chacun* (145). Lié à des valeurs personnelles peu "lisibles", ce territoire a des facettes aussi nombreuses, variées et multiformes que peuvent l'être les hommes dont les comportements diffèrent profondément selon les âges, les sexes, les situations sociales, les caractères.

La compréhension de l'organisation territoriale, de la diversité et de la complexité qu'elle implique et, partant, du projet de développement initié par elle, suppose que soient pris en compte tous ces aspects. Le territoire ne forme pas une combinaison figée. Il se transforme, se modifie, évolue. *La chaîne des interrelations est telle qu'une composante ne peut changer sans que des conséquences en résultent sur l'ensemble du système* (146). Toute variation de la population par un mouvement naturel ou migratoire, tout changement institutionnel, toute introduction d'une nouvelle technique, d'une nouvelle forme d'énergie, toute transformation de la société peuvent modifier de proche en proche les techniques, les rapports d'investissement, les entreprises, les emplois, le milieu, la culture, la société, l'environnement, le paysage du territoire et la perception que les hommes en ont. Pour autant il ne réagit pas mécaniquement aux sollicitations de la nouveauté et de l'extérieur et peut filtrer, sélectionner les apports exogènes qui ne lui apparaissent pas économiquement profitables, culturellement, sociologiquement

---

(145) *La région, espace vécu*, op. cit., p. 91.
(146) *La région, espace vécu*, op. cit., p. 89.

acceptables, compte tenu des valeurs qui lui sont propres. La qualité de son développement passe par un équilibre entre ses résistances, ses refus et le mouvement conjoint ou conflictuel des ensembles sociaux, spatiaux, politiques, économiques qui le construisent ou le détruisent. Parfois il y a compatibilité et c'est le développement harmonieux, parfois il y a rejet, contradiction et, en conséquence, un développement fragilisé, une marginalisation, une menace.

* *
*

Désignées aujourd'hui comme étant aptes à secréter une nouvelle forme de dynamisme, les régions méridionales sont autant de points de rencontre possibles entre les contraintes récentes des entreprises et les ambitions des hommes. Symbolisant une nouvelle alliance entre l'homme, l'économie et l'espace, le mode de développement qui se fait jour dans le Sud démontre à quel point les mécanismes spontanés de la vie économique ne peuvent tout résoudre et combien les processus menant à la croissance exigent un minimum d'éléments combinés dont la conjonction est indispensable. Ainsi, il ne suffit pas de vouloir ranimer une région en décrétant l'installation d'une entreprise ou en distribuant des subventions, il faut aussi que les projets mis en oeuvre soient conçus avec l'accord des intéressés. Ce "principe de l'adhésion", défini par J. Milhau en 1959 comme *le principe démocratique appliqué à la vie économique* (147), est plus que jamais déterminant, quant aux chances de développement dont peuvent se prévaloir les régions.

La bonne marche des économies régionales se heurte en effet à bon nombre de résistances qui concernent tour à tour l'espace pris dans sa dimension physique, les appareils politiques et gestionnaires locaux et enfin, et surtout, les hommes, unis par un faisceau commun de liens matériels, moraux et sentimentaux. Contourner un obstacle naturel dépend de moyens techniques et financiers mais est toujours possible à plus ou moins long terme. En revanche, infléchir la volonté d'hommes qui refusent un acte, un projet, perçu comme menaçant pour leur communauté, s'avère, dans la plupart des cas,

---

(147) J. Milhau, *L'expansion régionale et la résistance des structures économiques*, op. cit., p. 39.

difficilement surmontable. Au demeurant, si l'homme social, avec sa mentalité, ses croyances, ses habitudes, est en mesure de s'opposer à un programme économique, il peut aussi lui substituer une autre forme de progrès, d'innovation, jugé alors plus gratifiant.

C'est ainsi qu'en marge d'une logique économique fondée sur la concurrence entre les individus et la neutralité présumée de l'Etat, les hommes manifestent aujourd'hui des aspirations moins marquées que par le passé par les références traditionnelles en termes de taux de salaires, de chômage, d'avantages monétaires. Lassés des abus, souvent intolérables, d'une organisation qui met à mal, tant leur milieu naturel que leurs conditions de vie désormais ponctuées d'aléas et d'incertitude, ils trouvent dans le Midi un territoire leur offrant la possibilité de s'émanciper de la norme généralement admise, une norme qui n'est pas seulement économique, mais porte aussi sur des pratiques sociales, des attitudes vis-à-vis du cadre de vie, de l'environnement.

Autrefois ignorées par la vague d'industrialisation, les régions méridionales bénéficient à présent d'une structure productive atomisée devenue efficace, notamment en termes de création d'emplois, et d'un contexte spatial à la fois préservé des pollutions physiques et sociales contemporaines et valorisé par les actions de l'aménagement. Il serait excessif de voir dans les freins d'hier les atouts d'aujourd'hui, mais il n'en demeure pas moins que certains des héritages du passé situent ces territoires en phase d'une "modernité" qui se dessine peu à peu. La place qu'y occupent l'artisanat et, plus largement, les entreprises de petite taille, en fournit un exemple.

Difficilement gouvernable car pouvant échapper aux règlementations, cette structure productive disparate, largement représentée dans le Sud , reflète *le monde des petits ateliers, du travail à domicile, du double emploi, tout autant que celui de l'innovation technologique et des foires internationales* (148). Longtemps ignorée et peu soutenue par l'Etat qui ne voyait alors dans sa présence que les signes annonciateurs d'une dépression, d'une perte de vitesse, d'un manque de dynamisme ou d'autonomie des zones d'implantation, la petite entreprise artisanale et industrielle s'affirme actuellement comme une composante essentielle de la

---

(148) D. Rivière "La troisième Italie : la petite entreprise et le développement régional", in *La dynamique spatiale de l'économie contemporaine*, sous la direction de G. B. Benko, op. cit., p. 319

vitalité des économies régionales, alors même qu'elle s'émancipe de la sous-traitance, que sa subordination aux grandes unités va décroissant et que la diffusion des technologies modernes requiert des qualifications plus élevées que précédemment.

De plus, les hommes voient en elle un moyen d'atteindre l'indépendance, de pallier l'écueil du chômage et, d'une certaine manière, de concrétiser leur refus grandissant d'une activité productive salariée remise en cause en tant que valeur unique et dominante. Comme le souligne le sociologue F. Bailleau, *aujourd'hui la reflexion ne peut faire l'impasse sur une analyse de la liaison entre insertion et mode de développement, en cherchant une autre valeur de référence que le travail salarié traditionnel. Chercher et trouver d'autres identificateurs, d'autres valeurs partagées, est impératif pour qu'un nouvel ordre social puisse se développer* (149). Désireux d'avoir prise sur leur devenir personnel, les nouveaux entrepreneurs affichent, en tout cas, d'autres profils professionnels, étant souvent mieux formés que par le passé.

Le territoire des hommes rejoint donc, dans le Sud, le territoire de la production, marqué d'un tissu dense de petites et moyennes entreprises, générateur de valeur ajoutée et bénéficiant des capacités de recherche-développement publiques et privées qui y sont implantées, ainsi que de leur traduction technologique (150).

Fertilisé par son potentiel humain qui va croissant et par des activités novatrices en expansion - ce dont les soldes de création d'entreprise et la croissance de l'emploi total témoignent - le Midi n'est pas seulement territoire des hommes et de l'économie mais porte aussi en lui le résultat d'actions d'aménagement, initiées par les gouvernants sous la pression d'une demande locale. Les politiques publiques ont en effet largement contribué à son développement en adoptant une option résolument active révélant une volonté de transformer et de façonner un "milieu", hier encore peu propice à l'accumulation des richesses.

Sous l'impulsion des projets mis en oeuvre, la géographie méridionale a considérablement évolué mais n'a pas pour autant perdu les atouts naturels dont elle tire bénéfice aujourd'hui. Favorisant le tourisme et les loisirs, le cadre géographique joue aussi

---

(149) F. Bailleau, *Les mutations désordonnées de la société française*, op. cit., p. 688.
(150) Voir A. Maillert, *Recherche et territoire*, DATAR, La Documentation Française, 1991.

désormais comme un facteur récréatif déterminant dans la distribution spatiale des hommes et des activités, et quant à leur maintien de façon durable.

Les conditions climatiques, la qualité de l'environnement, la double ouverture sur la Méditerranée et sur l'Atlantique, la proximité des Pyrénées et des Alpes, sont autant d'avantages qui accentuent les potentialités du Midi, à l'heure où de nouveaux moyens de communication ont libéré l'entreprise et les hommes des contraintes anciennes de localisation. De plus, les mouvements de population dirigés en direction de l'espace rural montrent à quel point le "vide" acquiert de nouveaux mérites. De fait, si le renversement amorcé venait à se renforcer, le Sud pourrait bien, grâce à sa disponibilité en espaces, se voir offrir la possibilité d'accroître encore son attractivité.

En dépit de leur position géographique périphérique par rapport à la capitale, les régions méridionales sont dorénavant engagées sur un chemin de croissance. De nombreux avantages existent dans cette partie de l'hexagone où les hommes, plutôt l'homme pris dans sa singularité, l'économie, la gestion administrative et l'espace s'associent et se combinent positivement pour former un territoire en prise sur l'avenir.

Si leur situation permet de dessiner un futur probable, où s'affirmerait un nouvel ordre spatioéconomique, il ne faut pas pour autant négliger le fait que, pour harmonieux que soit leur développement, ces régions devront néanmoins être en mesure de gérer d'épineux problèmes, dont le brassage de la population, l'affrontement culturel et le chômage sont autant d'exemples qui révèlent que le processus est loin d'être achevé, d'avoir atteint sa maturité. La façon dont le Sud se développe a, en tout cas, le mérite de nous rappeler que l'économie, comme aimait à le souligner F. Perroux, doit avoir pour souci premier de préserver deux richesses fondamentales : l'homme et la nature, en fait la vie.

CONCLUSION

Interrogation relative à la nouvelle organisation économique et spatiale qui se met en place, notamment en France, au niveau des régions, la recherche accomplie trouve plus sa raison d'être à travers une reformulation des questions posées que dans la production de résultats destinés à accéder au statut de "connaissances". Tâtonnements, exploration, parfois aussi incertitudes et hésitations, ont accompagné cette démarche qui se devait d'exprimer une problématique et de proposer des voies théoriques pour son élucidation progressive car, comme M. Castells le souligne avec justesse, *il faut bien commencer par poser les problèmes pour pouvoir les résoudre* (1).

Il s'agissait, rappelons-le, d'appréhender les mécanismes qui sous-tendent le renversement de tendance affectant les trajectoires régionales, sur un plan démographique autant qu'économique. Pour ce faire, il nous a fallu, d'une part, procéder à l'identification des "nouveaux espaces dynamiques", afin de mettre en évidence les éléments communs et rendre ainsi le changement plus facilement analysable, et, d'autre part, proposer une lecture théorique restituant le maximum des composantes de la métamorphose de notre paysage socio-économique.

S'inscrivant dans une mouvance théorique relativement récente dans les sciences humaines, en tout cas fort prisée aujourd'hui, notre réflexion, forte d'une masse d'observations accumulées au cours de plusieurs décennies, s'est appuyée sur l'hypothèse selon laquelle les transformations perçues étaient susceptibles de nous révéler les prémisses d'un nouvel ordre économique, social et spatial qui n'est pas encore accepté et partagé par tous et dont les valeurs ne seraient plus congruentes à celles portées par les théories en vigueur.

---

(1) M. Castells, *La question urbaine*, op. cit., p. 475.

Il nous a en effet été permis de mettre en évidence que les processus qui engendrent les dynamiques régionales sont, non seulement variés et multiples, mais surtout complexes, ponctués d'aléas et pouvant paraître désordonnés. Ils reflètent les actions, mais aussi les perceptions et les représentations d'une multitude d'acteurs localisés, guidés par leurs stratégies respectives et en relation les uns avec les autres. Les entreprises petites ou grandes, l'Etat, les collectivités locales, de même que les populations et leur espace de vie sont apparus, à travers la multiplicité et la diversité des liens qu'ils entretiennent, comme autant de passages obligés dans la compréhension des mécanismes qui conduisent les espaces sur un chemin de croissance.

Le système territorial, avancé en réponse à notre questionnement initial, est une manière de répondre à cette réalité devenue incontournable qui impose ses variétés et ses changements et invalide, du même coup, toute tentative explicative mécaniste et unique censée aller de soi en tout temps et en tout lieu, fût-ce dans un pays comme la France.

A travers la prise en considération d'un équilibre mouvant et évolutif qui s'instaure entre les différents pouvoirs visant à acquérir le contrôle de leur espace d'exercice, l'approche territoriale permet à l'analyse des mutations socio-économiques contemporaines de gagner en dimension, en densité et en épaisseur, et de s'inscrire dans une perspective de l'évolution et du changement.

Elle se situe, en outre, à un niveau de perception supposant une réconciliation possible entre la micro-économie et la macro-économie. Reconnaître à tout individu, qu'il soit producteur, consommateur, électeur, élu, membre d'une association..., une capacité, même minime, à infléchir par ses décisions, ses actes, ses refus, le devenir de l'ensemble du territoire autorise, en effet, un va-et-vient entre des attitudes singulières mais identifiables et des phénomènes envisagés "d'un point de vue global".

Enfin, le modèle construit réhabilite l'espace en tant qu'acteur du développement. Il souligne le rôle joué par un espace inscrivant sa propre stratégie au coeur du territoire, influant ainsi sur le champ d'intervention des autres protagonistes du développement. En cela, la problématique posée se positionne à la croisée de l'économie spatiale, entendue à travers les théories de la localisation des hommes et surtout des activités, et de l'économie régionale proprement dite. La première décrit, en effet, des mécanismes économiques qui s'enracinent dans l'espace, tandis que la seconde retrace le rôle de l'espace dans la forme prise par les phénomènes économiques et sociaux. Or, l'un et l'autre de ces aspects doivent être pris en compte simultanément et de manière complémentaire.

Ainsi, et bien que représentant le niveau d'analyse le plus approprié à l'investigation menée, la région, comme nous l'avons déjà souligné, ne coïncide pas nécessairement, complètement et uniquement avec le territoire conceptualisé ici sous forme d'un système. Restreint, notamment en matière d'information statistique disponible, au seul *territoire administratif, fraction d'un Etat national, tout particulièrement dans les pays séculairement centralisés comme la France* (2), elle répond en fait aux besoins de l'interventionnisme public en matière d'aménagement et de gestion, plus qu'à un souci véritable d'accéder à la compréhension du fonctionnement d'ensembles infranationaux. En cela, l'économie régionale adopte, le plus souvent, une démarche analytique normalisée, en accord, voire en dépendance, avec les impératifs du pouvoir central national et, la construction européenne aidant, supranational. Reposant sur des concepts tels que le pôle de croissance, la technopole, les métropoles d'équilibre ainsi que sur un arsenal informationnel contrôlé par l'organisme central de statistiques, les approches effectuées paraissent, dans la grande majorité des cas, régionalisées plutôt que véritablement régionales. La référence au territoire régional, bien qu'introduisant des difficultés supplémentaires, se justifie donc pleinement en regard de la nécessité de décrire des mécanismes entrecroisés qui poussent les régions dans des voies possibles telles que le renversement, le rattrapage ou la continuité et pour lesquels les mêmes causes n'ont pas nécessairement les mêmes effets. Nous sommes toutefois très conscients des difficultés posées par l'obtention d'une information régionale adaptée à notre mode d'investigation. Mener à bien ce type d'approche, si l'on veut conserver le plus de rigueur possible, suppose de recourir à une collecte d'informations originales et surtout autonomes par rapport au niveau national, privilégié par les statistiques officielles.

Pour autant, le construit territorial proposé ne saurait résoudre à lui seul toutes les questions et n'a de valeur en lui-même que

---

(2) A. Berger et J. Rouzier, *Pour une prise en compte de la complexité dans l'analyse régionale*, op. cit., p. 2.

relativement aux réalités qu'il se propose d'éclairer. De même, il ne peut être envisagé comme l'aboutissement d'une recherche mais plutôt comme le point de départ d'autres réflexions à venir. Certes, nous sommes parvenus à nous doter d'une grille de lecture appropriée à l'analyse du développement régional et regroupant les ingrédients qui déterminent ses perspectives d'évolution, mais reste encore à lire, c'est-à-dire à identifier et surtout à mesurer, les différentes liaisons qui orientent la trajectoire d'un territoire dans la continuité, le rattrapage ou le renversement.

Les différenciations spatiales posent en effet problème dans leur dimension actuelle et quant à leur devenir. Les déséquilibres qui peuvent en résulter doivent être pris en compte, mieux encore, ils devraient être anticipés. Ainsi, la gestion efficace de toute dynamique spatialisée implique de proposer une réponse concrète à l'interrogation suivante : pourquoi et à quel moment telle région va être amenée à se développer et à bénéficier de la localisation d'activités porteuses, alors que telle autre, aux caractéristiques apparemment similaires à la précédente, ne profite pas de ces mêmes implantations ? Les responsables de l'aménagement doivent donc pouvoir conduire leur action à l'aide d'outils d'évaluation reflétant la saisie simultanée de deux aspects du territoire concerné. L'un, présent, est construit par un passé proche de structures existantes et quantifiables sédimentées par l'histoire et qui autorisent ou non les faveurs actuelles de la croissance. L'autre, préfigurant un avenir possible, est en gestation, orienté par une image qualitative, émise, perceptible et interprétée.

Dès lors, d'autres tâches se dessinent déjà, dont la première, car à l'évidence des plus utiles, consisterait en la construction d'indicateurs restituant différents profils de territoires portant chacun un degré de cohérence entre les attentes supposées de la société et les possibilités proposées. A ce titre, il serait également opportun de passer de la prise de conscience du rôle de l'espace, valorisé et reconsidéré en tant qu'expression d'une forme particulière suscitée par des structures politiques, économiques et sociales antérieures, à la mesure de ce rôle et donc à la définition d'instruments adaptés à cette fin.

Ce faisant, il faudra aussi tenir compte du fait que ces exigences peuvent amener à utiliser des informations existantes, mais normalisées et finalisées, qui posent l'incessante question de leur neutralité, de leur adéquation pour rendre compte de réalités fonctionnelles, parfois minoritaires, et qui échappent le plus souvent au seul domaine du quantitatif.

Il n'est pas trop tôt pour s'engager dans ces prolongements souhaitables en vue d'accroître les capacités d'intégration des territoires amenés à construire l'Europe de demain. Cet enjeu et cette possibilité ne se limitent bien sûr pas aux seuls Suds et le défi est valable pour toutes les régions. Face à cette ambition, les responsables nationaux et communautaires, les chercheurs et, au-delà, tous les bâtisseurs de modèles de sociétés heureuses devraient être en mesure de se rappeler, à tout instant, ces quelques lignes écrites par W. Harvey, voilà trois siècles déjà : *Les inventeurs de systèmes voudraient l'homme raisonnable et docile, il est passionné et rebelle. Ils lui proposent une logique basée sur leurs calculs, mais, si l'homme admire les mathématiques, il ne les aime pas. Ils le souhaiteraient enthousiasmé par des solutions conçues pour son seul bien, il n'est séduit que par ses propres initiatives. Leurs beaux édifices théoriques se heurtent à la réalité humaine. [...] Ce qui importe, ce sont les misères, les anxiétés, les difficultés de la vie jour après jour, les peines et les joies, l'inlassable recherche d'une impossible paix, avec les autres et avec soi-même* (3). La démarche que nous proposons, bien que relevant d'une modélisation systémique, s'efforce d'atténuer cette redoutable réserve, dans la mesure où elle cherche à associer les organisations, aussi bien économiques, politiques, sociales que culturelles, avec leurs logiques et leur finalité le plus souvent déshumanisées, et les hommes, dans leur singularité, leurs faiblesses et leur grandeur.

---

(3) J. Hamburger, *Le journal d'Harvey*, Flammarion, 1983.

BIBLIOGRAPHIE

- *Ouvrages*

ALONSO W., FRIEDMANN J.
Regional Development and Planning, Mit Press, Cambridge, Massachusetts, 1967.

ATLAN H.
Entre le cristal et la fumée : essai sur l'organisation du vivant, Points-Seuil, 1979, 286 pages.

ATLAN H.
L'intuition du complexe et ses théorisations, in *Les théories de la complexité, autour de l'oeuvre de Atlan H.*, Seuil, janvier 1991, p. 9 à 42.

ATTALI J.
La parole et l'outil, PUF, 1977, 254 pages.

AYDALOT P (sous la direction de)
Crise et espace, Editions Economica, 1984.

AYDALOT P.
Dynamique spatiale et développement inégal, Economica, 1976.

AYDALOT P.
Economie régionale et urbaine, Economica, 1985, 487 pages.

AYDALOT P.
La division spatiale du travail, in *Espace et Localisation* par Paelinck J.H.P. et Sallez A., Economica, 1983.

AYER J.M
"Progrès technique et science économique", *Documents économiques*, n° 53, Editions Universitaires, Fribourg, Suisse, 1990, 253 pages.

BARTHES R.
Mythologies, Points Civilisation, 1956.

BARTOLI H.
Economie et création collective, Economica, 1977, 563 pages.

BARTOLI H.
L'économie multidimensionnelle, Economica, Paris, 1991, 527 pages.

BASLE M., BEN HAMOU F., CHAVANCE B., GELEDAN A., LEOBAL J., LIPIETZ A.
Histoire des pensées économiques. Les fondateurs, synthèse, SIREY, 1988, 373 pages.

BATESON G.
Vers une écologie de l'esprit (2 volumes), traduit de l'américain, éditions du Seuil, Paris, 1972-1980.

BATESON G.
La nature et la pensée, Seuil, Paris, 249 pages.

BENKO G.B. (sous la direction de)
La dynamique spatiale de l'économie contemporaine, Editions de l'Espace Européen, 1990, 396 pages.

BERGER A.
Les mécanismes économiques et sociaux commandant l'organisation spatiale du Languedoc du XVIIIe siècle à nos jours, ATP CNRS Croissance urbaine, mai 1979, 127 pages.

BERGER A, CATANZANO J.
Socio-économie de la reconquête de l'espace rural. Les migrations interrégionales dans l'arrière-pays de Provence-Alpes-Côte d'Azur, étude effectuée pour le Conseil Régional de PACA, CRPEE, mai 9185.

BERGER A, CATANZANO J., FORNAIRON J.D., ROUZIER J.
La revanche du Sud, Ed. L'Harmattan, 1988, 167 pages.

BERGER A., MAUREL F.
La viticulture et l'économie du Languedoc du XVIIIe siècle à nos jours, Les Editions du Faubourg, Montpellier, 1980.

BERGER A., ROUZIER J.
Homme, espace, économie, "I - La redistribution des hommes", rapport ronéo, novembre 1989, CRPEE, 89 pages.

BERGER A., ROUZIER J.
Ville et campagne, la fin d'un dualisme, Economica, 1977, 276 pages.

BERTALANFFY (von) L.
Théorie générale des systèmes, Dunod, 1972.

BETEILLE R.
La France du vide, Librairie Techniques (LITEC), 1981.

BLANC J., REMOND B.
Les collectivités locales, Dalloz, Paris, 1989.

BLOCH M.
Apologie pour l'histoire, Armand Colin, Paris, réédition 1969.

BOULDING K.
The Economics of the Space Ship Earth, in H. Jarred Ed., *Environmental Quality in a Growing Economy*, Baltimore, John Hopkins, 1966.

BRAUDEL F.
Identité de la France, Tome III, Arthaud Flammarion, Paris, 1986.

BROWAEYS X., CHATELAIN P.
La France du travail, PUF, 1984.

BRUNET R., SALLOIS J. (sous la direction de)
France : les dynamiques du territoire, Montpellier, GIP Reclus, 1986, 256 pages.

CAHEN L., PONSARD C.
La répartition fonctionnelle de la population des villes et son utilisation pour la détermination des multiplicateurs d'emploi, rapport du Ministère de la Construction, juillet 1963.

CANGUILHEM G.
Essai sur quelques problèmes concernant le normal et le pathologique, Thèse de doctorat en Médecine, Strasbourg-Clermont-Ferrand, 1943.

CANGUILHEM G.
Régulation, Encyclopédia Universalis, vol. 14, p. 1.

CASTELLS M.
La question urbaine, FM/Fondations, Maspéro, 1972, 526 pages.

CATANZANO J.
"Retour vers l'arrière-pays, les migrations en Languedoc-Roussillon", *Cahiers de l'Economie Méridionale*, n° 9, 1987, 358 pages.

CLAVAL P.
La notion de région, in *Espace et localisation* par Paelinck J.H.P. et Sallez A., Economica, 1983, p. 53 à 72.

COURGEAU D.
Les migrations internes en France : changement au cours des trente dernières années, in Bonvalet C., Fribourg AM (Dir.), *Stratégies résidentielles*, Paris, INED, Plan Construction et architecture, MELTM, 1990, p. 37-48.

COURGEAU D.
Méthodes de mesure de la mobilité spatiale, migrations internes, mobilité temporaire, navettes, Editions de l'INED, 1988, 301 pages.

CROZIER M., FRIEDBERG E.
L'acteur et le système, Seuil, Collection Points, 1977, 436 pages.

CUNHA A.
Centralité, périphéricité et développement territorial : le cas de la Suisse, colloque international "Espace et périphérie", LNEC, Lisboa, 1987, p. 243 à 266.

DAUPHINE A.
Espace, région et système, Editions Economica, Paris, 1979, 167 pages.

DEL CASTILLO J., GARCIA CRESPO M., MUSTO STEPHAN A.
Spatial aspects of the Technological Change, Servicio Editorial, Universidad del Pais Vasco, 1989, 230 pages.

DELFAUD P., LACOUR C., LAJUGIE J.
Espace régional et aménagement du territoire, 2e édition, Dalloz, Paris, 1985, 987 pages.

DESCARTES R.
Discours de la méthode, (1637), Collection 10/18, 1963.

DIJK (VAN) J., FOLMER H., HERZOG H.W.J.R., SCHLOTTMANN M.A. (édité par)
Migration and Labor Market Adjustment, Kluwer Academic Publishers, Dosdrecht/Boston/London, 1989, 306 pages.

DONNELIER J.C., MALIVERNEY J., MONTLOUIS E.
L'appareil productif régional de 1975 à 1984, Collections R-64, 1987, INSEE, 101 pages.

DUGRAND R.
Villes et campagnes en Bas-Languedoc, PUF, Paris, 1962.

DULONG R.
Les régions, l'Etat et la société locale, PUF Politiques, Paris, 1978, 245 pages.

DURAND M.F., LEVY J., RETAILLE D.
Le monde : espaces et systèmes, Presses de la Fondation Nationale des Sciences Politiques et Dalloz, 1992, 565 pages.

EASTON D.
A System Analysis of Political Life, Wiley, New York, 1975.

FOGELMAN SOULIE F. (sous la direction de)
Les théories de la complexité, autour de l'oeuvre de Atlan H., Seuil, janvier 1991, 453 pages.

FORNAIRON J.D., ROUZIER J.
Migrations interrégionales, essai d'explication de la relation migration-emploi-chômage, Rapport ronéo, CRPEE, Montpellier, juin 1984, 120 pages.

FOUCAULT M.
L'histoire de la sexualité. La volonté de savoir, Tome I, Gallimard, 1976.

FOUCAULT M.
L'archéologie du savoir, Gallimard, 1969.

FOUCAULT M.
L'histoire de la sexualité, L'usage des plaisirs, Tome III, Gallimard, 1984.

FRECHE G.
La France ligotée, Paris, Belfond, 1990.

FREMONT A.
La région, espace vécu, PUF, 1976, 223 pages.

FRIEDMANN J.
A General Theory of Polarized Development, in Hansen N.M. Editor, Freepress, 1972.

FRIEDMANN J., WEAVER C.
Territory and Function, University of California Press, Berkeley, 1979, 233 pages.

GALLOT A., GALLOT J.
Réussir l'école, démocratiser la réussite, Editions sociales Messiaor, Paris, 1991, 233 pages.

GAUDEMAR (de) J.P. (sous la direction de)
Formation et développement régional en Europe, DATAR, La Documentation Française, 1991, 278 pages.

GAUDIN J.P.
L'aménagement de la société : la production de l'espace au XIXe et XXe siècles, Editions Anthropos, 1979, Paris, 411 pages.

GAUTHIER G.
Vingt leçons sur l'image et le sens, Edilig., 1968.

GAVIGNAUD G.
La révolution rurale, essai à partir du cas américain, Editions Horvath, 1983, 162 pages.

GIARINI O.
Les conséquences de la complexité en économie : vulnérabilité, risque et rigidité de l'offre, in *Science et pratique de la complexité*, Actes du colloque de Montpellier, mai 1984, Université des Nations Unies, IDATE, la Documentation Française, 1986, p. 159 à 172.

GOUGUET J.J.
Reconsidération de la théorie de la base, Thèse complémentaire, Sciences Economiques, Bordeaux I, 1979.

GRAVIER J.F.
Economie et organisation régionale, Editions Masson, Paris, 1971, 213 pages.

GRAVIER J.F.
Paris et le désert français, Editions Le Portulan, 1947, 414 pages.

GREFFE X. (sous la direction de)
Les PME créent-elles des emplois ?, Economica, Paris, 1983.

GREFFE X.
Décentraliser pour l'emploi, Economica, Paris, 1988.

GREFFE X.
Territoires en France, les enjeux économiques de la décentralisation, Economica, 1984, 304 pages.

GUITTON H.
Economie et politique, Dalloz, 1970, 697 pages.

HALBWACHS M.
La mémoire collective, PUF, Paris, 1968.

HAMBURGER J.
Le journal d'Harvey, Flammarion, 1983, 340 pages.

HICKS J.R.
The Theory of Wages, London, Macmillan, 1963.

HOLLAND S.
Capital Versus the Regions, Macmillan, 1976.

HOLLAND S.
Capital, Labour and Regions, in Folmer H. et Oosterhaven J. Ed., "Spatial Inequalities and Regional Development", Martinus Nijhoff, 1979.

HOYT H., WEIMER A.M.
Principles of Urban Real Estate, Ronalds Press, 1936.

JALABERT G., THOUZELLIER C. (édition préparée par)
Villes et technopoles, Actes du colloque international de Toulouse, Presses Universitaires du Mirail, 1990, 506 pages.

JAYET H.
L'espace économique français, INSEE, 1988, 226 pages.

JULLA E.
Espace, territoire et régulation : développement décentralisé et crise de l'espace français, thèse soutenue à Toulouse, février 1991, 341 pages.

KAYSER B.
La renaissance rurale, sociologie des campagnes du monde occidental, série sociologie, Armand Colin, Paris, 1990, 316 pages.

L'HUILLIER C.
Economie, espace, information : pour une approche de l'espace en termes de relations et d'informations, Thèse, Montpellier, 21 mai 1987, 418 pages.

LABORIT H.
L'éloge de la fuite, Gallimard, 1976, 186 pages.

LABORIT H.
La nouvelle grille, Laffont, Paris, 1974, 358 pages.

LACOUR C.
De l'aménagement du territoire au développement des territoires : essai de théorisation sur une notion vague : le territoire, in *Région et aménagement du territoire*, Editions Bière, Bordeaux, 1985, p. 101 à 126.

LE BRAS H.
Les trois France, Editions Odile Jacob, 1986.

LEDRUT R.
L'espace en question, Editions Anthropos, 1976, 361 pages.

LEFEBVRE H.
De l'Etat, Tome I, Collection 10/18.

LEMOIGNE J.L.
La modélisation des systèmes complexes, AFCET Systèmes, DUNOD, Paris, 1990, 178 pages.

LEMOIGNE J.L.
Théorie du système général, PUF, 1977.

LESOURNE J.
Les systèmes du destin, Dalloz Economie, 1976, 449 pages.

LIPIETZ A.
Le capital et son espace, Maspero, Paris, 1977.

MAILFERT A.
Recherche et territoire, DATAR, la Documentation Française, 1991, 158 pages.

MAILLAT D.
La région horlogère : transformation de l'appareil de production et capacité d'adaptation, in *Crise et Espace*, sous la direction de Aydalot P., Economica, 1984, p. 85 à 96.

MARPSAT M., DJIDER Z.
Villes et campagnes, Collection Contours et Caractères, INSEE, 1988, 181 pages.

MARSHALL A.
Principes d'économie politique, (1890), Traduction Sauvaire-Jourdan, Giard et Bière ed., 1906.

MORIN E.
La méthode : la nature de la nature, Tome I, Seuil, Collection Points, Paris, 1977, 391 pages.

MORIN E.
Sur la définition de la complexité, in *Science et pratique de la complexité*, Actes du colloque de Montpellier, mai 1984, Université des Nations Unies, IDATE, la Documentation Française, 1986, p. 79 à 85.

MYRDAL G.
Economic Theory and Underdeveloped Regions, London, Duckworth, 1957.

MYRDAL G.
Procès de la croissance, PUF, Paris, 1978.

NICHOLLS W.H.
Southern Tradition and Regional Economic Progress, in *Regional Development and Planning*, par Friedmann J. et Alonzo W., Mit Press, 1967, Cambridge, Massachusetts, p. 462 à 473.

OUSSET J. (sous la direction de)
"La comptabilité économique régionale en 1990", Actes de la journée "La comptabilité régionale", Montpellier, 13 septembre 1990, *Les Cahiers de l'Economie Méridionale*, n° 14, 1991, 204 pages.

PAELINCK J.H.P., SALLEZ A.
Espace et localisation, Economica, 1983, 340 pages.

PASSET R.
L'économique et le vivant, Collection Traces, Payot, 1979, 287 pages.

PECQUEUR B.
Le développement local, Alternatives économiques, Syros, 1989.

PENOUIL M.
L'espace et le développement économique : des apports de J.R. Boudeville aux interrogations contemporaines, in *Espace et localisation*, par Paelinck J.H.P. et Sallez A., Economica, 1983, p. 73 à 93.

PERRIN J.C.
Economie spatiale et mésoanalyse, in *Espace et localisation*, sous la direction de Paelinck J.H.P. et Sallez A., Economica, 1983, p. 201 à 230.

PERRIN J.C.
La reconversion du bassin d'Alès, contribution à une théorie de la dynamique locale, Centre d'Economie Régionale, Aix-en-Provence, 1983.

PERRIN J.C.
La région revisitée, in *Région et aménagement du territoire*, mélanges offerts au Doyen Lajugie, Editions Bière, Bordeaux, 1985, p. 175 à 195.

PERROUX F.
Economie et société, contrainte-échange-don, PUF, Paris, 1963, 186 pages.

PERROUX F.
L'économie du XXe siècle, PUF, 2e édition, 692 pages.

PERROUX F.
Unités actives et mathématiques nouvelles. Rénovation de la théorie de l'équilibre général, Dunod, 1975, 274 pages.

PERROUX, CANGUILHEM, PRIGOGINE et Alii
L'idée de régulation dans les sciences, Maloine/Doin, 1977, 258 pages.

PEYRACHE V.
Réorganisation des entreprises et de leurs relations à l'environnement, Recherche effectuée dans le cadre de la convention conclue entre l'Institut de Recherches Economiques et Sociales (IRES) et la CFE-CGC, octobre 1989, 103 pages.

PIATIER A.
La structuration du territoire, condition du développement endogène, Club de Genève, UNIDO, Wien, 1981.

PLANQUE B.
"Technologies nouvelles et réorganisation de l'espace", in *Crise et Espace*, sous la direction de Aydalot P., Economica, 1984, p. 98 à 121.

PLANQUE B.
Innovation et développement régional, Economica, Paris, 1983, 184 pages.

PONSARD C.
Analyse économique spatiale, PUF, juin 1988, 452 pages.

PRIGOGINE I.
La nouvelle alliance, Gallimard, 1979, 300 pages.

PRIGOGINE I., STENGERS I.
Entre le temps et l'éternité, Fayard, 1988, 222 pages.

PROST A.
Les lycées et leurs études au seuil du XIXe siècle, novembre 1983, ministère de l'Education Nationale.

RACINE J.B., RAFFESTIN C.
L'espace et la société dans la géographie sociale francophone : pour une approche critique du quotidien, in *Espace et localisation*, par Paelinck J.H.P. et Sallez A., Economica, 1983, p. 290 à 330.

RAFFESTIN C.
Pour une géographie du Pouvoir, Litec, 1980, 250 pages.

RICHARDSON H.W.
Regional and Urban Economics, Penguin, 1978.

RICHARDSON H.W.
Regional Economic Growth, Macmillan, 1973.

RIVIERE D.
"La troisième Italie : la petite entreprise et le développement régional", in *La dynamique spatiale de l'économie contemporaine*, sous la direction de Benko G.B., Editions de l'Espace Européen, décembre 1990, p. 319 à 336.

ROBINSON G.M.
Conflict and Change in the Countryside, Belhaven Press, London, 1990, 482 pages.

ROUZIER J., VIALA C.
Les artisans en Languedoc-Roussillon, Etude effectuée pour le compte du service économique des Chambres des Métiers en Languedoc-Roussillon, juin 1988, 107 pages.

SERRES M.
Hermès V, le passage du Nord-Ouest, Les Editions de Minuit, Paris, 1980.

SEURIN J.L.
Le paradigme de la complexité pour une étude des interactions de l'économie et du politique, in *Région et aménagement du territoire*, Editions Bière, Bordeaux, 1985, p. 610 à 623.

SFEZ L. (sous la direction de)
L'objet local, Collection 10/18, Paris, 1977, 446 pages.

SIMON H.A.
Models of Bounded Rationality, 2 volumes, Cambridge, Mit Press, 1983.

SMITH A.
Recherche sur la nature et les causes de la richesse des nations, (1776) Collection Idées, Gallimard, 1980.

SOLOW R.M.
Economics : is Something Missing ?, in *Economic History and the Modern Economist*, W.N. Parker Editor, Basil Blackwell, Worcester, 1986.

STÖHR W.B. (sous la direction de)
Global Challenge and Local Respons, Mansell UNU, 1990.

STÖHR W.B.
Center down and outward Development Versus Periphery up and inward Development : a Comparaison of two Paradigms, IIVRS, University of Economics, Vienna, 1978.

STÖHR W.B.
La crise économique demande-t-elle de nouvelles stratégies de développement régional ?, in *Crise et espace*, Economica, 1984, p. 183 à 206.

UHRICH R.
La France inverse ? Les régions en mutation, Economica, Paris, 1987, 390 pages.

UHRICH R.
Pour une nouvelle politique du développement régional en Europe, 2e édition, 1985, Economica, 241 pages.

UNU/IDATE
Science et pratique de la complexité, la Documentation Française, Paris, 436 pages.

- ***Publications-Communications***

ALVARENGA A., MALTCHEFF J.
"L'espace social, nouveau paradigme", in *Espaces et Sociétés*, n° 34-35, juillet-décembre 1980, Anthropos, p. 47-73.

AMAND-MADELIN V, MALIVERNEY J.
"Les régions à l'aune du PIB, de 1982 à 1988", *INSEE Première*, n° 94, juillet 1990.

AMAND-MADELIN V., BRASSEUR J.
"Le revenu des ménages dans les régions", *INSEE Première*, n° 42, octobre 1989.

AMAND-MADELIN V., BRASSEUR J.
"Le revenu des ménages en régions de 1982 à 1987", *INSEE Première*, n° 153, juin 1991.

AMAND-MADELIN V., MALIVERNEY J., MINNI C.
"L'industrie se déplace vers l'ouest et le sud-ouest" in *Economie et Statistique*, n° 230, mars 1990, INSEE.

ARCHIVES ET DOCUMENTS
"Tableaux normalisés par régions" n° 99, RGP 82, sondage au 1/20e, mars 1984, INSEE.

AUBRY B.
"Les migrations interrégionales depuis 30 ans", in *Economie et Statistique*, n° 212, juillet-août 1988.

AUDIRAC P.A., FAUR J.P.
"La population des régions, RGP 1990, premières estimations", in *INSEE Première*, n° 82, juin 1990.

AUROUSSEAU M.
"The Distribution of Population : a Constructive Problem", *Geographical Review*, vol. 11, 1921.

AYDALOT P., GAUDEMAR (de) J.P.
"Les migrations", *TEM Espace*, Gauthiers Villars, n° 3, 1972.

BAILLEAU F.
"Les mutations désordonnées de la société française", in "La science du désordre", *La Recherche*, n° 232, mai 1991, vol. 22, p. 682-688.

BEAUD M.
"Otez vos oeillères", *Economie et Humanisme*, n° 306, mars-avril 1989, p. 53 à 63.

BERGER A.
Analyse des disparités, analyse des différences : l'affirmation des Suds européens, Acte des IVe Rencontres ARETHUSE, IERSO, Université de Bordeaux I, 1er trimestre 1989.

BERGER A., ROUZIER J.
"Le modèle sud et les économies régionales espagnoles", *REM*, n° 149-150, 1990, CRPEE, Montpellier.

BERGER A., ROUZIER J.
"Pour une prise en compte de la complexité dans l'analyse régionale", VIIe Rencontres ARETHUSE, Murcia, octobre 1991.

BERRY B.J.L.
"Urbanization and Counterurbanization", Sage Publications, *Urban Affairs Annual Review*, n° 11, 1976, 134 p.

BOSSCHAERT B.
"Qui sont ces immigrants venus du Nord", in *Repères* pour l'Economie du Languedoc-Roussillon, 4/1986, INSEE.

BOUCHET J.
"Mouvements démographiques et évolution du territoire, éléments de problématique", *RERU*, 1983, n° 5.

BOUDEVILLE J.R.
Frontiers and Interrelations of Regional Planning, International Congress on Economic Development, 1962.

BOUDOUL J., FAUR J.P.
"Depuis 1975, les migrations interrégionales sont moins nombreuses", in *Economie et Statistique*, n° 180, septembre 1985.

BOUET G., BALABANIAN O.
"Chronique du Limousin, la population du Limousin en 1990", *NOROIS*, 1991, Poitiers, T. 38, n° 151, p. 333-345.

BOURDON J.
"Niveau de formation et performances des régions à l'exportation", in *Formation et développement régional en Europe*, sous la direction de Gaudemar (de) J.P., DATAR, la Documentation Française, 1991, p. 127 à 142.

BOYER J.C.
"Les disparités régionales en France", in *Profils Economiques*, n° 3, année 1983-1984.

BOYER R.
"Déterminants et évolution probable de la productivité", *CEPREMAP*, n° 7922, Paris, septembre 1979, 119 pages.

BOYER R.
"Economie et histoire, vers de nouvelles alliances", in la revue *Annales : Economies, sociétés, civilisations*, 44e année, n° 6, novembre-décembre 1989.

BOYER R., CHAVANCE B., GODARD O.
"La dialectique réversibilité-irréversibilité : une mise en perspective", in *Les figures de l'irréversibilité en économie*, Editions de l'EHESS, Paris, 1991.

BRUNET R.
"Les nouveaux avatars de l'espace européen", *Revue Pour*, "1992, territoires en question, questions de territoires", Privat, septembre-octobre 1988, p. 23 à 31.

CAMAGNI R., CAPPELIN R.
"Changement structural et croissance de la productivité dans les régions européennes", in *Revue de l'Economie Régionale et Urbaine*, n° 2, 1984.

CHARLOT A., CHEVALIER L.
"La mobilité géographique à l'issue de l'enseignement supérieur", in *Formation Emploi*, n° 33, janvier-mars 1991, p. 18 à 30.

COMMISSION DES COMMUNAUTES EUROPEENNES
Les régions dans les années 90, 4e rapport périodique sur la situation et l'évolution socio-économiques des régions de la Communauté, Direction Générale des Politiques Régionales, Luxembourg, 1991, 115 pages.

COUDERC R.
"La politique régionale d'aménagement : le multipôle technologique", in "100 ans de géographie en Languedoc", *Bulletin de la Société Languedocienne de Géographie*, juillet-décembre 1990, fascicule 3-4.

COURGEAU D.
"Migrations et urbanisation", *Population*, n° 2, 1982.

DATAR
"Panorama statistique des collectivités locales", in *Prospective et Territoires*, décembre 1991.

DEVILLE J.C.
"Près d'un Français sur dix a changé de région", in *Economie et Statistique*, n° 107, janvier 1979.

DONZEL A.
"Urbanisation et fonction des villes en Europe. Le cas de Montpellier", *REM*, n° 153, 1/1991, p. 3 à 24.

DUPAQUIER J., ODDO B.
"1789-1989, deux siècles d'urbanisation", *INSEE Première*, n° 44, novembre 1989.

DURR J.M., LEBOUTEUX G.
"Moins d'enfants dans une France qui vieillit", *INSEE Première*, n° 146, juin 1991.

FAUR J.P, PUMAIN D.
"Villes et régions au rendez-vous de l'Europe", in *Population et Société*, n° 257, mai 1991, INED.

FAUR J.P.
"Plus loin de la ville", *INSEE Première*, n° 119, janvier 1991.

FORNAIRON J.D., ROUZIER J.
"L'artisanat en perspective", Rapport réalisé pour le compte de la Chambre Régionale des Métiers du Languedoc-Roussillon, CRPEE, janvier 1992.

FRANCART G.
"Le rééquilibrage démographique de la France", *Economie et Statistique*, n° 153, mars 1983, INSEE.

FRYDMAN R.
"Le territoire de l'économiste : marché et société marchande", *Revue Economique*, n° 1, vol. 43, janvier 1992, p. 31 à 54.

GAUDEMAR (de) J.P.
"10 ans de mutations régionales", in *RERU*, numéro spécial, 10e anniversaire, 1992.

GAUDEMAR (de) J.P.
"Eléments pour la critique de la théorie néoclassique", *TEM Espace*, "Les migrations", n° 3, 1972.

GAUDEMAR (de) J.P.
"Technopoles et politiques régionales : les risques d'un développement hors sol", in *Economies et Sociétés*, "Progrès et croissance", F, n° 32, 1991, p. 127-147.

GIBLIN B.
"Les territoires de la nation à l'heure de la décentralisation et de l'Europe", in *Hérodote*, n° 62, 3e trimestre 1991, p. 22 à 43.

GODET M.
"Vive Descartes ! Halte à la complication du complexe", *Futuribles*, novembre 1991, p. 35 à 41.

GREENWOOD M.J.
"Research on Internal Migration in the USA : a Survey", *Journal of Economic Litterature*, juin 1975.

GREGORY G.
"Le modèle japonais. Perspectives d'avenir", *Futuribles*, XII, 1.2.1971.

GUICHARD O.
(rapport) Documentation française, Paris, 1988.

GUIGOU J.L.
"Coopération intercommunale et nouveau modèle de croissance", *RERU*, n° 4, 1978.

GUYON V.
"Les naissances en 1989", *INSEE Première*, n° 121, février 1991.

HARTMAN L.M., SECKLER D.
"Towards the Application of the Dynamic Growth Theory to Regions ?", *Journal of Regional Science*, 1967.

HATEM F.
"France, une démocratie inachevée", *Economie et Humanisme*, n° 319, octobre-décembre 1991, p. 59 à 63.

HAUG P.
"The Location Decisions and Operations of High Technology Organizations in Washington State", in *Regional Studies*, vol. 25-6, décembre 1991, p. 525-541.

HOUSSEL J.P.
"L'industrialisation spontanée dans les régions périphériques du Nord et du Sud", in revue *Histoire de développement*, octobre 1991.

JAZET B., SOLEILHAVOUP J.
"L'emploi régional et sectoriel au 31 décembre 1989", *INSEE Résultats*, n° 21, mars 1991.

JUDET P., GARIN M.
"Etat et marché en Asie du Sud-Est et orientale", *Economie et Humanisme*, n° 300, mars-avril 1988, p. 5 à 9.

KAYSER B.
"Campagnes sinistrées ou renaissantes ? De l'état des lieux à la prospective", in *Prospective et territoires*, Rapport DATAR, décembre 1991.

KEEBLE D., BRYSON J., WOOD P.
"Small Firms, Business Services Growth and Regional Development in the United Kingdom : Some Empirical Findings", *Regional Studies*, vol. 25.5, octobre 1991, p. 439-457.

KEEBLE D., OWENS P., THOMPSON C.
"Updating of Centraly Peripherality and EEC Regional Development Study", Université de Cambridge, avril 1983.

KHELFAOUI Z.
"Espaces décentralisés et système de formation : la formation professionnelle en région", *REM*, vol. 39, n° 154, 2/1991, p. 19 à 30.

KHELFAOUI Z., LAGET M.
"Economie de la formation dans le fonctionnement de la petite entreprise", *REM*, vol. 39, n° 154, 2/1991, p. 45 à 64.

L'HUILLIER C.
"L'espace construit informationnel, un regard nouveau sur les questions centre-périphérie", *REM*, n° 151, 3/1990, CRPEE, Montpellier.

LACOSTE Y.
"Les territoires de la nation", *Hérodote*, n° 62, 3e trimestre 1991, p. 3 à 21.

LACROIX T., MARC N.
"Où frappe le chômage", *INSEE Première*, n° 10, mars 1989.

LACROIX T., POINSARD M.
"Un recul du chômage plus marqué dans la moitié nord du pays", *INSEE Première*, n° 71, mai 1990.

LAGET M.
"Services et transferts de technologie dans les PME", *REM*, n° 142-143, 1988.

LAGET M.
"De la notion d'éducation au questionnement décentralisé sur la formation", *REM*, vol. 39, n° 154, 2/1991, p. 7 à 18.

LAGUZET C., MAILLARD V., PICAVET D.
"Les défaillances d'entreprises en 1990 : des disparités régionales fortes", *INSEE Première*, n° 163, septembre 1991.

LAJUGIE J.
"Un demi-siècle d'évolution économique et sociale en Aquitaine (1940-1990)", *Revue Economique du Sud-Ouest*, n° 1/1990, p. 5 à 41.

LANDRIEU J. (sous la direction de)
Localisation des entreprises, in *Espaces prospectifs*, n° 6, octobre 1986, DATAR.

LEBORGNE D., LIPIETZ A.
"L'après-fordisme : idées fausses et questions ouvertes", in *Espaces et Sociétés*, n° 66-67, 1991.

LECOQ B.
"Organisation industrielle, organisation territoriale : une approche intégrée fondée sur le concept de réseau", *RERU*, n° 3/4, 1991, p. 321 à 341.

LEDRUT R.
"Espace et société", in revue *Espaces et Sociétés*, n° 34-35, juillet-décembre 1980, Editions Anthropos.

LOGIE G.
"La richesse fiscale locale et la répartition des transferts en faveur des collectivités locales", in revue *Territoires*, février 1991.

MABILE S.
"Les disparités régionales de salaires se réduisent", in *Economie et Statistique*, n° 153, mars 1983, p. 13 à 22.

MAC NABB R.
"A Socio Economic Model of Migration", *Regional Studies*, 1979.

MARCHESNAY M.
"Is small so beautiful ?", *Revue d'Economie Industrielle*, 1er trimestre 1982, n° 19.

MELERO-GUILLO A., UNAMUNO-HIERRO J.
El desarollo socioeconomico de España : una huida hacia el sol, Ve Rencontres ARETHUSE, Montpellier, septembre 1989.

MERON M.
"Les migrations des salariés de l'Etat, plus loin de Paris, plus près du soleil", *Economie et Statistique*, n° 214, INSEE, octobre 1988, p. 3 à 18.

MILHAU J.
"Les objectifs et les principes d'une politique des économies régionales", *REM*, janvier-mars 1957, Tome V, n° 17, p. 41 à 60.

MILHAU J.
"L'expansion régionale et la résistance des structures économiques et sociales", *REM*, n° 25, tome VII, janvier-mars 1959.

MORGENSTERN O.
"Treize points critiques de la théorie économique contemporaine, une interprétation", *Economie Appliquée*, n° 2-3, 1975.

MYRDAL G.
"Institutional Economics", *Journal of Economic Issues*, vol. 12, 1978.

NEGRE M.
"Des comptes régionaux des administrations de sécurité sociale aux tableaux régionaux et locaux de la protection sociale", communication présentée au 4e colloque de Comptabilité nationale de l'Association de Comptabilité nationale à Paris, les 4-5-6 mars 1991.

NIJKAMP P.
"La science régionale : un tour d'horizon", in *RERU*, n° 5, 1990, p. 640.

NORTH D.
"Location Theory and Regional Economic Growth", *Journal of Political Economy*, 1955.

NOY A.
"Approche informationnelle du concept de technopole", *REM*, vol. 37, n° 148, 4/1989, p. 3-15.

NOY A., ROUZIER J.
"Informations et structuration de l'espace", *REM*, n° 116, 1981.

OGILVY A.A.
"Population Migrations between the Regions of Great Britain, 1971-1979", *Regional Studies*, vol. 16, juin 1982.

PECQUEUR B.
"Evolution de l'analyse de l'espace économique", in *Economie et Humanisme*, mai-juin 1986.

PERENNES J.J., PUEL H.
"Démocratie et développement au sud", in *Economie et Humanisme*, n° 319, octobre-décembre 1991.

PERRIN J.C.
"Réseaux d'innovation - milieux innovateurs - développement territorial", *RERU*, n° 3/4, 1991.

PERROUX F.
"Les espaces économiques", Economie Appliquée, *Archives de l'ISEA*, n° 1, 1950, p. 224-225.

PERROUX F.
"Note sur la notion de pôle de croissance", *Economie Appliquée*, n° 1-2, 1955.

PERROUX F.
"Note sur le dynamisme de la domination", *Economie Appliquée*, n° 2, 1950.

PESSIS-PASTERNAK G.
"Hasard ou déterminisme, la science au tribunal", in *Futuribles*, 1991, p. 57 à 67.

POUBELLE V.
"Revenu et prestations sociales", in *Economie et Statistique*, n° 153, mars 1983, p. 23 à 34.

POULET P., CEROUSSI G.
"L'enseignement supérieur", *Données Sociales*, 1990, INSEE, p. 320 à 328.

RALLET A.
"La région et l'analyse économique contemporaine", *RERU*, n° 3, 1988.

RENARD J.P.
"Aspects de la préscolarisation en France", *Espace, populations et sociétés*, 1990-1.

REY JULIA J.M.
"Les causalités circulaires et cumulatives, le cas de l'Espagne : 1955-1989", *REM*, n° 154, vol. 1, 1992.

ROTHWELL R.
"Innovation and Firm Size : a case for Dynamic Complementarity, or is Small Really so Beautiful ?", *Journal of Management*, n° 3, p. 5 à 25, Londres, 1983.

ROUZIER J.
"Le Sud, une novation socio-économique", *Revue de l'Economie Méridionale*, n° 138, 1987, CRPEE.

ROUZIER J.
"Les artisans en Languedoc-Roussillon", in *Revue de l'Economie Méridionale*, vol. 37, n° 145-146, 1 et 2/1989, CRPEE, Montpellier.

ROUZIER J.
"Les Suds, nouveaux eldorados européens", *Revue Pour*, "1992, territoires en question, questions de territoires", n° 118, Paris, 1988, p. 67 à 72.

ROUZIER J.
"Mutation de l'arrière-pays méditerranéen ou un modèle pour la revitalisation des communes rurales", *RERU*, n° 5, 1990, p. 695 à 713.

SAUTTER C.
"Un Etat "pro" du développement", *Economie et Humanisme*, n° 300, mars-avril 1998, p. 11 à 18.

SCHMIDT C.
"Sur la méthode en macro-économie", *Revue d'Economie Politique*, 101 (6), novembre-décembre 1991, p. 844 à 875.

SINZ M.
"Le glissement Nord-Sud et le développement urbain en RFA", *REM*, vol. 36, 1988, n° 144, p. 65-73.

SOLEILHAVOUP J., TIRAN-CEDO F.
"1987-1989, croissance de l'emploi salarié dans toutes les régions", *INSEE Première*, n° 151, juin 1991.

STILWELL F.
"Regional Economic Development : An Analytical Framework", *Revue d'Economie Régionale et Urbaine*, n° 1, 1991, p. 107 à 115.

TAFFIN C.
"La mobilité résidentielle entre 1979 et 1984", *Données sociales*, INSEE, 1987.

TEQUENEAU P.
"Les territoires après la décentralisation : le dessous des cartes", *Hérodote*, n° 62, 3e trimestre 1991, p. 44 à 63.

TESSE P.Y.
"Du sexe des technopoles", *Autrement*, n° 74, 1987.

THIREAU V.
"Approche dynamique du développement des régions françaises", VIIe Rencontres ARETHUSE, Murcie, 16 et 17 octobre 1991.

VIENNET H.
"Les régions françaises, berceaux d'entreprises", *INSEE Première*, n° 161, septembre 1991.

WACHTER S.
"L'action publique locale et la répartition des compétences", in *Prospective et Territoires*, DATAR, décembre 1991.

WACHTER S.
"Trois images de la France en Europe", in *Prospective et Territoires*, DATAR, septembre 1991.

SIGLES UTILISES

IDF	Ile-de-France
CA	Champagne-Ardenne
PIC	Picardie
HN	Haute-Normandie
CEN	Centre
BN	Basse-Normandie
BGN	Bourgogne
NPC	Nord-Pas-de-Calais
LOR	Lorraine
ALS	Alsace
FC	Franche-Comté
PL	Pays de la Loire
BZ	Bretagne
PC	Poitou-Charentes
AQ	Aquitaine
MP	Midi-Pyrénées
RA	Rhône-Alpes
AUV	Auvergne
LIM	Limousin
LR	Languedoc-Roussillon
PACA	Provence-Alpes-Côte d'Azur
CSA	Corse

LISTE DES TABLEAUX

Pages

LISTE DES CARTES

LISTE DES GRAPHIQUES

Pages

TABLE DES MATIERES

LES NOUVELLES DYNAMIQUES SPATIALES

Pages

Pages

Pages

www.ingramcontent.com/pod-product-compliance
Lightning Source LLC
LaVergne TN
LVHW050625051026
849532LV00002B/274
* 9 7 8 2 7 3 8 4 2 1 6 6 1 *